"

앞으로의 시대를 살아가려면 한번은 블록체인 책을 읽어야 합니다.
특히 이런 분들은 더욱 그렇습니다.

"

'블록체인이 대체 뭔데?'라는 질문을 가진 사람
블록체인 관련 토론을 이해하고 싶은 **일반인**
블록체인 관련 법안을 마련해야 하는 **정부 행정 관계자**
블록체인 작동 원리로 애플리케이션을 개발하려는 **개발자**
블록체인 기반 사업모델을 평가해야 하는 **기업가**
블록체인 때문에 내 직업이 사라지지 않을까 걱정하는 **금융계, 보험계 종사자**

다음 쪽으로

블록체인에 대한 허풍이 없는 책. 블록체인에 대해 궁금해하는 사람 누구에게나 이 책을 소개해 주고 싶다. 논리적 구성, 간결하고 물 흐르듯 이어지는 설명, 비유와 은유 등 이 책의 장점은 수없이 많다. 블록체인을 제대로 이해하는 것이 목표라면 당신은 반드시 이 책을 읽어야 한다.

— Dr. Bernd Fritzke

과장된 광고들 속에서 독보적으로 빛나는 책. 블록체인을 구성하는 개념들과 친숙한 일상 이야기를 이토록 명쾌하게 엮어냈다니, 비교할 대창이 없다! P2P 기술의 미래를 진지하게 이해하고자 하는 이들에게 꼭 읽어보라고 권하고 싶다.

— DB

이 책은 아주 특별하다. 블록체인이라는 복잡한 개념을 이토록 효과적이면서 우아한 방법으로 설명할 수 있다니 놀랍다. 개념을 전달하는 간결함, 독창성, 명확성은 정말 최고라 할 수 있다.

— John

일반적인 개념부터 시작해 한 단계, 한 단계 블록체인이라는 퍼즐을 완성해 나간다. 매 단계마다 핵심 목표를 짚어주기 때문에 이 여행에서 낙오할 걱정은 눈 녹듯 사라질 것이다.

— Kindle Customer

블록체인
무엇인가?

블록체인 무엇인가?
BLOCKCHAIN BASICS

초판 1쇄 발행 ㅣ 2018년 2월 19일
초판 9쇄 발행 ㅣ 2024년 6월 3일

지은이 ㅣ 다니엘 드레셔
감수자 ㅣ 로렌스 커크
옮긴이 ㅣ 이병욱
발행인 ㅣ 이지연
펴낸곳 ㅣ 이지스퍼블리싱(주)
출판사 등록번호 ㅣ 제313-2010-123호
주소 ㅣ 서울특별시 마포구 잔다리로 109 이지스빌딩 3층
대표전화 ㅣ 02-325-1722   팩스 ㅣ 02-326-1723
홈페이지 · www.easyspub.co.kr ㅣ 페이스북 · www.facebook.com/easyspub
Do it! 스터디룸 카페 · cafe.naver.com/doitstudyroom ㅣ 인스타그램 · instagram.com/easyspub_it

총괄 · 최윤미 ㅣ 기획 및 책임 편집 · 이수진, 이명애, 이희영, 이수경 ㅣ 기획편집 1팀 · 임승빈, 이수경, 지수민
교정교열 · 이명애 ㅣ 표지 디자인 · 이유경 ㅣ 본문 디자인 · 트인글터 ㅣ 인쇄 · 보광문화사 ㅣ 마케팅 · 이나리
독자지원 · 오경신, 박애림 ㅣ 영업 및 교재 문의 · 이주동, 김요한(support@easyspub.co.kr)

ISBN 979-11-88612-92-5 13000
가격 15,000원

수학, 코딩 몰라도
이해하는 비유의 힘!

블록체인 무엇인가?

블록체인의
작동원리를
25단계로
안내한다!

다니엘 드레셔 지음 / 이병욱 옮김

이지스 퍼블리싱

비트코인이 블록체인의 전부가 아니다

중립적인 눈으로 알려주는 블록체인의 기본

블록체인은 2009년 비트코인^{bitcoin}이라는 암호화폐를 통해 세계 최초로 구현된 개념이다. 블록체인은 처음부터 완벽하게 정의된 개념이라기보다는 비트코인의 등장 후 8년 동안 비약적으로 발전해 온 개념이다. 이후 세계 최초로 튜링–완전 언어가 탑재된 완벽한 스마트 계약을 지원하는 이더리움^{ethereum}이 구현되며 블록체인은 한 단계 더 진화되었다.

비록 대중들에게는 암호화폐의 기반 기술로 부각되었지만, 블록체인은 금융거래는 물론 권리증명이나 계약에 관련된 어떠한 응용도 가능한 범용적인 개념이다. 이런 광범위한 특성을 반영해 이 책은 '블록체인의 기본 원리'에 집중한다.

낯선 용어의 장벽을 뛰어넘는 방법

블록체인이 무엇인지 명쾌하게 정의하는 것은 결코 쉽지 않다. 블록체인은 기술이자 데이터 구조$^{data\ structure}$이며 심지어 알고리즘까지 총망라하는 개념이기 때문이다. 모든 의미를 담아 정의를 내리려고 하면 너무 포괄적이 되어버리고, 어느 한 부분에 치중하면 너무 편협한 정의가 되어버린다. 이런 딜레마를 극복하기 위해 이 책은 소프트웨어 공학의 기초 용어부터 블록체인의 정의까지 하나씩 짚어나간다. 덕분에 관련 지식이 전혀 없는 사람들도 '어려운 용어의 장벽'을 쉽게 뛰어넘을 수 있다.

수학, 코딩 몰라도 이해되는 블록체인의 작동 원리

일반인들이 블록체인의 작동 원리를 이해하기란 쉽지 않다. 여러 개념들이 복합적으로 섞여 있기 때문이다. 하지만 이 책을 읽으면 사전 지식이 없는 일반인들도 블록체인의 작동 원리를 편하게 이해할 수 있다. 일상생활에 비유해 쉬운 언어로 풀어 설명하기 때문이다.

이 책을 읽고 나면 블록체인에 대한 큰 그림을 그릴 수 있다. 이를 바탕으로 보다 더 기술적인 블록체인 서적을 좀 더 쉽게 이해할 수 있을 것이다.

이병욱

화성에서 온 경제학자, 금성에서 온 엔지니어 모두 봐야 할 책!

블록체인을 화폐로 접근하면 이해할 수 없는 게 너무나 많다. 경제학자들은 기술을 모르고 엔지니어는 경제를 모른다. 블록체인의 본질을 이해하지 못하면 투기적 현상만 바라보게 된다. 대표적인 가상화폐인 비트코인이 익명성과 무국적성 때문에 악용되는 경우가 50%에 달한다는 실증적 분석이 나오고 있다.

이 책은 과장된 광고나 억측에 휩쓸리지 않고 차분히 블록체인 기술의 원리를 하나하나 개념적으로 설명한다. 경제학자들도 엔지니어들도 모두 읽을 수 있는 책이다.

– 엑셈 기술총괄부사장, 윤경구

블록체인이란 큰 덩어리를 조각내 소화시켜 주는 책!

많은 사람들이 블록체인을 이해할 때 높은 진입장벽을 느낀다. 블록체인은 여러 기술들이 적재적소에 융합된 것이기 때문이다. 하지만 이 책이라면 단계적이고 효과적으로 블록체인을 배울 수 있다. 일단, 블록체인의 장벽인 여러 기술을 조각들로 분리한다. 그런 다음 이 조각들을 수학, 코딩 같은 어려운 설명 없이 각개격파해 나간다. 손쉽게 조각들을 알아가다 보면 종국에는 블록체인이라는 큰 퍼즐을 완성할 수 있게 된다.

– 데일리인텔리전스 CTO, 박재호

블록체인 3.0 시대, 미래를 준비하는 필독서!

블록체인 1.0인 비트코인, 2.0인 이더리움을 지나 블록체인 빅뱅 시대인 3.0 단계로 접어들었다. 이 시점에서 이 책은 아주 유용하다. 블록체인을 설명하는 핵심 키워드들을 잘 뽑았고, 큰 개념부터 세부 작동 원리까지 짜임새 있게 설명하기 때문이다. 마치 블록체인의 주변부에서 안쪽으로 파고 들어가는 느낌이다. 블록체인을 공부하려는 입문자에게 최고의 책이 될 것이다!

– 마이크레딧체인 CEO, 양재봉

넷째 마당　블록체인의 한계는 무엇이고 어떻게 극복할 것인가?

다섯째 마당　오늘, 그리고 앞으로의 블록체인

| 일러두기 |

- 원저작에서 과도하게 중복된 내용은 부분적으로 삭제 편집하였습니다.

- 원서의 내용 중 일반적인 블록체인과 비트코인에 국한된 블록체인에 대한 구분이 모호한 부분에는 옮긴이주를 달았습니다.

- www.blockchain-basics.com에 들어가면 원서에 대한 정보와 함께 이 책에서 다룬 데이터 해싱, 해시 퍼즐 등의 예시를 직접 해볼 수 있습니다.

- 참고문헌은 이지스퍼블리싱 홈페이지(www.easyspub.co.kr)의 [자료실]에서 PDF로 확인할 수 있습니다.

당신은 이 책을 들고서 이런 질문을 할지도 모른다. '왜 이 책을 읽어야 하지?' '왜 블록체인 책을 또 읽어야 하는 거지?' 아래 글을 읽다 보면 답을 얻을 수 있다. 왜 이 책이 쓰여졌으며, 이 책에서 배울 수 있는 것과 없는 것은 무엇인지, 이 책은 누가 봐야 하며 어떤 구조로 되어 있는지 알게 될 것이다.

또 블록체인 책이야?

블록체인은 각종 매체에서 엄청난 주목을 받고 있다. 일부 열성팬은 인터넷이 등장한 이후 최고의 발명이라고 말하기도 한다. 지난 몇 년간 쏟아져 나온 책들도 엄청 많다. 그러나 막상 블록체인을 배워보려고 책을 찾아보면, 특정한 세부 기술을 깊이 없이 짤막하게 훑고 말거나 기반 기술의 개념을 형식적이고 복잡하게 정리해 놓은 것이 대부분이란 사실을 알게 된다. 전자는 블록체인의 진정한 의미를 이해하기 위해 꼭 필요한 설명이 빠져 있고, 후자는 사전 지식이 웬만큼은 있어야만 읽을 수 있다.

이 책은 블록체인에 관한 순수 기술 서적, 특정 응용분야에 치우친 책들, 블록체인이 경제에 미치는 영향이나 미래 전망 등에 편향된 문헌들 사이에서 중간 다리 역할을 해줄 것이다.

이 책은 블록체인의 기본 개념을 잡는 데 도움을 주고자 쓰여졌다. 이 책을 읽고 나면 블록체인 기술을 기반으로 한 애플리케이션들을 이해할 수 있고, 블록체인 스타트업 회사의 사업모델을 평가할 수 있으며, 블록체인이 경제에 끼치는 영향에 관한 토론 내용을 이해할 수 있을 것이다.

블록체인의 기본 개념을 제대로 알지 못하면 블록체인의 전반적인 가치나 잠재적인 영향력을 가늠할 수 없을뿐더러 블록체인이 창출하는 부가가치를 이해하기가 어렵다. 또한 (블록체인을 포함해서) 새로운 기술에 대한 개념적 이해가 부족하면 자극적이고 과장된 광고에 휩쓸려 비현실적이고 실현 불가능한 망상에 사로잡히기 쉬워 나중에 실망할 수도 있다. 따라서 이 책은 '블록체인의 기본 개념'에 집중한다.

이 책은 블록체인을 구성하는 기본 개념을 기술적 표현을 쓰지 않고 이해하기 쉽게 알려준다. 그리고 새로운 기술을 접할 때면 으레 갖게 되는 세 가지 의문점을 다룬다.

'이것은 무엇인가?'

'이것이 왜 필요한가?'

'어떻게 작동하는가?'

이 책에 없는 것

이 책은 블록체인의 특정한 응용분야에 집착하거나 편향되지 않으려 노력했다. 암호화폐^{cryptocurrency}[■], 특히 비트코인이 블록체인 기술을 적용한 대표적인 응용분야이긴 하지만 이 책은 일반적인 기술로서의 블록체인을 설명한다. 블록체인의 일반적인 개념과 기술적 패턴을 폭넓게 살펴보기 위해서다. 그러므로 이 책은,

- 비트코인 또는 암호화폐에 특화된 내용이 아니다.

- 블록체인의 특정 분야에 국한된 내용이 아니다.

- 블록체인의 기초를 수학적으로 증명하려는 내용이 아니다.

- 블록체인을 프로그래밍하는 방법에 대한 내용이 아니다.

- 블록체인의 법적 중요성이나 영향에 대한 내용이 아니다.

- 블록체인이 사회나 인류에 끼치는 사회경제적 혹은 윤리적 문제에 대한 내용이 아니다.

그러나 책 전반에 걸쳐 필요한 경우에는 위와 같은 내용도 어느 정도 다룬다.

■ **옮긴이주** 가상화폐, 암호화폐, 디지털 화폐, 전자화폐 등 여러 용어가 혼용되고 있다. 이중 가상화폐는 실물이 없는 화폐의 측면을 강조한 것이고, 암호화폐는 화폐의 생성, 저장, 거래 시 암호화하는 측면을 강조한 것이며, 디지털 화폐나 전자화폐는 화폐 정보를 디지털화하는 측면을 강조한 것이다. 비트코인은 가상화폐이자 암호화폐이면서 동시에 디지털 화폐이지만 통상 가상화폐로 많이 불린다. 해외에서는 점차 암호화폐로 명칭을 통일해 가는 추세이며, 우리 정부는 가상통화라는 용어를 쓰고 있다. 이 책에서는 주로 암호화폐와 디지털 화폐라는 용어를 사용한다.

이 책에 있는 것

이 책은 블록체인을 구성하는 기술적인 개념들(트랜잭션transactions■, 해시값hash values, 암호화 기법cryptography, 데이터 구조data structures, P2P 시스템peer-to-peer systems, 분산 시스템distributed systems, 시스템 무결성system integrity, 분산 합의distributed consensus 등)을 기술적 표현을 거의 쓰지 않고 설명한다. 이 책의 학습법은 다음 4가지 원칙을 바탕으로 한다.

    1 | 일상적인 언어로 말한다

    2 | 수학이나 공식 없이 설명한다

    3 | 단계적으로 학습한다

    4 | 비유와 유추를 통해 배운다

1 | 일상적인 언어로 말한다

이 책은 의도적으로 일상적인 언어로 썼다. 다시 말해 기술에 대한 지식이 없는 독자들도 내용을 이해하는 데 어려움이 없도록 수학이나 컴퓨터 과학 관련 전문용어는 되도록 사용하지 않았다. 그러나 블록체인을 주제

로 한 토론이나 블록체인과 관련된 출판물들을 이해하는 데 필요한 정도의 전문용어는 소개하고 설명했다.

2 | 수학이나 공식 없이 설명한다

암호학과 알고리즘같이 블록체인을 구성하는 주된 요소들은 수학 개념을 바탕으로 한다. 그런데 이러한 개념들을 설명하기 위해 또 다른 수학 개념이나 어려운 수학 표기 혹은 공식을 끌어다 쓰는 경우가 많다. 그러나 이 책은 의도적으로 어떠한 수학 표기나 공식도 사용하지 않았다. 불필요한 복잡도를 피하고 관련 지식이 없는 독자들도 내용을 이해하는 데 걸림돌이 없도록 하기 위해서다.

3 | 단계적으로 학습한다

이 책에서 각 장^{chapter}을 특별히 단계^{step}라 부른 데에는 그럴 만한 이유가 있다. 각 단계는 블록체인 관련 지식을 차곡차곡 쌓아가는 학습 경로 역할을 한다. 이 책의 단계들은 논리적 순서를 따르므로 일반적인 장처럼 독립적으로 읽지 말고 순서대로 읽기를 권한다.

4 | 비유와 유추를 통해 배운다

각 단계에서 새로운 개념을 소개할 때, 생활 속 사례에 비유해 누구라도 쉽게 그 개념을 유추해 볼 수 있도록 하였다. 이렇게 비유^{metaphor}를 사용한 데에는 네 가지 목적이 있다.

첫째, 독자들이 새로운 개념을 받아들일 마음의 준비를 하도록 해준다.
둘째, 새로운 분야에 대한 심리적 거부감을 줄여준다. 셋째, 새로운 개념을 기존에 알던 유사한 지식과 연계시켜 친근하게 학습할 수 있다. 마지막으로, 비유는 새로운 개념을 경험에 비추어 이해하게 만들어 보다 효과적으로 기억하게 해준다.

이 책의 구성

이 책은 5개 마당 25개 단계로 이루어져 있다. 각 마당에서 어떤 내용을 다루는지 잠깐 살펴보자.

첫째마당: 소프트웨어 공학에서 변하지 않는 주요 개념들

1단계부터 3단계까지는 소프트웨어 공학의 주요 개념을 설명하고, 다음 단계로 나아가기 위해 알아야 할 용어들을 알아본다. 3단계가 끝날 때쯤이면 블록체인의 기초 개념에 대한 개략적인 이해와 함께 블록체인의 현 위치를 큰 그림으로 바라볼 안목이 생길 것이다.

둘째마당: 왜 우리에게 블록체인이 필요한가?

4단계부터 7단계까지는 블록체인이 왜 필요한지, 블록체인이 어떤 문제들을 해결할 수 있는지, 그 문제들을 해결하는 것이 왜 중요한지, 블록체인의 잠재력은 무엇인지 설명한다. 7단계가 끝날 때쯤에는 블록체인이 해결할 수 있는 문제 영역과 블록체인이 진가를 발휘할 수 있는 환경, 그리고 애초에 블록체인이 필요했던 이유를 잘 이해하게 될 것이다.

셋째마당: 블록체인은 어떻게 작동하는가?

셋째마당은 이 책의 핵심 부분으로, 블록체인의 내부 작동 원리를 설명한다. 8단계부터 21단계에서 블록체인을 구성하는 15가지 개별 기술에 대한 분명한 개념을 당신에게 안내한다. 21단계를 마칠 때쯤이면 블록체인의 모든 주요 개념을 이해하게 될 것이다. 또 주요 개념들이 개별적으로는 어떻게 작동하며, '블록체인'이라 불리는 거대한 시스템 속에서 어떻게 상호작용하는지 이해하게 될 것이다.

넷째마당: 블록체인의 한계는 무엇이고 어떻게 극복할 것인가?

22단계와 23단계는 블록체인의 주요 제약사항을 살펴보고, 그 이유와 함께 극복방법을 개략적인 아이디어로 설명한다. 23단계가 끝날 때쯤이면 이전 단계들에서 설명한 블록체인의 아이디어가 왜 대규모 상업용 응용프로그램에는 적절치 못했는지를 이해하게 될 것이다. 또 이런 한계를 극복하기 위해 어떤 변화가 있어왔으며, 그 같은 변화로 인해 블록체인의 속성이 어떻게 변형되었는지 이해하게 될 것이다.

다섯째마당: 오늘, 그리고 앞으로의 블록체인

24단계와 25단계는 실생활에서 블록체인을 어떻게 사용할 수 있는지, 블록체인 응용프로그램을 선택할 때 어떤 질문들을 가지고 접근해야 하는지 알아본다. 또한 활발히 연구 중인 블록체인 응용분야와 향후 개발 과제에 대해서도 짚어본다. 25단계를 마칠 때쯤이면 블록체인에 관한 기초를 탄탄히 하고, 보다 심화된 문헌을 읽거나 블록체인 관련 토론에 적극적으로 참여할 준비가 되어 있을 것이다.

관련 자료

www.blockchain-basics.com 사이트에서 이 책의 일부 단계와 관련된 자료를 찾아볼 수 있다.

소프트웨어 공학에서
변하지 않는 주요 개념들

첫째마당은 소프트웨어 공학의 주요 개념을 설명한다. 이 장을 읽고 나면 독자들은 체계적이고 표준화된 업계 용어로 의사소통하게 될 것이다. 이와 더불어 '소프트웨어 아키텍처'와 '무결성' 개념이 무엇이고, 이 두 개념이 블록체인과 어떻게 연관되는지 소개한다. 첫째마당을 배우고 나면 블록체인의 목적과 잠재력을 이해하게 될 것이다.

시스템을 보는 눈 장착하기

시스템을 계층과 측면으로 분리해 분석하기

1단계에서는 블록체인을 배우기 위한 기초를 마련한다. 이 단계는 소프트웨어 시스템을 분석하는 방법을 설명하고, 시스템을 '계층의 조합'으로 생각하는 것이 왜 중요한지 알아본다. 더 나아가 시스템 내 여러 계층을 고려함으로써 얻을 수 있는 것과 이런 접근방식이 블록체인을 이해하는 데 어떤 도움이 되는지 살펴본다. 마지막으로 소프트웨어의 무결성 개념을 간단히 소개하고 중요성을 조명해 본다.

당신은 휴대폰을 가지고 있는가? 아마도 당연히 가지고 있을 것이다. 그렇다면 혹시 데이터를 주고받는 무선통신 프로토콜이 몇 가지인지 알고 있는가? 무선통신의 근간인 전자기파에 대해 알고 있는가? 아마 대부분은 잘 모를 것이다. 이런 것들을 몰라도 휴대폰을 사용하는 데 아무 불편이 없을뿐더러 별도로 공부할 시간도 없기 때문이다. 우리는 머릿속으로 이미 휴대폰에 대해 알아야 할 부분과 몰라도 되는 부분 혹은 당연한 부분 등을 자연스럽게 나누고 있다.

이와 같은 접근방식은 비단 휴대폰에만 국한되지 않는다. 텔레비전이나 컴퓨터, 세탁기 등 새로운 기계를 접할 때 우리는 늘 같은 방식으로 접근한다. 다만, 머릿속에서 필요한 부분을 분리partition하는 기준은 지극히 개인적이다. 왜냐하면 무엇이 더 중요한지는 전적으로 각자의 취향, 특정 기술분야에 대한 지식, 사용 목적, 경험 등에 달려 있기 때문이다. 결과적으로 동일한 휴대폰을 두고도 내 머릿속의 분리와 타인의 머릿속 분리는 서로 다를 수 있다. 이런 상황에서 내가 만약 당신에게 어떤 휴대폰에 관해 알아야 할 사항을 설명하려고 하면, 가장 기본적인 의사소통에서부터 문제가 생길 수 있다.

따라서 기술을 가르치거나 논하기 전에, 시스템을 개념적으로 분리하는 방법부터 서로 일치시켜야 한다. 이번 단계에서는 시스템을 개념적으로 분리하거나 계층화layer하는 기준과 방법을 설명함으로써 우리가 블록체인에 대해 원활히 의사소통할 기반을 다진다.

계층으로 소프트웨어 시스템 바라보기

이 책을 통틀어서 시스템을 개념적으로 분리하기 위해 사용하는 구분 기준은 다음 두 가지다.

1 | 응용계층 vs. 구현계층
2 | 기능적 측면 vs. 비기능적 측면

1 | 응용계층 vs. 구현계층

머릿속으로 사용자의 요구사항과 시스템의 기술 구조를 구분해 보면 응용계층$^{application\ layer}$과 구현계층$^{implementation\ layer}$을 쉽게 분리할 수 있다. 응용계층은 사용자의 필요와 연관된다(예를 들면 음악 청취, 사진 촬영, 호텔 예약 등). 반면에 구현계층은 이러한 요구사항을 실현한다(예컨대 디지털 정보를 음향 신호로 변환, 디지털 카메라에서 픽셀의 색을 인식, 인터넷을 통해 예약시스템에 메시지 전달). 구현계층의 구성요소는 본질적으로 기술적이며, 목적 달성을 위한 수단으로 생각하면 된다.

2 | 기능적 측면 vs. 비기능적 측면

'시스템이 무엇을 하는가'와 '그 무엇을 어떤 식으로 하는가'를 구분해서 생각해 보면 기능적 측면$^{functional\ aspect}$과 비기능적 측면$^{nonfunctional\ aspect}$을 이해할 수 있다. 기능적 측면의 예를 들면, 네트워크를 통한 데이터 전송, 음악 연주, 사진 촬영, 사진의 개별 픽셀 조작 등이 있다. 비기능적 측면의 예로는, 멋진 사용자 인터페이스, 실행속도가 빠른 소프트웨어, 사용자 데이터 보호와 저장능력 등이 있다. 시스템의 또 다른 중요한 비기능적 측면으로는 보안^{security}과 무결성^{integrity}이 있다. 무결성은 시스템이 의도한 대로 작동하는 것을 의미하고, 보안과 정확성을 포함하는 개념이다.

시스템의 기능적 측면과 비기능적 측면을 쉽게 구분하는 아주 좋은 방법이 있다. 우리말에서 동사는 행동이나 완료된 행위를 묘사하지만, 부사는 동작이 어떤 식으로 이루어졌는지 나타낸다. 예를 들어 사람은 빨리 걷기도 늦게 걷기도 한다. 두 경우 모두 '걷는 행위'를 한 것은 동일하지만 '어떤 식으로' 걸었는지는 다르다. 대체로 기능적 측면은 동사와 비슷하고, 비기능적 측면은 부사와 비슷하다고 생각하면 된다.

사용자는 응용계층의 기능적 측면을 중시한다

시스템을 응용계층과 구현계층으로 분리하면서 동시에 기능적 측면과 비기능적 측면으로 분리하면 다음과 같은 2차원 표를 만들 수 있다.

표 1-1은 시스템의 특정 요소가 사용자에게 어떻게 보여지는지 말해 준다. 응용계층의 기능적 측면은 사용자의 명확한 요구사항들이므로 시스템에서 가장 중요하게 부각된다. 이런 요소들은 대개 사용자들이 스스로 학습하려 한다. 반면에 구현계층의 비기능적 측면은 시스템의 주요 요소로 보지 않고 아주 당연한 것으로 여긴다.

	기능적 측면	비기능적 측면
응용계층	사진 촬영 전화 걸기 e-메일 보내기 인터넷 검색 문자 메시지 보내기	보기 좋은 사용자 인터페이스 사용 편의성 빠른 메시지 전송
구현계층	사용자 데이터 저장 가장 가까운 모바일 커넥터에 연결 디지털 카메라의 픽셀에 접근	효율적인 데이터 저장 에너지 절약 무결성 관리 개인정보 보호

무결성은 눈에 보이지 않지만 아주 중요하다

무결성은 모든 소프트웨어 시스템이 가지는 중요한 비기능적 측면으로, 세 가지 주요 요소로 구성된다.

- **데이터 무결성**: 시스템에서 사용하고 유지 관리하는 데이터는 완전하고 정확하며 모순이 없다.
- **작동 무결성**: 시스템은 의도한 대로 작동하며 논리적 오류가 없다.
- **보안**: 시스템은 허가받은 사용자에게만 데이터 및 기능에 대한 접근 권한을 부여할 수 있다.

대부분의 사람들은 소프트웨어 시스템의 무결성을 당연하게 여긴다. 우리가 사용하는 대다수의 시스템들이 다행히 무결성을 잘 지키고 있기 때문이다. 하지만, 이는 프로그래머와 소프트웨어 공학자들이 엄청난 시간과 노력을 쏟아부었기에 가능한 일이다.

무결성에 대해 평소에 별생각이 없었던 이들도 막상 시스템 오류를 접하고 나면 생각이 바뀐다. 데이터 손실이 발생하거나 소프트웨어가 오작동하거나 외부인이 당신의 개인 데이터에 접근한 흔적을 발견했을 때가 바로 그런 경우이다. 만약 이런 일이 당신의 휴대폰, 컴퓨터, e-메일 소프트웨어, 문서 편집기, 스프레드시트 계산기에서 발생한다면 화가 치밀어오를 것이다. 그 순간이 바로 소프트웨어 무결성이 중요하다는 것을 깨닫는 순간이다.

이제 소프트웨어 전문가가 왜 별것 아닌 것처럼 보이는 구현계층의 비기능적 측면인 무결성을 위해 엄청난 시간을 쏟아붓는지 이해될 것이다.

1단계에서는 소프트웨어 공학의 일반적 원칙 일부를 소개했다. 특히 무결성의 개념을 알아보고, 소프트웨어 시스템의 응용계층과 구현계층의 비교와 함께 기능적 측면과 비기능적 측면을 살펴보았다. 이런 개념들을 이해하면 블록체인이 속한 더 넓은 영역을 인식하는 데 도움이 된다. 2단계에서는 1단계에서 소개한 개념을 이용해 더 큰 그림을 그려보겠다.

- 시스템은 다음과 같이 구분해서 분석할 수 있다.
  - 응용계층과 구현계층
  - 기능적 측면과 비기능적 측면

- 응용계층은 사용자의 요구사항에, 구현계층은 요구사항을 실현해 주는 기술적 측면에 중점을 둔다.

- 기능적 측면은 '행위'에, 비기능적 측면은 그 행위를 '어떤 식으로 했는가'에 중점을 둔다.

- 대부분의 사용자들은 응용계층의 기능적 측면에만 관심이 있고, 비기능적 측면 특히 구현계층의 비기능적 측면은 잘 알지 못한다.

- 모든 소프트웨어 시스템에서 무결성은 아주 중요한 비기능적 측면이며, 무결성의 3가지 주요 요소는 다음과 같다.
  - 데이터 무결성
  - 작동 무결성
  - 보안

- 데이터 손실, 비논리적 작동, 개인정보에 대한 외부인의 접근 같은 소프트웨어 오작동은 시스템의 무결성이 침해된 결과이다.

큰 그림으로 바라보기

소프트웨어 아키텍처란 무엇이고 블록체인과 어떤 관계인가?

이번 단계에서는 블록체인을 둘러싼 큰 그림을 바라보고, 큰 그림 내 블록체인의 위상에 대해 알아본다. 먼저 큰 그림을 보기 위해 알아야 하는 '소프트웨어 아키텍처' 개념을 소개하고, 앞에서 시스템을 계층과 측면으로 구분한 것과 어떻게 연관되는지 설명한다. 또 큰 그림 내 블록체인의 위상을 제대로 보기 위해 블록체인과 소프트웨어 아키텍처의 관계도 살펴본다. 끝으로 블록체인의 핵심 목적을 한 문장으로 정리한다. 블록체인의 목적을 제대로 인식하는 일은 블록체인을 제대로 파악하고 다음 단계로 나아가기 위한 초석이 된다.

차를 산 경험이 있는가? 대부분은 사보았을 것이다. 차를 사보지 않았더라도 자동차 엔진이 여러 종류(디젤, 가솔린, 전기 등)라는 것은 알 것이다. 차량을 구매할 때 어떤 엔진을 선택하느냐에 따라 놀라운 차이가 벌어진다. 겉보기엔 똑같아 보이는 차도 엔진에 따라 성능에 차이가 나고 결과적으로 주행 성능이 크게 달라진다. 또 엔진 선택에 따라 차량 가격, 유지비, 연료 종류, 배기장치, 브레이크 치수 등 차량의 다른 특성들도 전부 영향을 받는다. 차량을 둘러싼 이러한 상황에 빗대어 블록체인을 바라보면 큰 그림 안에서 블록체인의 역할을 더 쉽게 이해할 수 있다.

소프트웨어 시스템에도 '엔진'이 있다

앞에서 배운 계층화 개념을 결제시스템에 적용해 보자. 표 2-1을 살펴보자.

표 2-1 결제시스템의 계층과 측면

	기능적 측면	비기능적 측면
응용계층	입금 출금 이체 계좌조회	멋진 사용자 환경 사용 편의성 빠른 이체 다중 접속 처리
구현계층	?	24시간 서비스 금융사기 방지 무결성 유지 개인정보 보호

위 표에서 시스템을 작동시키는 기술과 관련된 부분의 물음표를 발견했

는가? 이 부분은 의도적으로 비워두었다. 자동차의 엔진을 선택하듯이 시스템을 작동시키는 데 적절한 '엔진'이 무엇인지는 각자가 결정해야 하는 부분이기 때문이다. 소프트웨어 시스템에서 '엔진'에 해당하는 부분은 아래에서 좀 더 설명한다.

'엔진'인 시스템 아키텍처는 두 종류가 있다

소프트웨어 시스템을 구현하는 방법은 다양하나, 시스템 아키텍처architecture는 모두 필수적으로 결정해야 한다. 시스템 아키텍처란, 구성요소를 구조화하고 구성요소 간 관계를 설정하는 방식을 의미한다. 소프트웨어 시스템에 주로 사용되는 아키텍처는 두 가지로, 중앙 통제centralized 방식과 분산distributed 방식이 있다.

중앙 통제 소프트웨어 시스템에서는 구성요소들이 모두 하나의 중앙 요소에 연결되며 중앙 요소를 가운데 두고 나머지 요소들이 빙 둘러싸고 있다. 이와 대조적으로 분산 시스템에서는 시스템을 통제하거나 조정하는 요소 없이 서로 연결된 네트워크 구조를 형성한다.

그림 2-1은 대조적인 두 구조를 잘 보여준다. 그림에서 각 원은 시스템 구성요소(노드node■라고 부른다)이고, 선은 구성요소 간 연결을 나타낸다.

■ **옮긴이주** 노드, 컴퓨터, 피어(peer)는 동일한 의미를 가질 때가 많지만 반드시 그렇지는 않다. 구조에 따라 단일 컴퓨터가 복수의 노드 역할을 할 수도 있고, 반대로 하나의 노드에 복수의 컴퓨터가 연결되어 있을 수도 있다. 또 전체 시스템 노드 중 나와 직접 연결된 노드를 특별히 피어라 부르기도 하는데, 특히 이더리움(ethereum)에서 그런 의미로 구분해 사용한다. 보통의 책에서는 전체 시스템 내 한 요소임을 강조할 때는 노드라는 용어를 주로 사용하고, 일대일의

아직은 이 구성요소들이 무슨 일을 하는지, 노드 간에 어떤 정보가 교환되는지 자세히 몰라도 상관없다. 여기서는 소프트웨어 시스템을 구성하는 방식이 두 가지로 나누어진다는 핵심만 이해하면 된다. 그림 2-1의 왼쪽 그림은 중앙 통제 요소 없이 구성요소끼리 서로 연결되어 있는 분산 아키텍처를 보여준다. 이 구조에서 눈여겨봐야 할 부분은 모든 구성요소와 직접적으로 연결된 노드가 단 하나도 없다는 것이다. 그러나 모든 노드는 간접적으로는 서로 완전히 연결되어 있다.

그림 2-1의 오른쪽 그림은 모든 구성요소가 하나의 중앙 요소와 연결되어 있는 중앙 통제 아키텍처를 보여준다. 구성요소끼리는 직접적으로 연결되지 않고 오직 중앙 요소와만 직접 연결되어 있다.

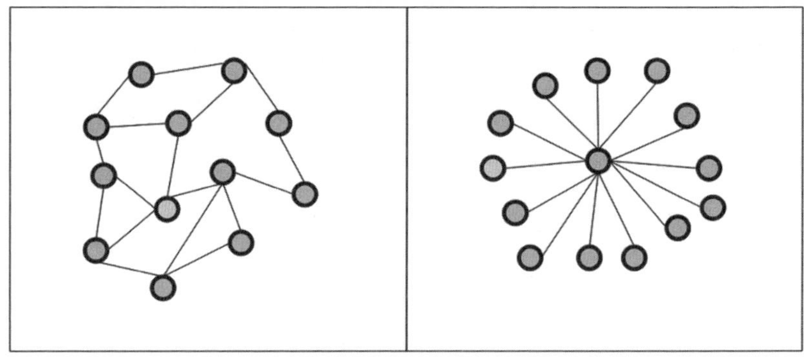

그림 2-1 분산 시스템(왼쪽) vs. 중앙 통제 시스템(오른쪽) 아키텍처

의미가 강조되거나 노드를 사용해 특정 행위를 하는 사람의 관점에서 얘기할 때는 피어(또는 사용자)를 사용하며, 공유하는 자원 측면에서 기술할 때는 컴퓨터란 용어를 사용한다. 그러나 이 책에서는 세 용어를 크게 구분하지 않고 동일한 의미로 쓴다.

분산 시스템의 장점

단일 컴퓨터와 비교할 때 분산 시스템^{distributed system}의 주요 장점은 다음과 같다.

1 | 계산 능력이 더 뛰어나다
2 | 비용이 절감된다
3 | 더 안정적이다
4 | 자연스럽게 확장된다

1 | 계산 능력이 더 뛰어나다

분산 시스템의 계산 능력^{computing power}은 서로 연결된 모든 컴퓨터의 계산 능력이 합쳐져 발현된다. 따라서 분산 시스템은 대부분 단일 컴퓨터보다 강력한 계산 능력을 가진다. 이 점은 상대적으로 성능이 낮은 여러 대의 컴퓨터로 이루어진 분산 시스템과 성능 좋은 한 대의 슈퍼 컴퓨터를 비교해 보면 쉽게 증명된다.

2 | 비용이 절감된다

컴퓨터, 기억장치, 디스크 공간, 네트워크 장비 등의 가격은 지난 20년 동안 크게 떨어졌다. 분산 시스템은 여러 대의 컴퓨터로 구성되므로 초기 구성 비용은 개별 컴퓨터보다 더 많이 든다. 그러나 슈퍼 컴퓨터를 제작하고 유지 운영하는 비용과 비교하면 슈퍼 컴퓨터가 여전히 훨씬 더 많은 비용이 든다. 분산 시스템은 개별 컴퓨터가 교체될 때 전체 시스템에 별 영향을 끼치지 않는다는 점까지 고려하면 더더욱 그러하다.

3 | 더 안정적이다

분산 시스템에서는 시스템을 구성하는 개별 컴퓨터가 고장나더라도 전체 네트워크는 문제없이 잘 작동한다. 하나의 구성요소가 오작동하면 나머지 구성요소들이 그 일을 대신하기 때문이다. 따라서 분산 시스템은 단일 슈퍼 컴퓨터보다 더 안정적이다.

4 | 자연스럽게 확장된다

분산 시스템의 뛰어난 계산 능력은 각각의 구성요소들의 계산 능력을 모두 합친 결과이다. 따라서 시스템에 컴퓨터를 추가하면 손쉽게 전체 계산 능력을 더 높일 수 있다. 다시 말해, 전체 시스템의 계산 능력을 점진적으로 증대시킬 수 있어 계산 요구량이 점점 더 증가하는 조직에 적용하기 좋다. 반면에, 단일 시스템의 계산 능력은 시스템을 더 강력한 컴퓨터로 대체하기 전까지는 동일하다. 단일 시스템의 계산 능력 증대는 불연속적이라 대다수 시스템 사용자들이 선호하지 않으며, 분산 시스템의 유연한 확장성과 대조된다.

분산 시스템의 단점

단일 컴퓨터와 비교할 때 분산 시스템의 단점은 다음과 같다.

1 | 조정 오버헤드가 발생한다

2 | 통신 오버헤드가 발생한다

3 | 네트워크 의존도가 높다

4 | 프로그램이 복잡해진다

5 | 보안에 신경써야 한다

1 | 조정 오버헤드가 발생한다

분산 시스템에는 구성요소들을 조정하는 중앙 요소가 없다. 따라서 구성요소들 스스로가 조정을 해야 하는데, 모두가 동등한 지위를 가지는 까닭에 조정이 쉽지 않을 뿐 아니라 조정을 위한 작업에 자원이 소모된다. 그로 인해 조정 오버헤드^{coordination overhead}가 발생한다.

2 | 통신 오버헤드가 발생한다

조정을 위해서는 소통이 필요하다. 따라서 분산 시스템 내 각 컴퓨터들은 서로 통신을 주고받는다. 이로 인해 계산 능력의 일부가 통신 프로토콜 지원과 메시지의 송수신 및 처리에 소모된다. 결과적으로 통신 오버헤드^{communication overhead}가 발생한다.

3 | 네트워크 의존도가 높다

모든 통신에는 정보 전달을 위한 매체가 필요한데, 분산 시스템의 컴퓨터들은 네트워크를 통해 통신한다. 그러나 거의 모든 네트워크에는 자체적인 결함과 장애 가능성이 내재되어 있게 마련이고, 이 점은 분산 시스템을 구성하는 컴퓨터 사이의 통신과 조정에 영향을 끼친다. 그럼에도 네트워크가 없다면 분산 시스템도, 통신도, 노드 간 협력도 없기 때문에 네트워크에 대한 의존도가 높다.

4 | 프로그램이 복잡해진다

컴퓨터 계산 문제를 해결하기 위해서는 소프트웨어가 필요하다. 그런데 앞서 말한 단점들로 인해 분산 시스템의 모든 소프트웨어는 단일 시스템에서는 필요 없는 조정, 통신, 네트워크 이용에 관련된 추가적인 문제를 해결해야 한다. 그러다 보니 소프트웨어가 복잡해진다.

5 | 보안에 신경써야 한다

네트워크를 통한 통신은 계산 작업을 할 때 데이터의 전송과 공유가 꼭 필요하다는 것을 의미한다. 그러나 네트워크로 정보를 전송하면 악의를 가진 개체가 정보에 접근해 악용하는 보안문제가 발생할 수 있다. 그러므로 모든 분산 시스템은 보안문제에 철저히 대비해야 한다. 노드 간 통신이 이루어지는 네트워크에 대한 접근 제한을 완화할수록 분산 시스템의 보안문제는 더 심각해진다.

사용자가 많아질수록 더 강력해지는 분산 P2P 시스템

피어 투 피어^{Peer to Peer} 네트워크, 즉 P2P 네트워크는 분산 시스템의 특수한 형태다. 개별 컴퓨터(노드)로 구성된 P2P 시스템은 중앙 노드의 조정 없이 네트워크의 모든 구성원이 서로에게 계산 자원(처리 능력, 저장 공간, 데이터 혹은 네트워크 대역폭 등)을 제공한다. 네트워크의 각 노드는 시스템 내에서 동등한 권리와 역할을 가지며, 모두가 자원의 공급자인 동시에 소비자가 된다.

P2P 시스템은 파일 공유, 콘텐츠 배분, 비밀 보호 등 흥미로운 여러 분야에서 다양하게 응용할 수 있다. 이런 응용 대부분은 '사용자들의 컴퓨터를 분산 시스템을 구성하는 노드로 만든다'라는 간단하지만 아주 강력한 아이디어를 배경으로 한다.

결과적으로 더 많은 사용자가 이 소프트웨어를 사용할수록 시스템은 더 거대해지고 더 강력해진다. 이 아이디어의 중요성과 문제점에 대해서는 다음 단계에서 논한다.

중앙 통제와 분산 시스템의 장점만 모은 혼합 시스템도 있다

중앙 통제 시스템과 분산 시스템은 구조적으로 정반대다. 기술적인 양극단은 공학자로 하여금 각각의 강점만 결합한 새로운 혼합 시스템hybrid system을 개발하게 만든다. 중앙 통제와 분산 시스템도 예외는 아니다. 이 두 시스템을 모범적으로 결합한 전형적인 두 가지 시스템이 있다. 실질적인 블록체인 응용을 배우려면 이 부분을 꼭 이해해야 한다. 이 두 가지는 각각 분산 시스템 내의 중앙 통제와 중앙 통제 시스템 내의 분산 시스템이다.

그림 2-2의 왼쪽 그림은 분산 시스템 내부에 중앙 통제 요소를 구축한 아키텍처를 보여준다. 얼핏 보기에는 구성요소들이 분산 시스템을 이루는 것처럼 보이지만 모든 원이 중앙의 큰 원에 직접 연결되어 있다. 따라서 이런 시스템은 겉보기에는 분산 시스템처럼 보이지만 사실은 중앙 통제 시스템이다.

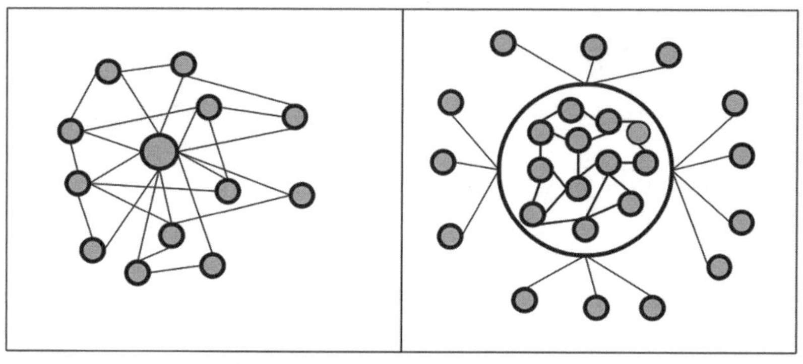

그림 2-2 분산과 중앙 집중 아키텍처의 혼합

그림 2-2의 오른쪽 그림은 상반된 접근방식을 보여준다. 이 시스템은 얼핏 보기엔 주변 노드가 모두 중앙의 큰 원에 직접 연결되어 있어 중앙 통제 시스템처럼 보인다. 그러나 중앙 요소의 내부를 들여다보면 분산 시스템이다. 심지어 주변 구성요소들은 중앙 요소가 분산 시스템으로 이루어진 사실을 모를 수도 있다.

두 접근방식은 모두 진정한 속성을 분류하기가 쉽지 않다. 이 구조는 분산인가 중앙 통제인가? 꼭 고유 명칭을 부여할 필요는 없을지도 모른다. 그러나 이중의 속성을 규명하는 것은 매우 중요하다. 내부 구조가 중앙 통제인지 분산인지 그 속성을 분명히 파악하기 힘든 경우는 더욱 그러하다.

분산 시스템인지 구분하는 방법

혼합 시스템의 등장으로 인해 분산 시스템을 명확히 식별하기가 어려워졌다. 만약 어떤 시스템이 분산인지 아닌지 구분하기 어렵다면, 전체 시스템을 동시에 종료할 수 있는 단일 구성요소가 있는지 찾아보라(예를 들면 데이터베이스, 이름이나 사용자 등록장소, 로그인 또는 로그오프 요소, 응급 스위치 등). 그런 구성요소가 있다면 그 시스템은 분산이 아니라고 할 수 있다.

한줄정리 전체 시스템을 동시에 종료할 수 있는 스위치 역할을 하는 단일 구성요소가 있다면 그 시스템은 분산 시스템이 아니다.

큰 그림으로 본 블록체인의 목적

차의 엔진을 고르듯 소프트웨어 시스템을 디자인할 때 어떤 아키텍처를 사용할 것인지 선택할 수 있다. 아키텍처의 선정은 응용계층의 기능적 측면과는 관련이 없다. 따라서 응용계층의 동일한 기능을 중앙 통제 시스템으로 구현할 수도 있고 분산 시스템으로 만들 수도 있다. 아키텍처는 시스템 구현 관점에서는 목적 달성을 위한 수단일 뿐이다. 그렇기 때문에 표 2-1에서 물음표로 남겨진 결제시스템의 구현 방식은 분산 방식으로 구현할 수도 있고 중앙 통제 방식으로 구현할 수도 있다.

두 아키텍처 개념은 각각 장단점이 있고 고유의 처리방식이 있다. 아키텍처의 선택은 시스템이 기능적, 비기능적 측면을 달성하는 방법에 영향을 미친다. 특히 두 시스템은 무결성에 대해 상당히 다르게 접근한다. 바로 이 부분 때문에 블록체인이 중요해진다.

블록체인은 분산 시스템이 무결성을 확보하게 해주는 도구다. 따라서 구현계층의 비기능적 측면을 성취하게 해주는 도구로 볼 수 있다.

한줄정리 블록체인의 목적은 분산 시스템의 무결성을 구현하고 유지하는 것이다.

분산 시스템의 무결성 확보와 관련된 내용은 상당히 기술적이어서 다소 지루하게 느껴질 수 있다. 그럼에도 불구하고 분산 시스템의 무결성을 확보한 것이 사람들의 흥미를 끄는 이유는 무엇일까? 무결성이 확보된 분산 시스템의 역할과, 과연 어떤 중앙 통제 시스템을 대체할 수 있을지에 대한 호기심 때문이다. 다음 단계에서는 P2P 시스템이 세상을 어떻게 바꾸었으며, 분산 시스템의 무결성을 확보하는 도구로서 블록체인이 왜 세상을 바꿀 만한 잠재력을 가졌는지 설명한다.

- 소프트웨어 시스템 아키텍처는 구성요소들이 어떻게 구조화되고 서로 어떤 관계를 가지는지를 결정한다.
- 중앙 통제 소프트웨어 아키텍처와 분산 소프트웨어 아키텍처는 구조 면에서 서로 양극단으로 볼 수 있다.
- 분산 시스템은 다수의 독립된 컴퓨터가 중앙 통제나 조정 요소 없이 특정 목적 달성을 위해 통신 매체를 사용해 서로 협력하는 시스템이다.
- 일반적으로 시스템 전체를 한꺼번에 멈출 수 있는 단일 요소가 존재하면 아무리 아키텍처가 복잡해 보여도 그 시스템은 분산 시스템이 아니다.
- 블록체인은 분산 소프트웨어 시스템의 구현계층에 속한다.
- 블록체인의 목적은 분산 소프트웨어 시스템의 특정 비기능적 요소인 무결성을 확보하고 유지하는 것이다.

P2P 시스템의 엄청난 잠재력

P2P 시스템이 세상을 어떻게 바꿀 것인가?

3단계에서는 분산 시스템의 한 종류인 P2P 시스템을 살펴봄으로써 블록체인의 목적을 더 깊이 알아본다. 이와 더불어 블록체인이 가치를 가장 잘 발휘할 것이라 기대되는 주요 응용분야를 알아보고, 추가적으로 실생활에서 만나는 P2P 시스템의 중요성에 대해서도 알아본다. 이 단계를 마치고 나면 기술자나 비즈니스 전문가들이 왜 그토록 블록체인에 열광하는지 이해할 수 있을 것이다.

마지막으로 CD를 산 것이 언제쯤인지 기억하는가? 대부분은 아마 까마득한 예전일 것이다. 그동안 음악산업에 엄청난 변화가 있었기 때문이다. 요즘은 CD를 사는 대신 음악 포털에서 듣고 싶은 노래를 다운로드하거나 친구들과 MP3 파일을 공유하는 등 음악 스트리밍 서비스를 이용한다. 이런 변화는 사람들이 각자 가지고 있는 음악 파일을 서로 공유할 수 있게 해준 어느 소프트웨어의 등장에서 비롯되었다. 그렇다면 이 소프트웨어는 어떤 점이 그리 특별한가? 이 소프트웨어를 발명한 사람의 말을 직접 들어보자.

> "이 시스템의 어떤 점이 그렇게 흥미로운가 하면, 바로 동료들과 상호작용한다는 점이다. 길거리 사람들 그 누구와도 서로 정보를 주고받을 수 있다."
>
> — 냅스터(Napster) 공동 창업자 숀 패닝(Shawn Fanning)

패닝과 그의 동료는 음악을 공유할 수 있는 P2P 시스템을 발명했다. 1990년대 초반 이 소프트웨어는 그간 잘 확립된 음악시장의 사업모델을 새로운 세계로 이끌었다. 이번 3단계에서는 냅스터의 등장과 CD 판매의 감소, 그리고 음악산업의 급격한 변화가 블록체인과 무슨 관계가 있는지 설명한다.

P2P 시스템은 어떻게 음악산업을 변화시켰나

음악산업은 오랜 세월 다음과 같이 작동했다. 먼저 음악가와 스튜디오가 계약을 맺는다. 계약이 성사되면, 스튜디오는 음악가의 노래를 녹음하고 다양한 매체(LP, 테이프, CD 등)에 담아 백화점이나 음반가게 등 여러 유통 채널을 통해 판매한다. 스튜디오는 사실상 음악가와 음악을 듣고 싶어하는 사람들 사이에서 중개자 역할을 수행했다.

음악 스튜디오가 중개자 역할을 수행할 수 있었던 이유는 그들이 음반 제작, 마케팅, 판매채널에 대한 독점적 지식을 가지고 있었기 때문이다. 그러나 2000년 이후 10년 사이에 음악 스튜디오 환경은 급격히 변했다.

음악의 디지털화, 저렴한 녹음시설 및 개인 PC의 보급 확대, 인터넷의 등장은 더 이상 음악 스튜디오가 필요 없게 만들었다. 스튜디오의 3가지 기능인 제작, 마케팅, 판매를 작곡가나 소비자 스스로가 해결할 수 있게 된 것이다. 냅스터는 중개자로서의 음악 스튜디오를 대체하는 데 주된 역할을 수행했다.

냅스터를 이용하면 CD를 사지 않고도 최신 인기곡을 얻을 수 있고, 전 세계 사람들과 음악 파일을 공유할 수 있었다. 냅스터의 P2P 접근방식은 MP3 파일을 공유하는 일종의 디지털 공유 바자회 같은 것으로 소비자들이 이전에 경험하지 못한 폭넓은 음악 세계를 접하게 해주었고, 음악 스튜디오의 효용성을 크게 떨어뜨려 심각한 타격을 입혔다.

P2P 시스템에는 거의 모든 산업을 뒤흔들 잠재력이 있다

냅스터 사례는 '중개자 역할을 개인간의 상호작용으로 대체한다'는 아이디어를 기반으로 하는 P2P 시스템이 산업 전체의 생태계를 통째로 뒤흔들 수 있다는 교훈을 주었다. 앞에서 예로 든 음악산업의 경우, 음악가와 소비자 사이에서 중개인 역할을 했던 전통적 스튜디오들이 P2P 파일 공유 시스템으로 급격히 대체되었다. 전통적 음악산업이 P2P 시스템에 의해 그토록 힘없이 무너진 주된 원인은 음악의 무형적 속성과 함께 데이터를 복사하고 전달하는 비용이 아주 낮은 데서 찾을 수 있다.

P2P 시스템의 위력은 음악산업에만 국한되지 않는다. 무형의 상품이나 디지털화된 상품 또는 서비스를 중개하는 역할을 주업으로 하는 산업은 모두 P2P로 대체될 가능성이 높다. 이 말이 다소 추상적으로 들리겠지만, 우리 주변에 이런 종류의 산업이 어떤 것이 있는지 생각하다 보면 그 중 가장 규모가 큰 산업을 곧 떠올리게 될 것이다. 바로 금융업이다.

은행 계좌나 신용카드, 직불카드에 들어 있는 것은 무엇일까? 진짜 돈일까? 우리가 가진 돈은 이미 오래 전에 무형의 비트와 바이트 형태로 바뀌었고, 물리적인 진짜 돈은 소량의 지폐나 동전만 남아 있다. 이 세상 대부분의 돈과 자산은 무형의 비트와 바이트 형태로 금융회사의 중앙 정보기술 시스템에 저장되어 있다.

은행을 비롯한 금융계의 많은 회사들은 돈과 재산을 나타내는 비트와 바이트를 생산하고 소비하는 사람들 사이를 단순히 이어주는 중개자 역할을 주로 수행한다. 돈을 빌려주고 빌리는 행위나 한 계정에서 다른 계정으로 자금을 이체하는 행위는, 사실 중개자가 무형의 상품을 시스템을 통해 대상자에게 전달함으로써 이루어진다. 간단한 거래 하나에 얼마나 많은 중개자가 관여하는지 알면 놀랄 정도다(일례로 국가간의 은행 자금이체의 경우 5개의 중개기관이 관여하여 매 처리단계마다 일정 시간이 소요되며, 해당 비용을 청구한다). 결과적으로 국가간 은행 자금이체 같은 간단한 거래에도 오랜 처리 시간과 많은 거래 비용이 필요하다. 하지만 P2P 거래에서는 동일한 이체가 훨씬 간단하며 시간과 비용도 거의 들지 않는다. 각각의 노드에서 해당 비트와 바이트를 서로 전달하면 끝나기 때문이다.

중앙 통제 시스템과 비교해 P2P 시스템이 가진 장점은 중개자를 통해 간접적으로 상호작용하지 않고 거래 당사자끼리 직접 상호작용한다는 점이다. 따라서 처리 시간과 비용이 현저히 줄어든다.

P2P 시스템의 장점은 자금이체에만 그치지 않는다. 다시 말하지만 무형의 상품이나 디지털 상품, 서비스를 중재하는 역할을 주된 업으로 하는 모든 산업은 P2P로 대체될 가능성이 높다. 디지털화가 지속될수록 점점 더 많은 상품과 서비스가 무형화되어 P2P 시스템의 효율성이 가져다주는 혜택을 일상적으로 누리게 될 것이다.

 P2P 시스템 추종자들은 디지털화와 P2P 네트워크의 등장으로 출생증명, 운전면허, 여권, 신분증, 학력증명, 특허, 근로계약서는 물론이고 지불, 저축, 대출, 보험 등 일상의 거의 모든 부분이 영향을 받게 될 것이라고 주장한다. 이중 상당수는 이미 디지털화되어 해당 기관의 중앙 통제 시스템에 저장되어 있으며, 이 기관들은 단순히 공급자와 소비자 사이에서 중개자 역할만 수행한다.

한줄정리 중개자를 대체하는 것을 탈중개화(disintermediation)라고도 한다. 이는 판매자와 구매자, 채권자와 채무자, 생산자와 소비자 등 두 그룹을 단순히 중개하는 역할을 주된 업으로 하는 산업과 회사에 심각한 위협으로 간주되고 있다.

P2P 시스템과 블록체인은 어떤 관련이 있나

P2P 시스템의 잠재력에 대해 배웠으니, 이제 관련 용어를 정리하고 블록체인과의 연관성을 알아보겠다. 특히 다음 부분을 살펴볼 필요가 있다.

1 | P2P 시스템의 정의

2 | P2P 시스템의 아키텍처

3 | P2P 시스템과 블록체인의 연관성

1 | P2P 시스템의 정의

P2P 시스템은 여러 노드(개별 컴퓨터)들로 구성된 분산 소프트웨어 시스템으로, 한 노드의 자원(계산 능력, 저장 공간, 정보 배분 등)을 다른 노드들이 직접 사용할 수 있다는 특징을 지닌다. P2P 시스템에 참여하면 사용자의 컴퓨터는 시스템의 노드로 전환되고, 모든 노드에게는 동등한 권리와 역할이 주어진다. 각각의 사용자별로 공헌할 수 있는 자원은 조금 다를 수 있지만, 시스템의 모든 노드는 동일한 기능과 책임을 갖는다. 따라서 모든 사용자의 컴퓨터는 자원의 공급자인 동시에 소비자가 된다.

P2P 파일 공유 시스템을 예로 들면, 개별 파일은 각자의 컴퓨터에 저장되어 있으나 다른 모든 사용자와 공유된다. 그래서 누군가 파일 다운로드를 실행하면 다른 누군가의 컴퓨터로부터 파일이 다운로드되기 시작

한다. 그 누군가는 옆집에 살고 있을 수도 있지만 지구 반대편에 살고 있을 수도 있다.

2 | P2P 시스템의 아키텍처

P2P 시스템은 구조 자체가 분산 컴퓨터 시스템으로 되어 있다. 개별 노드로 구성된 컴퓨터들이 서로 자원을 공유하기 때문이다. 그러나 여전히 중앙 통제 요소를 가지는 P2P 시스템도 있다. 중앙 통제 P2P 시스템은 중앙 노드를 이용해 노드 간 상호작용을 중재하고, 피어 노드가 제공하는 서비스 목록들을 유지 관리하고 노드를 검색하고 식별한다. 중앙 통제 P2P 시스템은 대개 그림 2-2의 왼쪽 그림에 예시되어 있는 혼합형 아키텍처를 활용한다. 이런 아키텍처는 중앙 통제 시스템과 분산 계산의 장점이 합쳐져 있다. 반면 순수 분산 P2P 시스템에는 중앙에서 통제하거나 조정하는 어떠한 요소도 없다. 따라서 시스템의 모든 노드는 동일한 과제를 수행하며, 자원과 서비스의 생산자인 동시에 소비자 역할을 한다.

중앙 통제 P2P 시스템의 대표적인 예는 냅스터이다. 냅스터는 중앙 데이터베이스에 접속한 모든 노드와 각 노드가 보유한 노래 정보를 저장하고 있다.

3 | P2P 시스템과 블록체인의 연관성

2단계에서 설명한 것처럼 블록체인은 분산 시스템에서 무결성을 확보하고 유지하는 도구라 할 수 있다. 즉, 순수 분산 P2P 시스템은 무결성의 확보와 유지를 위해 블록체인 시스템을 사용한다.

사람들이 블록체인에 열광하는 이유

블록체인의 잠재력에 많은 이들이 열광하는 이유는 순수 분산 P2P 시스템에서 찾을 수 있다. 즉, 전체 산업을 통째로 뒤바꿀 수 있는 상업적 잠재력을 가진 순수 분산 P2P 시스템이 블록체인을 이용해 무결성을 확보하고 유지할 수 있다는 사실로 인해 블록체인도 더불어 중요한 요소가 된 것이다. 그러나 엄밀히 말하자면, 사람들을 정말로 흥분시킨 진짜 원인은 탈중개화에 있다. 블록체인은 단지 탈중개화를 위한 도구일 뿐이다.

한줄정리 블록체인에 열광하는 이유는, 탈중개화를 통해 전체 산업 생태계를 변화시킬 잠재력을 지닌 순수 분산 P2P 시스템이 무결성의 확보와 유지를 위한 도구로 블록체인을 사용할 수 있기 때문이다.

3단계에서는 탈중개화를 통해 전체 산업 생태계를 변화시킬 잠재력을 가진 P2P 시스템의 위력에 대해 알아보았다. 이와 더불어 블록체인에 열광하는 이유에 대해서는, 순수 분산 P2P 시스템에 적합한 기능을 가지고 있기 때문이라고 설명했다. 4단계에서는 분산 시스템에서 무결성을 확보하고 유지하는 것이 왜 그토록 중요한지에 대해서 자세히 알아본다.

- P2P 시스템의 장점은 중개자에 의존하지 않고 사용자끼리 직접 상호작용할 수 있다는 것이다.

- 중개자를 P2P 시스템으로 대체하면 속도는 더 증가하고 비용은 더 감소한다.

- P2P 시스템은 중앙 통제형으로 구현할 수도 있고, 순수 분산형으로 구현할 수도 있다.

- 순수 분산형 P2P 시스템은 중앙 통제 없이 동등한 구성원으로서 상호작용한다.

- 냅스터는 음악시장의 전통적 사업모델을 파일 공유 시스템이라는 새로운 세계로 이끌며 P2P 시스템의 위력을 증명해 보였다.

- 무형의 상품이나 디지털 상품 혹은 서비스를 중개하는 역할을 주된 업으로 하는 모든 산업은 P2P로 대체될 가능성이 높다.

- 금융 시스템의 상당 부분은 디지털이나 무형의 형태로 존재하는 재화의 공급자와 소비자 사이의 단순 중개 역할이다. 그러므로 냅스터가 음악시장을 재편했듯이 금융산업 전반도 디지털화하여 P2P 시스템으로 재편될 것이다.

- 디지털화가 지속될수록 일상생활의 더 많은 측면과 더 많은 상품 및 서비스가 무형화되어 P2P 시스템의 혜택을 누리게 될 것이다.

- 블록체인에 열광하는 이유는 탈중개화를 통해 전체 산업 생태계를 변화시킬 잠재력을 지닌 순수 분산 P2P 시스템이 무결성의 확보와 유지를 위한 도구로 블록체인을 사용할 수 있기 때문이다.

왜 우리에게
블록체인이 필요한가?

둘째마당은 블록체인이 해결해야 하는 문제들을 살펴보고 그 문제들을 해결하는 것이 왜 중요한지 설명한다. 또한 블록체인에 대한 이해를 심화하고, 블록체인의 가치가 가장 잘 발휘될 수 있는 환경을 알아본다. 그런 다음 블록체인과 신뢰성, 무결성, 소유권 관리 사이의 관계를 알아본다. 둘째마당이 끝날 때쯤이면 블록체인의 목적을 깊이 이해하고, 블록체인을 차별화된 시각으로 바라볼 수 있는 깊이를 가지게 될 것이다.

블록체인에게 떨어진 미션

독립적인 컴퓨터를 무리짓게 만들어라

2단계와 3단계에서 블록체인의 전반적인 필요성에 대해 알아보았다. 특히 순수 분산 P2P 시스템에서 블록체인이 중요한 이유를 살펴보았고, 블록체인의 주목적은 분산 시스템의 무결성 유지라는 것을 알게 되었다. 그런데 분산 시스템, 특히 순수 분산 P2P 시스템의 무결성 유지가 왜 그렇게 힘들까? 이 단계에서는 순수 분산 P2P 시스템의 무결성과 신뢰 사이의 미묘한 관계를 알아봄으로써 질문의 답을 찾아본다.

무질서 상태의 개인들을 한곳에 모으려 애쓰는 모습을 묘사할 때 흔히 쓰는 영어 표현이 있다. '고양이 무리 짓기!' 이 말은 중앙의 권위를 받아 들이지도 인정하지도 않는 고집 세고 완고한 동물들을 한데 무리 짓게 만드는 일이 얼마나 어려운지를 잘 묘사해 준다. 중앙 통제를 거부하거 나 중앙 통제가 존재하는지 아닌지조차 알 수 없는 다수의 개인들을 그 룹으로 구성하는 문제는, 중앙 통제나 조정 없이 서로 독립적인 개별 노 드들로 구성된 순수 분산 P2P 시스템의 상황과 정확히 일치한다. 이번 단계에서는 순수 분산 P2P 시스템이 해결해야 할 주요 과제를 설명하고, 그것과 블록체인과의 관련성을 알아본다.

P2P 시스템의 지속가능성은 신뢰와 무결성에 달려 있다

신뢰와 무결성은 동전의 양면과 같다. 소프트웨어 시스템의 관점에서 무 결성은 시스템의 안전성, 완결성, 일관성, 정확성 및 변형과 오류 없음을 의미하는 비기능적 측면이다. 신뢰란 별도의 증거나 증명 또는 조사 과 정 없이도 누군가 또는 무엇인가의 신뢰성, 진실성, 능력을 믿어주는 확 고한 신념을 의미한다. 신뢰는 사전에 형성되고 이후 지속적인 상호작용 의 결과에 따라 더욱 굳건해지거나 약해진다.

P2P 시스템의 경우 그 시스템을 믿는 사람들은 일단 시스템에 합류해서 시스템에 기여한다. 이후 지속적인 상호작용 결과가 기대했던 바와 같으 면 더 큰 신뢰가 형성되면서 계속해서 시스템의 구성원으로 남는다. 사 용자들의 기대를 충족시키고 시스템에 대한 신뢰를 강화시키려면 무엇

보다 시스템의 무결성이 필요하다. 시스템의 무결성에 문제가 많아서 사용자들의 신뢰를 높이지 못하면 사용자는 시스템을 떠날 것이고, 결국 시스템 자체가 와해되고 만다.

P2P 시스템의 존립과 직결된 신뢰의 중요성을 이해했다면, 이제 다음과 같이 질문을 바꿀 수 있다. "순수 분산 P2P 시스템의 무결성을 확보하고 유지할 수 있는 방법은 무엇인가?"

순수 분산 시스템의 무결성을 확보하고 유지하는 일은 여러 요인에 달려 있다. 가장 중요한 두 가지만 살펴보면 다음과 같다.

- 전체 노드 또는 피어의 개수를 아는가?
- 각 피어의 신뢰성에 대해 어느 정도 알고 있는가?

분산 P2P 시스템 내의 노드 개수와 각 노드의 신뢰성을 알고 있다면 무결성을 확보할 가능성은 더 커진다. 최악의 환경은 시스템에 참여한 노드 개수도 모르고 각 노드의 신뢰성도 전혀 모르는 경우이다. 모두에게 개방된 순수 P2P 시스템을 인터넷상에서 운영하는 경우가 바로 그 최악에 해당한다.

P2P 시스템의 무결성을 위협하는 두 가지 요소

단순하게 생각하면, P2P 시스템의 무결성을 위협하는 요소로 다음 두 가지를 고려해 볼 수 있다.

1 | 기술적 결함

P2P 시스템은 인터넷으로 통신하는 사용자들의 개별 컴퓨터로 구성된다. 그런데 컴퓨터를 비롯한 모든 기계장비는 언제든지 고장이나 오류를 일으킬 수 있다. 따라서 모든 분산 시스템은 개별 컴퓨터를 비롯한 네트워크 장비 등이 고장이나 오류를 일으킬 경우 이에 대처할 수 있어야 한다.

2 | 악의적 피어

P2P 시스템의 무결성을 위협하는 두 번째 요인은 악의적 사용자들이다. 이 요소는 기술적인 원인이 아니라 시스템을 자신의 이익을 위해 착취하려는 개인의 악의가 원인이다. 따라서 기술보다는 사회학적 측면과 그룹 역학적 측면과 연관되어 있다. 부정직하고 악의적인 피어는 P2P 시스템의 근간인 신뢰성을 공격하기 때문에 가장 심각한 위협 요소이다. P2P 시스템 사용자들은 다른 피어를 믿지 못하게 된 순간 시스템을 떠날 것이고, 더 이상 계산 자원에 기여하지 않게 된다. 결국 전체 시스템 구성원이 감소하게 되고, 저하된 시스템 효용성으로 인해 또 다른 이탈자가 나오는 악순환이 형성되어 종국에는 시스템이 완전히 와해되는 상황이 초래된다.

블록체인, 최악의 상황에서 무결성을 확보하라

모든 조건이 최적인 상태에서 무결성과 신뢰를 확보하는 일은 무척 쉽다. 정말 힘든 일은 최악의 조건을 가진 분산 시스템에서 무결성과 신뢰를 확보하는 것인데, 바로 이것이 블록체인이 해결해야 할 과제다. 블록체인이 풀어야 할 핵심 문제는 '개수도 알려져 있지 않고 신뢰성과 안정성도 알 수 없는' 피어들로 구성된 순수 분산 P2P 시스템의 무결성을 확보하고 유지하는 것이다. 사실 이 문제는 새롭게 제기된 것은 아니다. 컴퓨터 과학 분야에서는 이른바 비잔틴 장군 문제^{Byzantine general problem}■ 로 잘 알려져 있다.

한줄정리 블록체인이 해결해야 할 핵심 문제는 '개수도 알려져 있지 않고 신뢰성과 안정성도 알 수 없는' 피어들로 구성된 순수 분산 P2P 시스템의 무결성을 확보하고 유지하는 것이다.

■ **옮긴이주** 비잔틴 장군 문제는 레슬리 램포트(Leslie Lamport)가 1982년 분산 네트워크의 오류에 대처하는 방법을 논하기 위해 처음으로 제기한 명제로, 전투에 나선 비잔틴 제국의 장군들이 풀어야 할 딜레마에 빗댄 용어다. 여러 곳에 흩어져 진지를 구축한 장군(프로세스)들은 공격(1)이나 퇴각(0) 명령(메시지)을 서로 주고받아 일사분란하게 적군에 대처해야만 승산이 있다. 문제는 반역자(오류 프로세스)가 섞여 있어서 메시지가 정확히 전달될 것이라는 보장이 없다는 것이다. 따라서 단 하나의 합의된 진짜 명령어를 구별하는 방법을 고안해야 한다.

이 단계에서는 P2P 시스템의 무결성과 신뢰의 중요성을 알아보았다. 그러면서 블록체인이 해결해야 할 핵심 문제가 무엇인지 설명하고, P2P 시스템이 무결성과 신뢰를 확보하는 데 있어서 블록체인이 왜 중요한지 살펴보았다. 그러나 블록체인이라는 용어의 정의는 여전히 빠져 있다. 5단계는 바로 이 주제를 다룰 것이다.

- 무결성과 신뢰성은 P2P 시스템의 주요 관심거리다.

- P2P 시스템을 신뢰하는 사람들은 시스템에 먼저 참여한 후 시스템 내에서의 지속적인 상호작용 결과가 기대와 같으면 더 큰 신뢰를 형성하며 계속해서 시스템에 참여하고 기여하게 된다.

- P2P 시스템에 대한 신뢰를 잃는 순간 사람들은 시스템을 떠나게 되고, 결국 전체 시스템이 사라지게 된다.

- P2P 시스템의 무결성을 위협하는 주된 요인은 다음과 같다.
  - 기술적 결함
  - 악의적 피어

- P2P 시스템의 무결성 확보는 다음 두 가지에 달려 있다.
  - 전체 피어 개수에 대한 지식
  - 각 피어의 신뢰성에 대한 지식

- 블록체인이 해결해야 할 핵심 문제는 '개수도 알려져 있지 않고 신뢰성과 안정성도 알 수 없는' 피어들로 구성된 순수 분산 P2P 시스템의 무결성을 확보하고 유지하는 것이다.

그래서 블록체인이 뭔가요?

블록체인을 정의하는 네 가지 방법

앞단계들에서 블록체인의 주요 목적을 배웠고, 블록체인과 소프트웨어 시스템의 신뢰성 및 무결성과의 관계에 대해 알아보았다. 그 결과 블록체인의 목적에 대해 충분히 공감할 수 있었다. 그러나 여전히 블록체인이라는 용어 자체를 정의한 적은 없다. 이 단계에서는 주의를 돌려 블록체인의 정의에 대해 알아보고, 분야별로 조금씩 다르게 쓰이는 의미에 대해서도 설명한다. 나아가 블록체인의 응용과제 중 소유권의 관리가 왜 그토록 중요한지도 설명한다.

블록체인, 이름에 담긴 네 가지 의미

블록체인이란 용어는 다음과 같이 네 가지 다른 의미로 쓰인다.

1 | 데이터 구조의 명칭

2 | 알고리즘의 명칭

3 | 기술묶음의 명칭

4 | 일반 응용분야를 가지는 순수 분산 P2P 시스템을 포괄하는 용어

1 | 데이터 구조의 명칭

컴퓨터 과학과 소프트웨어 공학에서 말하는 데이터 구조$^{\text{data structure}}$란, 구체적인 정보나 내용과 상관없이 데이터를 정리하는 방식을 의미한다. 데이터 구조는 건물 설계도의 평면도쯤으로 생각할 수 있다. 건물 평면도는 공간의 구체적인 용도와 상관없이 벽과 바닥 그리고 계단을 사용해 공간을 서로 분리하고 연결한다. 블록체인이 데이터 구조의 명칭으로 사용될 때는 블록이라 불리는 단위에 모인 모든 데이터를 지칭한다. 이 블록들은 책을 구성하는 페이지들과 유사하게 마치 체인처럼 서로 연결되어 있어서 블록체인이란 이름이 붙었다. 책은 단어와 문장을 사용해 정보를 저장한다. 책의 정보는 둘둘 말린 두루마리에 쓰여진 게 아니라 낱장의 페이지들에 쓰여 있고, 각 페이지들은 페이지 번호를 통해 서로 연결된다. 혹 누군가 페이지를 찢었는지 확인하려면 페이지 번호에 누락이 있는지 살펴보면 된다. 책은 페이지 번호도 순서대로 정렬되어 있지만,

개별 페이지에 들어 있는 정보 역시 순서대로 정렬되어 있다. 순서는 중요한 세부 내용이며, 광범위하게 사용된다. 데이터 구조에서 데이터 블록의 연결은 책의 페이지 번호 매김 방식과는 다른 특수한 번호 매김 방식을 사용한다.

2 | 알고리즘의 명칭

소프트웨어 공학에서 알고리즘^{algorithm}이란 컴퓨터가 실행해야 할 일련의 명령어들을 의미한다. 이 명령어들은 대개 데이터 구조를 포함한다. 블록체인이 알고리즘의 명칭으로 사용될 때는 순수 분산 P2P 시스템에서 여러 블록체인-데이터-구조$^{blockchain\text{-}data\text{-}structure}$ 내의 정보 내용을 민주주의 투표 방식과 비슷한 방법을 써서 서로 협상하는 일련의 명령어를 의미한다.

3 | 기술묶음의 명칭

블록체인이 기술묶음의 명칭으로 사용될 때는 블록체인-데이터-구조, 블록체인-알고리즘$^{blockchain\text{-}algorithm}$, 암호화 및 보안 기술의 조합을 의미하며, 이들의 조합은 응용분야와 상관없이 순수 분산 P2P 시스템의 무결성을 확보하는 데 이용될 수 있다.

4 | 일반 응용분야를 가지는 순수 분산 P2P 시스템을 포괄하는 용어

블록체인은 블록체인-기술묶음$^{blockchain\text{-}technology\text{-}suite}$을 활용하는

거래장부(이하 '원장ledger')들의 순수 분산 P2P 시스템을 지칭하는 포괄적인 용어로도 사용된다. 이러한 맥락으로 쓰이는 블록체인은 순수 분산 시스템을 구성하는 한 부분인 소프트웨어의 단위를 의미하는 것이 아니라 순수 분산 시스템 전체를 의미한다는 점에 주목하자.

이 책에서 사용하는 블록체인의 의미는?

이 책의 나머지 부분에서 블록체인이라 말할 때는 블록체인-기술묶음을 활용하는 원장의 순수 분산 P2P 시스템을 지칭하는 포괄적인 의미로 사용한다. 다른 의미로 사용할 때는 명시적으로 블록체인-데이터-구조, 블록체인-알고리즘, 블록체인-기술묶음 등으로 표기한다.

`한줄정리` 블록체인으로 불리게 된 이 기술은 2008년 사토시 나카모토(Satoshi Nakamoto)라는 가명으로 처음 제안되었다.

임시정의: 블록체인이란?

다음 정의는 완전하지 못하다. 아직 설명하지 않은 중요 세부 사항이 빠져 있기 때문이다. 그러나 이 정의는 용어를 더 완벽히 이해하기 전의 중간 단계 역할을 할 것이다.

> 블록체인이란 무결성을 확보하고 유지하기 위해 순서에 따라 연결된 블록들의 정보 내용을 암호화 기법과 보안기술을 이용해 협상하는 알고리즘으로 구성된 소프트웨어 요소를 활용하는 원장의 순수 분산 P2P 시스템을 의미한다. (강조는 옮긴이)

비트코인 기술이 블록체인의 전부는 아니다

임시로 정의한 블록체인의 정의에는 비트코인^{Bitcoin}이나 암호화폐 cryptographic money의 소유권^{ownership} 관리에 관한 어떠한 내용도 담겨 있지 않다. 많은 기사나 책들이 블록체인의 목적을 디지털 화폐의 소유권을 관리하기 위한 것으로 기술하고 있는 것에 비추어보면 다소 놀랄 수도 있다. 사실 암호화폐의 소유권을 관리하는 것은 아주 중요하고 자연스러운 블록체인 응용분야의 하나일 뿐이며 그 자체가 블록체인의 전부는 아니다.

블록체인은 다양한 분야에 폭넓게 응용될 수 있다. 그럼에도 블록체인의 용도 중 유독 디지털 재화의 소유권 관리 측면이 부각된 데는 두 가지 이유가 있다. 첫째는 이해하기도 설명하기도 가장 쉽기 때문이다. 두 번째는 경제에 가장 크게 영향을 끼치는 실사례이기 때문이다. 소유의 개념과 소유권의 강화는 모든 인간사회의 핵심 요소다(심지어 몇몇 동물 세계에서도 소유의 개념이 존재해서 소유권 보호를 위해 서로 싸운다). 은행, 보험사, 관리인, 변호사, 법원, 법무사, 영사관 들이 하는 업무의 상당 부분은 소유권을 관리하고 보호하는 일이다. 소유권 관리는 수십억 달러가 오가는 시장이고, 소유권 관리 방식을 바꿀 수 있는 기술혁신은 엄청난 변혁을 불러올 수 있다. 이런 상황에서 블록체인이야말로 그동안의 소유권 관리 형태를 혁신적으로 변화시킬 수 있는 기술이다.

블록체인을 원장의 분산 P2P 시스템을 관리하는 기술묶음의 용도로 활용하면 디지털 재화의 소유권 관리나 암호화폐와 같은 특별한 분야에 사용할 수 있다. 그러나 이 책은 의도적으로 블록체인의 특정 분야만 고려하는 것을 피했다. 어느 한 분야만 조명하면 블록체인의 핵심 개념이 분산될 수 있기 때문이다. 그러나 블록체인을 더 쉽게 이해하도록 특정 재화와 상관없이 소유권을 관리하고 명료화하는 일반적인 응용 예는 다루고 있다. 그럼으로써 블록체인을 머릿속에 더 쉽게 그려볼 수 있게 하고 더 잘 이해할 수 있게 안내할 것이다.

> ### 🔲 핵심 정리하기
>
> 5단계에서 블록체인이란 용어의 사용 의미를 알아보고, 임시로 정의를 내렸다. 이 책에서는 블록체인을 설명하기 위해 소유권의 관리와 명확화에 관련된 일반적인 응용사례를 살펴볼 것이다. 소유권에 대해 더 깊이 이해할수록 블록체인의 기능을 더 명확히 이해할 수 있다. 6단계에서는 소유권에 관련된 기초 지식에 관해 알아본다.
>
> - 블록체인이란 용어는 문맥과 사람에 따라 조금씩 다른 의미로 쓰인다.
> - 블록체인은 다음과 같은 의미로 쓰일 수 있다.
>   - 데이터 구조
>   - 알고리즘
>   - 기술묶음
>   - 일반 응용분야를 가지는 순수 분산 P2P 시스템 그룹
> - 블록체인의 가장 중요한 응용사례는 소유권을 관리하고 명확화하는 것이다. 그러나 그것만이 블록체인의 전부는 아니다.
> - **블록체인이란 무결성을 확보하고 유지하기 위해** 순서에 따라 연결된 블록들의 정보 내용을 **암호화 기법과 보안기술을 이용해 협상하는 알고리즘으로 구성된** 소프트웨어 요소를 활용하는 **원장의 순수 분산 P2P 시스템을** 의미한다.

소유권의 본질 이해하기

내가 가진 것이 내 것이라고 어떻게 증명할까?

5단계에서 블록체인의 기본 정의를 내렸고 소유권 관리가 가장 중요한 응용 분야로 간주되는 이유를 이해하게 되었다. 6단계에서는 블록체인의 주요 응용사례인 소유권 관리와 블록체인의 관계를 더 자세히 알아본다. 또한 소유권의 본질에 대한 일반적인 통찰과 함께 보안 개념의 기초를 소개한다.

다음과 같은 상황을 생각해 보자. 점심 때 먹으려고 집에서 사과를 챙겨 나온 날 아침, 회사 앞 가게에 들러 샌드위치와 쿠키를 샀다. 가게 계산대에서 가방을 열어 방금 산 물건들을 담으려고 하는데 가게 점원이 가방 안에 있는 사과를 발견하고 물끄러미 쳐다본다. 하필 사과는 가게에서 팔고 있는 것과 같은 종류다. 이때 가게 점원은 무슨 생각을 할까? 아마 당신이 가게에서 사과를 훔쳤다고 생각할지도 모른다. 불행히도 가게에는 감시카메라도 보안요원도 없고 당신이 유일한 손님이다. 자, 이제 사과를 훔치지 않았다는 것을 어떻게 증명할 수 있을까?

다수의 목격자로 소유권을 증명한다

내가 가진 물건이 내 것이라는 것을 어떻게 증명할 수 있을지 생각해 본 적이 있는가? 아직도 가게의 사과 이야기가 머릿속에 맴돌고 있다면 자연스럽게 생각을 해보았을 것이다! 자, 그럼 가방에 든 사과가 내 것이라는 것을 어떻게 증명할 수 있을까? 가게에서 훔친 사과가 아니라는 것을 어떻게 증명할까?

사과 절도 피의자로 법정에 서 있는 장면을 생각해 보자. 당신이 진짜 사과 주인이라는 것을 어떻게 증명해야 할까? 물론 현실세계라면 당신이 훔쳤다고 증언할 사람이 아무도 없는 한 무죄를 입증하기에 충분하다. 그러나 절도 혐의가 풀렸다고 해서 소유권이 증명된 것은 아니다. 그러니 소유권의 증명이라는 본래의 문제로 다시 돌아가 보자.

누군가가 나서서 그 가게에 가기 전에 이미 사과를 산 것이라고 증언해

준다면 큰 도움이 될 것이다. 다행히 사과를 산 가게를 기억해 냈고 그 가게 종업원이 기꺼이 증언해 주겠다고 했다. 그러나 검사를 과소평가해서는 안 된다. 검사는 종업원, 즉 목격자에게 반대심문을 통해 까다로운 질문을 쏟아낸다. 당신이 판매했던 사과가 어떤 것이었는지 구체적으로 기억할 수 있나? 판매했던 사과가 가방에서 발견된 그 특정 사과와 동일하다는 것을 어떻게 알 수 있나? 그 특정 사과를 산 사람이 맞는지 확신할 수 있나? 무엇보다도 이 모든 세부 사항을 어떻게 그리 정확히 기억하는가? 목격자를 매수한 것은 아닌가? 결국 이 모든 것은 가장 기본적인 원리로 돌아온다. 한 명의 목격자라도 확보하는 것은 좋은 일이다. 그러나 독립적인 다수의 목격자를 확보하는 것이야말로 검사에게 당신의 무죄를 확신시킬 수 있는 핵심이다.

마지막 사항이 아주 중요하다. 동일한 사실을 증언하는 독립적인 목격자가 많을수록 그 사실은 진실일 가능성이 더 높아진다. 이 아이디어가 바로 블록체인의 핵심 개념 중 하나이다.

소유권 입증에 필요한 3요소

앞절에서 알아낸 것들을 개념화해 소유권을 입증하는 3가지 요소로 정리하면 다음과 같다.

- 소유자가 누구인가
- 소유 물건은 무엇인가

- 소유자와 물건의 매핑

목격자의 증언은 이 모든 요소를 다 포괄하고 있다. 과거에는 직접 눈으로 목격한 사람들의 증언이 이 모든 요소를 증명하는 유일한 방법이었다. 그러나 목격자의 구두 진술에만 의존하면 시간이 많이 소모된다. 결국 식별 및 입증의 방법이 신뢰할 수 있는 기관들이 발행한 문서로 대체되었다. 오늘날 사람을 식별할 때는 신분증, 출생증명서, 운전면허증 등을 사용한다. 또 물건을 식별하는 데는 일련번호, 제조날짜, 제조증명서 또는 상세설명서 등이 사용된다. 이런 종류의 문서는 한번 만들어지면 내용이 바뀌지 않는다. 사람이나 물건은 바뀌는 것이 아니기 때문이다. 마찬가지로 소유주와 물건을 매핑할 때는 보통 원장이나 등기명부를 사용한다. 다만 이런 문서들은 생성 후 계속 처음 상태로 남아 있지 않는다. 소유권 이전이 발생할 때마다 그 사실을 새로 기록하기 때문이다. 그러지 않으면 원장이나 등기명부의 내용이 사실과 달라 신뢰할 수 없게 되고 결국 소유권 증명을 할 수 없게 된다. 소유권에 관한 최신 명부를 관리하는 일의 중요성이 높아짐에 따라 많은 사회집단에서 특수기관을 설립했다. 그리고 해당 목적물의 값어치가 높을수록 그 목적물의 소유권 관리 원장을 정부가 직접 규제할 가능성이 높아진다. 이런 원장은 대부분 공공에 공개되어 소유권을 쉽게 검색하고 증명할 수 있게 배려하고 있다. 여러분의 나라에서는 어떤 원장을 정부가 관리하고 있으며, 각 원장은 어떤 사항을 증명하는가. 미국에서는 부동산, 특허, 배, 비행기, 회사 등의 소유권에 대한 원장을 정부가 관리하고 있다. 또 결혼, 출생, 사망에 관련한 등록도 정부가 관리한다.

그림 6-1은 소유권을 관리하는 소프트웨어를 디자인할 때 고려하는 여러 개념 간의 관계를 보여준다.

그림 6-1 소유권의 개념

그림 6-1에서 상위 계층은 그 아래 계층들보다 더 일반적인 개념이다. 각 계층은 바로 위 계층의 개념을 실현시키는 개념으로 보면 된다. 예를 들어 소유권을 증명하려면 자산과 소유자를 매핑하는 작업도 해야 하지만 사용자와 자산 자체가 맞는지 식별도 해야 한다. 소유권 사용은 오직 허가받은 사람만 그 자산을 사용하도록 인증하고 승인하면서 식별도 필요하다. 가장 아래쪽에 위치한 상자는 구현계층을 나타낸다. 비밀번호와 서명은 인증과 승인을 구현하기 위한 개념이며, 원장은 소유자와 자산의 매핑을 구체적으로 구현한 것으로 볼 수 있다.

속성으로 보안의 3가지 개념 이해하기

그림 6-1에서 보안과 관련된 3가지 주요 개념을 사용했는데 이 부분은 좀더 자세히 설명할 필요가 있다. 소프트웨어 시스템에서 사용하는 의미가 일반적으로 쓰는 의미와 조금 다를 수 있기 때문이다.

1 | 식별
2 | 인증
3 | 승인

이 세 가지 개념의 의미와 상호관계를 실생활의 예로 설명하겠다. 주류가게에서 와인을 산다고 가정하자. 주류가게는 미성년자에게는 알코올이 함유된 음료를 판매하지 못하게 되어 있다. 그렇다면 어떻게 성인에게만 판매할 수 있을까? 주류가게는 식별, 인증, 승인 절차를 통해 이 목적을 달성하고 있다. 이제 어떻게 작동하는지 하나씩 알아보자.

1 | 식별

식별^{Identification}이란 이름 또는 다른 식별자를 사용해 '누구'라고 주장하는 것이다. 주류가게의 예에서는 이름을 사용해 누구라고 주장할 수 있다. 그러나 식별은 누구라고 주장된 사람과 주장한 사람이 일치하는지는 증명하지 못한다. 식별에는 미성년자가 아니라는 사실을 증명하는 과정이 없다. 식별은 단지 '누군가'라고 주장하는 것을 의미한다.

2 | 인증

인증^{Authentication}의 목적은 어떤 사람이 다른 누군가를 사칭하는 것을 방지하기 위함이다. 인증이란 당신과 당신이라고 주장한 누군가가 서로 일치하는지 증명하는 것이다. 이 증명은 당신이 가진 무엇 혹은 당신이 당신이라고 주장한 누군가와 일치한다는 것을 증명해 줄 수 있는 무엇인가(예를 들면 신분증, 운전면허증 또는 당신이라고 주장한 누군가의 삶에 관한 세부적인 정보)를 통해 이루어진다. 이때 중요한 건 주장하는 바를 증명해 주는 것은 그 사람만의 고유한 무엇이어야 한다는 점이다(즉 얼굴 사진, 지문 등 고유성을 식별해 줄 수 있는 어떤 것). 주류가게의 예에서는 사진이 박혀 있는 운전면허증을 통해 당신과 당신이라고 주장한 누군가가 일치하는지 증명할 수 있다. 얼굴과 운전면허증의 사진이 동일하면 인증에 성공하게 된다. 그렇지 않다면 인증에 실패한다. 이렇게 얼굴과 운전면허증 사진을 대조해서 다시 검증하는 것은 타인의 운전면허로 사칭하는 것을 방지하기 위함이다.

3 | 승인

승인^{Authorization}은 식별된 사람의 성질과 특성에 기반해 특정 자원이나 서비스에의 접근을 허가해 주는 것을 의미한다. 승인은 성공적인 인증과 함께 인증된 특정인이 가진 특성과 권리에 대한 평가를 토대로 얻는 최종 결과이다. 주류가게의 예에서 승인은 운전면허증에 적힌 생년월일에 기반해 와인을 살 권리가 있는지 판단한다는 의미이다. 가게 점원은 운전면허증에 기재된 생년월일을 보고 미성년자로 확인되면 와인을 팔지 않을 것이다. 이 경우 와인을 팔지 않는 이유는 인증에 실패했기 때문이 아니라는 점에 주목하자. 식별과 인증은 성공적이었다. 사실 식별이 제대로 이루어졌기에 미성년자라는 것을 파악할 수 있었다. 따라서 승인은 항상 이미 인증된 개체의 특성이나 성질을 특정 규칙과 비교 평가한 다음에 이루어진다.

 식별은 누구라고 주장하는 것이고, 인증은 당신과 당신이라고 주장하는 누군가가 일치하는지 증명하는 것이다. 승인은 사전에 인증된 개체에 대해 무엇인가에 대한 접근을 허가하는 것이다.

원장은 소유권을 증명하기도, 이전하기도 한다

그림 6-2는 소유권의 증명과 소유권의 이전이 원장의 목적 및 성질과 어떻게 연계되는지 보여준다.

그림 6-2에서 알 수 있는 중요한 사실은, 원장이 두 가지 상반된 역할을 수행한다는 것이다. 하나는 원장에서 읽은 과거 데이터를 이용해 소유권을 증명해 주는 수단 역할이고, 다른 하나는 소유권의 이전이 발생한 경우 원장에 새로운 데이터를 생성하여 이 사실을 문서화해 두는 역할이다. 이 두 목적의 가장 중요한 차이는 투명성과 개인정보 보호가 가지는 상반된 속성으로 요약할 수 있다.

원장이 누구에게나 공개되어 있다면 소유권 증명은 훨씬 쉬워진다. 따라서 투명성은 법정에서 목격자가 공개 증언하는 것과 비슷한 방법으로 소유권을 증명하는 기초가 된다. 그러나 소유권의 이전은 법적인 소유자에

그림 6-2 원장의 개념과 원칙

게만 배타적으로 허가되어야 한다. 그래서 개인정보 보호가 소유권 이전의 기초를 이룬다. 원장에 쓴다는 것은 소유권이 변경되었다는 의미이므로 상당히 신뢰할 수 있는 개체에게만 쓸 수 있는 권한이 허가되어야 한다.

두 가지 상충된 힘, 예컨대 투명성과 개인정보 보호, 소유권 증명과 소유권 이전, 원장 읽기와 원장 쓰기 등은 블록체인에서도 찾아볼 수 있다. 블록체인은 누구나 읽을 수 있게 개방된 원장과 유사한 데이터 구조를 가지는 거대한 분산 P2P 시스템이다.

소유권 관리자로 임명된 블록체인

정부 규제 원장처럼 형식을 갖춘 목격자를 만드는 것이 자산의 소유권을 명확히 하는 핵심 요소다. 그러나 원장이 손상되거나 파괴되면 어떻게 될까? 혹은 원장을 갱신하는 담당자가 실수를 하거나 고의로 위조하면? 이런 경우 원장은 더 이상 진실을 반영하지 않는다. 원장의 내용이 진실이라고 믿는 사람들에게 이런 상황은 재난과도 같다.

원장 하나에만 의존해 소유권을 판정하는 문제는 법정에서 여러 명의 목격자에게 증언을 듣는 것과 비슷한 방식으로 해결할 수 있다. 한 사람의 증언만 듣고 판결하는 것은 위험하다. 그 목격자가 정직하다는 보장이 없기 때문이다. 목격자가 많으면 조금 나아진다. 심문할 수 있는 독립된 목격자가 많을수록 다수가 일관되게 증언하는 사실이 진실일 가능성이 높아지기 때문이다. 요컨대 독립적인 목격자들이 많아서 상호 영향을 받지 않는 증언을 많이 확보하는 것이 진실을 찾기 위한 이 접근방식의 핵심이다.

이 방식을 원장의 소유권 명확화에 적용하는 것은 아주 쉽다. 조작될 위험이 있는 원장을 하나만 유지하는 대신 원장의 순수 분산 P2P 시스템을 활용해 다수의 노드가 동의하는 진실을 이용해 소유권을 확인하면 된다.

어쩌면 이 모든 것이 블록체인과 무슨 관련이 있는지 의아할 수도 있다. 원장의 소유권을 유지하는 것과 블록체인의 관련성은 다음처럼 요약된다.

- 소유권 관리를 위해 사용된 개별 원장은 소유권 관련 데이터를 저장하기 위해 사용된 블록체인-데이터-구조 하나와 같다.

- 개별 원장들은 P2P 시스템의 컴퓨터(노드)에 저장된다.

- 블록체인-알고리즘은 개별 노드들이 최종 판결의 기초가 되는 하나의 일관된 소유권 상태에 집단적으로 도달하게 해준다.

- 시스템의 무결성이란 소유권에 대한 진실을 판단할 능력을 말한다.

- 식별, 인증, 승인, 데이터 보안을 믿을 수 있는 수단으로 만들기 위해 암호화 기법이 필요하다.

6단계에서는 소유권의 주요 특성에 대해 조명하였고 원장의 특성과 어떻게 연계되는지 살펴보았다. 또한 블록체인이 소유권 및 원장과 어떻게 연계되는지도 알아보았다. 7단계에서는 원장의 순수 분산 P2P 시스템에서 소유권을 관리함으로써 얻을 수 있는 중요한 결과를 논의한다.

- 소유권 증명에는 세 가지 요소가 필요하다.
  - 소유자의 식별
  - 소유 물건의 식별
  - 소유자와 물건의 매핑

- 신분증, 출생증명서, 운전면허증, 일련번호, 제조날짜, 제조증명서, 물품 상세설명서 등은 소유자와 물건을 식별하는 데 사용할 수 있다.

- 소유자와 물건의 매핑은 원장에 기록해 유지할 수 있고 이는 재판에서 목격자와 같은 역할을 한다.

- 하나의 원장만 가지고 있는 것은 훼손이나 위조의 위험이 있다. 그런 경우 원장은 더 이상 소유권을 명확히 해주는 신뢰를 제공할 수 없다.

- 하나의 중앙 통제된 원장 대신 소유권을 기록하는 개별 원장들의 그룹을 형성한 뒤 대다수의 개별 원장이 동의하는 진실을 사용해 소유권을 관리할 수 있다.

- 블록체인-데이터-구조를 사용하면 원장의 순수 분산 P2P 시스템을 구축할 수 있다. 각 블록체인-데이터-구조는 하나의 원장을 나타내고 시스템 내의 노드에 의해 관리된다. 블록체인-알고리즘은 개별 노드들이 하나의 일관된 소유권 상태에 집단적으로 도달하도록 해준다. 식별, 인증, 승인은 암호화 기법을 사용해 구현한다.

- 원장의 순수 분산 P2P 시스템의 무결성은 소유권에 대한 신뢰할 수 있는 판단이 가능하도록 해주고 법적으로 허가된 소유자만 자산의 소유권을 타인에게 이전할 수 있도록 보장한다.

이중사용, 블록체인이 해결한다

P2P 시스템의 취약성을 이용한 범죄 예방책

6단계에서 순수 분산 P2P 시스템과 블록체인의 가장 중요한 실사례인 소유권 관리에 대해 배웠다. 또 원장의 순수 분산 P2P 시스템의 무결성으로 소유권에 대한 신뢰는 물론 법적으로 허가된 소유자만 자산의 소유권을 타인에게 이전할 수 있도록 보장한다는 것도 배웠다. 그러나 실생활에서 이것이 무엇을 의미할까? 무결성이 깨지면 어떻게 될까? 이번 단계에서는 이런 질문들에 대한 답을 찾아본다. 특히 이 단계는 분산 P2P 시스템의 무결성 침해와 관련된 가장 중요한 사례 중 하나인 이중사용 문제를 알아본다.

위조지폐는 나라와 관계없이 중대한 범죄다. 아무런 가치 없는 종잇조 각에 구매력을 부여해 경제의 기초와 화폐의 기본 기능을 해치기 때문이 다. 따라서 대부분의 지폐는 위조가 불가능하게 만들거나 위조하는 데 아주 많은 비용이 들도록 안전장치를 만들어둔다. 고유일련번호, 워터마 크, 형광섬유 등의 안전장치가 그것이다. 그러나 화폐나 물품이 디지털 화되어 원장의 분산 P2P 시스템에서 관리된다면 어떻게 될까? 7단계에 서는 분산 P2P 시스템으로 소유권을 관리할 때 마치 위조지폐처럼 문제 가 생길 수 있는 취약한 부분을 설명한다.

이중사용은 이중분양 사기와 비슷하다

부동산의 소유권을 관리하는 P2P 시스템을 가정해 보자. 이 시스템에서 는 소유권 정보를 관리하는 원장이 중앙 데이터베이스가 아니라 개별 컴 퓨터들이다. 각각의 피어가 자신만의 원장 복사본을 별도로 관리하는 것 이다. 그러다 보니 소유권이 다른 사람에게 넘어가면 시스템 내의 모든 원장이 소유권 이전 사실이 기록된 최신 버전으로 갱신되어야 한다. 그 러나 피어 간에 정보를 전달해서 개별 원장을 모두 갱신하는 데에는 시 간이 걸린다. 결과적으로 시스템의 마지막 멤버까지 원장을 갱신해서 최 신 복사본을 가질 때까지 시스템 내의 정보는 일관성을 상실하게 된다. 어떤 피어는 소유권이 이전된 최신 정보를 이미 알고 있지만 다른 피어 는 아직 그 정보를 받지 못했을 수 있는 것이다. 모든 원장이 아직 갱신되 지 않았다는 것은 먼저 최신 정보를 획득한 누군가가 이를 악용할 여지를 남긴다.

다음과 같은 상황을 생각해 보자. A가 B에게 집을 팔았다. A에서 B로의 소유권 이전은 P2P 시스템의 어느 원장에 기록되었다. 이 원장을 관리하는 피어는 그 즉시 다른 피어에게 소유권 이전 사실을 알린다. 이 사실을 전달받은 피어는 또 다른 피어에게 그 사실을 전달하고, 그 피어는 또다시 다른 피어에게 전달한다. 이런 전달 행위는 모든 피어가 A에서 B로 소유권이 이전되었다는 사실을 알게 될 때까지 계속된다. 그 와중에 A가 재빨리 시스템에 있는 다른 원장에 접근해 동일한 집에 대해 A에서 C로의 소유권 이전을 기록하도록 요청했다고 가정해 보자. 마침 이 피어가 A에서 B로 소유권이 이전된 사실을 아직 모를 경우 피어는 이 요청을 받아들이고 동일한 집에 대한 소유권 이전을 A에서 C로 기록할 것이다. 다시 말해, A가 B에게 집을 판매한 사실이 알려질 때까지 시간이 걸린다는 점을 악용하면 동일한 집을 두 번 판매할 수 있다. 그러나 B와 C가 동시에 같은 집을 소유할 수는 없다. 둘 중 하나만 새로운 합법적 소유자가 되어야 한다. 바로 이런 상황이 이중사용$^{\text{double spending}}$ 문제라 불린다.

대표적인 이중사용 문제 3가지 유형

블록체인이란 용어와 비슷하게 이중사용이란 말도 여러 가지 의미를 지닌다.

   1 | 디지털 재화를 복사해 발생하는 문제

1 | 디지털 재화를 복사해 발생하는 이중사용 문제

컴퓨터 데이터는 별다른 제약 없이 복사할 수 있다. 바로 이런 특성이 디지털 재화뿐만 아니라 소유자가 둘 이상일 수 없는 모든 데이터에 문제를 야기한다. 디지털 화폐의 일부를 복제하면 동일한 돈을 반복해서 지불에 사용할 수 있다. 이는 복사기를 이용해 실물화폐를 복사하는 범죄행위에 해당하는 디지털상의 범죄다. 기술적으로 가능한지 여부는 차치하고, 디지털 화폐를 복사하는 것은 화폐의 근간을 침해하는 행위다. 동일한 돈이 여러 사람에게 동시에 지불되어서는 안 된다. 디지털 화폐를 복사해 여러 번 사용할 수 있게 되면 화폐 자체가 무용지물이 된다. 결과적으로 이중사용 문제가 발생하게 된다.

2 | 원장의 분산 P2P 시스템에서 발생하는 이중사용 문제

원장의 분산 P2P 시스템과 관련한 이중사용 문제를 풀어서 이야기하면, 모든 요소들이 정보를 전달받기까지 시간이 걸리는 문제로 인해 일부 피어가 상이한 소유권 정보를 가지는 상황을 의미한다. 모든 피어가 동시에 최신 정보를 갖지 못하면 한발 앞서 최신 정보를 획득한 누군가에 의해 악용될 소지가 생긴다. 결과적으로 소유권을 한 번 이상 이전할 여지가 생기고 결국 이중사용 문제를 초래한다.

3 | 분산 P2P 시스템의 무결성이 침해된 이중사용 문제

피어들 간에 정보를 전달하고 시스템 구성원들에 의해 유지 관리되는 데이터를 갱신하는 문제는 어떤 분야나 비슷하다. 좀 더 추상화해서 이중사용 문제를 바라보면 분산 P2P 시스템 내 데이터의 일관성을 유지하는 문제로 바라볼 수 있다. 데이터의 일관성은 시스템 무결성의 한 측면이므로 이중사용 문제는 시스템의 무결성이 침해된 특정 사례로 이해할 수 있다.

이중사용 문제를 해결하는 방법

이중사용 문제는 하나의 해결책으로 모든 문제를 다 방지할 수 없다. 대신 여러 가지 다른 해법이 존재할 수 있다.

1 | 디지털 재화를 복사해 이중으로 지불하는 문제 해결

디지털 화폐나 디지털 재화를 복사해 한 번 이상 사용하는 문제는 소유권의 본질과 관련이 있다. 이 문제는 어떤 형태로 구현되었는지와 상관없이 디지털 재화를 나타내는 데이터와 소유자를 매핑하는 수단만 있으면 해결할 수 있다. 중앙 통제된 실물 책이나 (보다 현실적으로) 전자 원장으로도 구조와 상관없이 (중앙 통제든 P2P든) 원장만 올바로 동작한다면 이중사용 문제는 일어나지 않을 것이다.

2 | 원장의 분산 P2P 시스템에서 발생한 이중사용 해결

이 문제의 해결책에 대해서는 이미 그 응용분야는 물론 아키텍처까지 알고 있는 셈이다. 원장의 분산 P2P 시스템이 바로 블록체인의 구조이기 때문이다. 6단계에서 블록체인과 원장의 P2P 시스템 간의 관계를 조명하였다. 따라서 이 책에서 쓰고 있는 블록체인이란 용어 자체가 원장의 분산 P2P 시스템의 이중사용 문제를 없애주는 해결책인 셈이다.

3 | 분산 P2P 시스템의 무결성이 침해된 이중사용 해결

이 문제의 경우, 시스템의 아키텍처는 특정되었지만 응용분야는 특정되지 않았다. 따라서 시스템의 구체적인 용도와 상관없이 분산 P2P 시스템의 무결성을 확보하고 유지하는 것에 초점이 두어져 있다. 그러나 분산 P2P 시스템의 용도가 무엇인지에 따라 무결성의 내용과 의미가 결정된다. 가령 간단한 파일 공유 시스템의 경우 디지털 화폐의 소유권을 비교하는 것과는 다른 측면의 무결성이 고려될 수 있다. 그러므로 블록체인-기술묶음이 시스템의 무결성을 확보하고 유지할 수 있는 적절한 도구인가는 응용분야의 목적을 알아야만 판단할 수 있다. 결국 분산 P2P 시스템의 응용분야에 따라 블록체인이 아닌 다른 기술이나 데이터 구조 혹은 다른 알고리즘이 무결성을 확보하고 유지하기에 더 적합할 수도 있다.

한줄정리 이중사용은 원장의 분산 P2P 시스템의 무결성을 침해하는 중요한 예시이고, 블록체인-기술묶음은 이를 해결하기 위한 도구이다.

이 책에서 사용하는 이중사용의 의미는?

이 책에서는 원장의 순수 분산 P2P 시스템에서 발생할 수 있는 취약성을 의미하는 말로 이중사용이란 용어를 사용한다.

> **핵심 정리하기**
>
> 7단계에서는 이중사용에 대해 설명하고 순수 분산 P2P 시스템의 무결성을 확보하기 위한 수단인 블록체인의 중요성에 대해 조명해 보았다. 8단계에서는 블록체인이 어떻게 무결성을 확보하고 유지하는지 집중적으로 알아본다.
>
> - 이중사용이란 용어는 몇 가지 다른 의미를 가진다.
> - 이중사용은 다음 중 하나를 의미한다.
>   - 디지털 재화를 복사함으로써 발생하는 문제
>   - 원장의 분산 P2P 시스템에서 발생하는 문제
>   - 분산 P2P 시스템의 무결성이 침해된 사례
> - 이 책에서 이중사용이란 용어는 원장의 순수 분산 P2P 시스템에서 발생할 수 있는 취약성을 뜻하는 말로 사용한다.
> - 블록체인은 이중사용 문제를 해결하는 수단이다.

■ **옮긴이주** 블록체인이 이중사용을 해결하는 수단이라는 설명은 오해의 소지가 있다. 정확히 말하자면, 블록체인에서는 이중사용을 막기 위해 브로드 캐스팅과 트랜잭션 검증 규칙을 사용한다. 한편 비트코인에서는 하나의 비트코인이 두 번 사용되는 것은 완벽히 방지되지만, 상거래에 있어서 거래 무효화를 통한 악의적 이중사용은 막지 못할 수도 있다.

블록체인은 어떻게 작동하는가?

셋째마당은 블록체인의 작동 원리를 설명해 주는 이 책의 핵심 부분이다. 이 마당의 14개 학습 단계가 블록체인의 모든 개념과 기본 기술에 대해 안내해 줄 것이다. 이 마당을 끝낼 때쯤이면 블록체인의 주요 개념을 모두 이해하게 될 것이다.

블록체인의 청사진 그리기

블록체인으로 소유권을 관리하기 위한 밑그림

앞단계들에서 신뢰, 무결성, 순수 분산 P2P 시스템과 블록체인 간의 상호관계를 알아보았다. 그 결과 블록체인이 무엇인지, 왜 필요한지, 어떤 문제를 해결하는지 이해했을 것이다. 그러나 여전히 블록체인이 내부적으로 어떻게 작동하는지는 알지 못한다. 8단계에서는 일반적인 응용 시나리오를 하나 설정하고, 후속 단계들에서 배울 내용을 안내한다. 또 소유권 관리를 위한 블록체인을 디자인할 때 고려해야 할 주요 과제를 조명하고 주요 개념에 대해서도 개략적으로 설명한다. 따라서 이 단계는 블록체인을 구성하는 개념과 세부 기술 내용을 집중적으로 설명하게 될 후속 단계들을 위한 시작점이라 할 수 있다.

목표: 소유권을 관리하는 블록체인 개발하기

목표는 블록체인을 구성하는 과정을 이해하는 것이다. 이제 여러분은 예전에 블록체인을 처음 발명한 사람[*]이 고민했고 그래서 해결했던 것과 동일한 과제를 만나게 될 것이다. 그 과제는 바로 완전히 개방된 환경에서 작동하는 원장의 순수 분산 P2P 시스템에서 소유권을 관리하는 소프트웨어를 디자인하는 것이다.

출발점: 개발 환경 공유하기

지금부터 여러 단계를 거치며 디자인하려는 시스템의 주요 사항을 정리해 보면 다음과 같다.

- 시스템은 순수 분산 P2P 시스템이고, 각 사용자가 기여한 계산 자원으로 이루어진다.
- 인터넷을 사용해 개별 노드의 네트워크를 연결한다.
- 노드의 개수는 물론 노드의 안정성과 신뢰성도 전혀 알 수 없다.
- 목표는 디지털 재화(예를 들면 영업 보너스 포인트 또는 디지털 화폐)의 소

■ **옮긴이주** 블록체인은 2008년 발표된 논문 〈Bitcoin: A Peer-to-Peer Electronic Cash System〉에 나온 개념이다. 이 논문의 발표자는 2009년 블록체인 기술을 응용하여 비트코인이라는 암호화폐를 실제로 구현하였다. 논문 발표 당시 사토시 나카모토라는 가명을 사용했기 때문에 최근까지도 비트코인 개발자가 누구인지는 베일에 가려 있었다. 2017년 말 호주의 컴퓨터 공학자인 크레이그 라이트(Craig Wright)가 자신이 사토시 나카모토라고 정체를 밝히고 나섰으며, 그의 개인 암호 키로 추정컨대 그가 사토시 나카모토인 것이 확실시된다.

유권을 관리하는 것이다.

진행경로: 7가지 과제 해결하기

개방되고 신뢰할 수 없는 환경에 있는 원장의 순수 분산 P2P 시스템에서 소유권을 관리하는 소프트웨어 시스템을 디자인하고 개발할 때 고려해야 하는 주요 과제는 다음과 같다.

1 | 소유권 기술describing

2 | 소유권 보호

3 | 트랜잭션 데이터 저장

4 | 신뢰할 수 없는 환경에 배분할 원장 준비

5 | 원장 배분

6 | 원장에 새 트랜잭션 추가

7 | 어느 원장이 진실인지 판단

과제 1: 소유권 기술

블록체인 개발을 시작하기 전에 블록체인으로 무엇을 하고 싶은지 자문할 필요가 있다. 우리는 소유권을 관리하는 소프트웨어 시스템을 디자인하고 싶은 것이므로 가장 먼저 소유권을 어떻게 기술describe할 것인지 결정해야 한다. 트랜잭션은 소유권의 이전을 설명하는 좋은 방법이며, 트랜잭션 전체 이력은 현 소유자를 확인할 수 있는 핵심이 된다. 따라서

9단계에서 트랜잭션이 무엇인지, 트랜잭션을 어떻게 기술할 수 있는지, 소유권을 명확히 하기 위해 트랜잭션이 어떻게 사용되는지 알아본다.

과제 2: 소유권 보호

트랜잭션을 이용한 소유권 기술^{describing ownership}은 시작에 불과하다. 거기에 더해 타인이 다른 사람의 자산에 함부로 접근하지 못하도록 보호해 줄 장치가 필요하다. 실생활에서는 자동차나 집에 외부인이 함부로 접근하지 못하게 자물쇠를 사용한다. 자물쇠로 집이나 자동차를 보호하는 것과 유사하게 암호화 기술을 이용하면 개별적 트랜잭션을 보호할 수 있다.

소유권을 보호하는 과정에는 3가지 주요 요소가 있다. 소유주를 식별하고, 인증하고, 소유주 본인에게만 자산 접근을 허가하는 것이다. 12단계와 13단계에서 이 개념을 보다 자세히 설명한다. 이 단계들은 모두 해시값 개념과 연계된다. 혹시 해시값에 대해 들어본 적이 없더라도 걱정할 필요 없다. 10단계와 11단계에서 해시값에 대해 아주 자세히 설명하기 때문이다. 이미 해시값을 알고 있는 사람에게도 이 두 단계는 흥미로운 식견을 제공할 것이다.

과제 3: 트랜잭션 데이터 저장

트랜잭션 이력은 소유권을 명확히 하는 핵심 요소이므로 안전한 방법으로 저장해야 한다. 14단계와 15단계는 블록체인-데이터-구조가 디지털 원장으로 사용되려면 어떤 조건을 갖춰야 하는지 알아보고, 또 그것을 어떻게 구현하는지 설명한다.

과제 4: 신뢰할 수 없는 환경에 배분할 원장 준비

격리된 원장 혹은 블록체인-데이터-구조를 사용해 트랜잭션 데이터를 담을 수 있다면 그 나름으로 쓸모가 많다. 그러나 우리의 목적은 격리된 상황이 아니라 신뢰할 수 없는 환경에서 작동하는 원장의 분산 P2P 시스템을 디자인하는 것이다.* 이런 시스템에서는 원장의 복사본들이 신뢰할 수 없는 네트워크의 신뢰할 수 없는 노드들 사이에 흩어져 있을 것이다. 게다가 원장을 통제하거나 조정하는 중앙 통제 노드는 존재하지 않으므로 각 노드에게 원장의 제어를 맡겨야 한다. 원장이 위조되거나 조작되는 것(예를 들면 이력에서 트랜잭션을 삭제한 다음 불법적인 트랜잭션을 끼워넣는 행위 등을 생각할 수 있다)을 어떻게 방지할 수 있을까?

트랜잭션 이력 조작을 방지하는 가장 좋은 방법은 트랜잭션을 바꾸지 못하도록 막아놓는 것이다. 다시 말해 원장과 트랜잭션 이력 모두 한번 기록되면 바꿀 수 없게 하는 것이다. 그렇게 되면 원장이 바뀔 일이 없으니 조작이나 위조 걱정은 하지 않아도 된다. 그러나 원장을 못 바꾸면 아주

안전해지기는 하겠지만 새로운 트랜잭션을 추가할 수 없으니 동시에 쓸모가 없어진다.

따라서 블록체인-데이터-구조는 한편으로는 변경을 못하게 하면서 다른 한편으로는 새로운 트랜잭션을 추가할 수 있도록 승인해야 한다. 마치 서로 모순되는 듯 들리겠지만 16단계에서 설명할 기술적 트릭을 사용하면 이 과제를 성취할 수 있다. 답을 미리 알려주자면, 추가 전용 블록체인-데이터-구조로 만들면 된다. 추가 전용 블록체인-데이터-구조는 새로운 트랜잭션을 추가할 수는 있지만 과거에 추가한 데이터를 변경하는 것은 거의 불가능하다.

과제 5: 원장 배분

원장을 추가 전용으로 만들고 요청하는 누구에게나 복사본을 만들어주면 원장의 분산 P2P 시스템을 구성할 수 있다. 그러나 단순히 추가 전용 원장의 복사본을 제공한다고 해서 목표가 달성되지는 않는다. 소유권을 관리하는 분산 시스템에서는 노드끼리 서로 상호작용해야 하기 때문이다. 17단계에서 시스템의 노드끼리 어떻게 상호작용하며, 서로 어떤 정보를 주고받는지 설명한다.

과제 6: 원장에 새 트랜잭션 추가

분산 P2P 시스템은 개별적으로 추가 전용 블록체인-데이터-구조를 유지하는 구성원들로 구성된다. 데이터 구조에 새로운 트랜잭션을 추가할 때 오직 유효하고 승인된 트랜잭션만 추가될 수 있도록 보장해야 한다. 이 문제는 P2P 시스템의 구성원 모두에게 새로운 데이터를 추가할 수 있도록 허용하는 동시에 각 구성원이 P2P 시스템의 각 피어를 감독하게 하면 해결할 수 있다. 이렇게 되면 모든 구성원이 서로를 감독하고 피어가 한 실수를 곧바로 찾아낸다. 18단계에서 이 접근방식을 자세히 알아보면서 역할을 충실히 수행한 피어에게 어떤 인센티브가 주어지는지 설명하겠다.

과제 7: 어느 원장이 진실인지 판단

P2P 시스템에서 개별 원장에 새로운 트랜잭션을 추가할 수 있도록 허용하면 모든 분산 P2P 시스템에서 발생하는 전형적인 문제에 부닥치게 된다. 즉, 각 피어들이 서로 다른 트랜잭션 데이터를 받을 가능성이 생긴다. 그렇게 되면 각자 유지하던 트랜잭션 이력이 달라져 P2P 시스템 내에 이력이 각기 다른 여러 버전의 트랜잭션이 존재하는 상황이 벌어질 수 있다. 트랜잭션 이력은 합법적 소유자를 찾기 위한 기초가 되므로 시스템 내 서로 다른 이력이 충돌하는 것은 무결성에 중대한 위협이 된다. 따라서 진실을 담은 트랜잭션을 가려낼 방법을 만드는 것이 무척 중요하다. 진실을 담고 있는 트랜잭션을 가려낼 기준이 필요한 것이다. 그런데 문제가 한 가지 있다. 순수 분산 P2P 시스템에는 어떤 트랜잭션 이력을 선택해야 할지 결정해 줄 중앙 통제 장치가 없다는 것이다.

따라서 P2P 시스템의 모든 노드가 독립적인 다수 의견을 따라 '진실된 트랜잭션 이력'을 개별적으로 결정해서 이 문제를 해결해야 한다. 사실 블록체인이 새 트랜잭션을 추가 전용 블록체인-데이터-구조에 추가하도록 허용했을 때 이미 그 안에 해결책이 담겨 있다. 19단계에서 그 기준을 자세히 알아보고 어떻게 사용되는지 알아본다.

핵심 정리하기

8단계는 블록체인을 구성하는 개념들을 이해하기 위해 풀어가야 할 7개 과제를 지적 호기심을 자극하는 형태로 설명했다. 이 과제들을 달성하면 정상에 서서 블록체인 개념을 정복하게 된다.

- 소유권을 관리하는 원장의 순수 분산 P2P 시스템을 디자인하려면 다음 과제를 해결해야 한다.
    - 소유권 기술
    - 승인받지 않은 접근으로부터 소유권 보호
    - 트랜잭션 데이터 저장
    - 신뢰할 수 없는 환경에 배분할 원장 준비
    - 분산 원장 시스템 형성
    - 새로운 트랜잭션 검증 및 추가하기
    - 진실을 담은 원장 가려내기
- 위에서 언급한 과제들은 열두 단계(9~20단계)에 걸쳐 알아보겠다.

소유권 기록에서 모든 것이 시작된다

이력으로 현재 소유권 상태 알아내기

이 단계는 원장의 순수 분산 P2P 시스템에서 유용하게 쓸 수 있는 방식으로 소유권을 기술하는 방법을 고려해 본다. 또한, 블록체인이 소유권을 기록하는 방법과 소유권 이전을 처리하는 방법을 알아보고, 소유권 이전을 기록할 때 그 순서가 왜 중요한지 알아본다. 마지막으로 전체 시스템의 무결성을 지키기 위해서 트랜잭션 데이터의 무결성이 얼마나 중요한지 조명해 본다.

이어달리기는 팀 시합이다. 각 팀 멤버는 전체 거리 중 일정 구간을 맡아 달린다. 경주하는 동안 주자는 바통이라 불리는 특별한 아이템을 다음 주자에게 건네야 한다. 특정 팀의 어느 멤버가 바통을 쥐고 있는지 알아내려면 직전에 누구에게 바통이 건네졌는지 확인해 보면 된다. 또한 특정 시각에 누가 바통을 쥐고 있었는지 추적하려면 바통을 건넨 시각과 각 선수 이름을 기록해 두면 된다. 이번 단계에서는 블록체인이 소유권을 취급하는 것을 이어달리기에서 바통을 다루는 것에 비유해 설명한다.

목표: 누가 보더라도 명확히 알 수 있게 소유권 기록하기

목표는 소유권을 투명하고 누구나 이해 가능한 방식으로 기록하는 것이다. 누가 기록을 보더라도 자산의 소유권에 대해 명확한 판단을 내릴 수 있어야 한다.

해결해야 할 과제

해결해야 할 과제는 단순히 소유권에 대한 주장만 기록하는 것이 아니라 소유권에 대한 증거까지 제공해 소유권 자체를 증명하는 기록 방법을 찾아내는 것이다.

아이디어

아이디어는 소유권의 현 상태를 재산 목록 데이터(즉 모든 소유자의 전 재산을 나열) 형태로 단순히 기술만 하지 않고 소유권이 이전된 이력까지 원장에 빠짐없이 기록 보관한다는 것이다. 즉, 소유권 이전이 일어날 때마다 트랜잭션 데이터는 누가 누구에게 어떤 아이템의 소유권을 언제 이전했는지 기록한다. 그리하면 원장에 기록된 트랜잭션의 모든 이력이 소유권을 어떻게 획득했는지 보여주는 증거로 이용될 수 있다. 이는 마치 이어달리기에서 바통을 건넨 이력을 기록한 것과 같다. 바통을 건넨 이력이 있으면 이를 이용해 전체 달리기를 재구성해 볼 수 있다.

목록과 트랜잭션 데이터는 어떻게 다른가

소유권을 기술하는 방식은 두 가지가 있다. 하나는 소유권 목록을 작성하는 것이고, 다른 하나는 트랜잭션 데이터를 작성하는 것이다. 소유권 목록은 소유권의 현 상태를 설명해 준다. 이는 마치 은행 계좌의 현 잔고를 보여주는 잔고증명서와 비슷하다. 이에 반해 트랜잭션 데이터는 소유권의 이전 이력을 기술한다. 이는 출금, 입금, 자금이체 내역을 모두 표시해 보여주는 거래내역조회서와 비슷하다.

목록과 트랜잭션 데이터는 둘 다 소유권을 기술한다는 점은 같지만, 기본 철학이 상당히 다르다. 목록은 단순히 소유권을 주장하지만, 트랜잭션 데이터는 소유권을 설명하고 증명해 준다. 종종 목록 데이터가 더 편리하게 간주되곤 하는데, 대다수 사람들의 관심사인 현 소유권 상태를 즉시 알려주기 때문이다.

작동 원리

블록체인으로 소유권을 기록하려면 다음 두 가지가 필요하다.

1 | 소유권 이전을 기술^{describing}
2 | 트랜잭션 이력의 유지^{maintaining}

1 | 소유권 이전을 기술

트랜잭션은 현 소유자의 소유권을 다른 사람에게 이전하는 행위를 의미한다. 소유권의 이전은 의도한 이전을 데이터에 기록함으로써 이루어진다. 이 데이터에는 소유권 이전을 수행하는 데 필요한 모든 정보가 담긴다. 은행의 계좌이체 서식을 떠올려보자. 은행의 계좌이체 서식은 고객을 대신해 은행이 계좌이체를 수행하기 위해 필요한 모든 정보를 요구한다. 비슷한 방식으로 블록체인은 트랜잭션을 기술하기 위해 다음의 정보를 이용한다.

- 다른 계정으로 소유권을 이전하려는 계정의 식별자
- 소유권을 이전받으려는 계정의 식별자
- 이전하려는 재화의 총액
- 이전이 완료되는 시각
- 이전하기 위해 시스템에 지불해야 하는 수수료
- 이전에 동의한다는 원소유자의 증명

은행에서 계좌이체를 해보았다면 이런 정보들에 익숙할 것이며 은행 거래와 비슷하다고 느낄 것이다. 그러나 수수료만 떼어놓고 보면 은행과는 맞비교가 되지 않는다. 은행은 중앙 통제된 기관이므로 모든 고객에게 동일한 수수료 체계를 적용한다. 이에 반해 블록체인은 중앙 통제가 없는 분산 시스템이므로 통일된 수수료 체계가 없다.

2 | 트랜잭션 이력의 유지

트랜잭션을 수행한다는 것은 트랜잭션 데이터에 기록된 대로 소유권의 이전이 일어난다는 것을 의미한다. 또한 원장에 트랜잭션 데이터를 추가한다는 의미이기도 하다. 새로 추가된 트랜잭션은 트랜잭션 이력의 한 부분이 되고 이후 이 이력은 소유권을 명확화할 때 사용된다. 다음번에 소유권 명확화를 위해 트랜잭션 데이터를 이용할 때 새로 추가된 트랜잭션도 같이 합쳐져 소유권 상태의 최종 결과에 영향을 미치게 되는 것이다. 블록체인은 모든 트랜잭션을 일어난 순서대로 블록체인-데이터-구조에 저장하여 전체 이력을 유지한다.* 이 이력에 없는 트랜잭션은 어떠한 것이든 일어난 적이 없었던 것으로 간주된다. 따라서 블록체인-데이터-구조에 트랜잭션 데이터를 추가한다는 의미는 이 트랜잭션을 실제 발생시키고 그 이력을 통해 현재 소유권을 식별하는 데 영향을 미칠 수

■ **옮긴이주** '일어난 순서대로'라는 말보다는, '기록된 순서대로'가 사실 더 정확한 표현이다. 실제로는 트랜잭션이 일어난 순서대로 블록체인에 기록되는 것이 아니라, 일어난 순서와 상관없이 블록체인-데이터-구조에 먼저 기록된 트랜잭션이 먼저 일어난 것으로 간주되기 때문이다.

있게 한다는 뜻이다.

작동하는 이유

트랜잭션 데이터는 소유권을 이전하려는 계정에 대한 모든 정보를 가지고 있다. 따라서 트랜잭션의 전체 이력만 존재하면 각각의 계정에 대해 소유권을 이전받은 계정, 이전된 아이템과 총액에 대한 소유권 정보를 재구성할 수 있다.

트랜잭션 순서가 중요하다

트랜잭션 데이터를 합치는 이유는 소유권 이전 내역을 재구성해 현 소유권자를 찾아내고 소유권을 명확화하려는 목적에서다. 그러므로 데이터를 합칠 때마다 트랜잭션이 발생했던 순서 그대로 동일하게 재현되는 것이 매우 중요하다. 트랜잭션의 순서가 달라지면 데이터가 합쳐진 결과도 달라지기 때문이다. 얼핏 생각하면 내가 친구에게 50달러를 받아 그 돈으로 요금을 지불하는 것이나, 먼저 요금을 지불하고 친구에게 50달러를 받는 것이나 별차이가 없어 보인다. 그러나 은행 계좌에 잔고가 없고 잔고 이상의 돈을 인출할 수 없는 경우는 어떻게 되는가? 이 경우 나의 요금 지불 능력은 친구한테 돈을 언제 받았는지에 달려 있다. 친구한테 돈을 받는 시점보다 인출 시점이 앞선다면 계좌이체 요청에 대해 은행은 잔고 부족을 이유로 거절할 것이다. 따라서 트랜잭션이 일어난 순서는 매우 중요하다.

트랜잭션 이력의 무결성을 유지하기 위해 필요한 3요소

한치의 과장도 없이 트랜잭션 데이터의 이력이야말로 소유권을 관리하는 블록체인의 심장이라고 할 수 있다. 소유권 상태를 재구성하는 가장 기본이 되는 요소이자, 이를 통해 현 소유자를 명확히 판단할 수 있기 때문이다. 결과적으로 전체 시스템의 무결성을 지키려면 이력 데이터를 안전하고 완전하며 정확하고 일관되게 유지할 필요가 있다. 따라서 블록체인은 오직 유효한 트랜잭션 데이터만 블록체인-데이터-구조에 추가되도록 보장하는 보안 수단을 제공해야 한다. 트랜잭션 데이터의 유효성을 검사하기 위해서는 다음 3가지 측면을 살펴보아야 한다.

1 | 형식적 정확성
2 | 의미상 정확성
3 | 승인

1 | 형식적 정확성

형식적 정확성은 트랜잭션 데이터가 필요한 모든 정보를 정확한 형식으로 기술하는 것을 뜻한다.

2 | 의미상 정확성

의미상 정확성이란 트랜잭션 데이터의 의미와 의도한 결과와 관련이 있다. 따라서 의미상 정확성을 검증하기 위해서는 해당 사업 영역에 대한 지식이 필요하다. 트랜잭션 데이터의 의미상 정확성을 조사하기 위해서는 대개 그 업계의 관행을 따른다. 다음과 같은 예를 들 수 있다.

- 계정에 있는 잔고 이상의 금액이 이전되지 않도록 보장해야 한다.
- 이중사용을 방지해야 한다.
- 한 번의 트랜잭션으로 이전 가능한 최대 금액에 제한을 둔다.
- 사용자 한 명당 가능한 트랜잭션 횟수에 제한을 둔다.
- 일정 기간 내 사용할 수 있는 총 금액에 제한을 둔다.
- 아이템의 소유권을 이전하려면 일정 기간 이상 보유해야 한다.

3 | 승인

소유권을 이전하는 소유권자 본인만 자신을 대신해 트랜잭션을 실행해 달라고 블록체인에 요청할 수 있어야 한다. 결과적으로 블록체인의 모든 트랜잭션 데이터는 계좌 소유자가 정말로 소유권 이전에 동의하는지 증명할 수 있는 정보를 반드시 가지고 있어야 한다.

■ **옮긴이주** 블록체인의 트랜잭션은 단순한 기록이 아니다. 이 단락에서는 기록 측면만을 이야기하고 있지만 스마트 트랜잭션으로 대변되는 블록체인 트랜잭션의 특징은 기록이 아닌 계약의 실행에 있다. 따라서 단순 기록과는 거리가 있다.

9단계는 트랜잭션에 대해 알아보고 트랜잭션이 소유권을 명확화할 수 있음을 설명했다. 이어지는 단계에서는 블록체인이 오로지 유효한 트랜잭션 데이터만 이력에 포함되도록 감시하는 방법과 이력이 위조나 변조되지 않도록 보호하는 방법에 관해 주로 알아본다.

- 트랜잭션 데이터는 소유권 이전을 기술하기 위해 다음의 정보를 제공한다.
    - 다른 계정으로 소유권을 이전하려는 계정의 식별자
    - 소유권을 이전받으려는 계정의 식별자
    - 이전하려는 재화의 총액
    - 이전이 완료되는 시각
    - 이전하기 위해 시스템에 지불해야 하는 수수료
    - 이전에 동의한다는 원소유자의 증명

- 원장에 기록된 트랜잭션의 모든 이력은 각자 어떤 식으로 소유권을 획득했는지 알려주는 증거가 되어 감사 추적 자료가 된다.

- 이력에 포함되지 않은 트랜잭션은 일어난 적이 없는 것으로 간주한다.

- 트랜잭션은 트랜잭션 이력 데이터에 추가됨으로써 실행되고 추후에 트랜잭션 이력을 합쳐 결과를 생성할 때 영향을 끼친다.

- 트랜잭션이 이력에 포함된 순서는 반드시 유지되어야 한다. 그래야 데이터를 합쳐 결과를 생성했을 때 동일한 결과가 만들어지기 때문이다.

- 무결성을 유지하기 위해 다음 3가지 요건을 충족하는 트랜잭션 데이터만 블록체인-데이터-구조에 포함시켜야 한다.
    - 형식적 정확성
    - 의미상 정확성
    - 승인

10단계

데이터 해싱하기

지문처럼 만들어 데이터 식별하기

10단계는 블록체인의 가장 중요한 기반 기술인 해시값을 설명한다. 이 단계에서는 암호화 기술의 중요한 성질인 해시 함수를 알아보고 해시 함수를 데이터에 적용하는 패턴을 소개한다.

지문은 사람마다 달라 사람을 식별하는 수단으로 이용된다. 실생활에서 지문은 범죄수사, 범죄자 식별, 무죄 증명 등에 이용되고 있다. 이번 단계는 데이터를 식별하는 개념을 소개하는데, 지문의 디지털 버전으로 생각하면 이해하기 쉽다.

이른바 암호화 해시값hash value이라 불리는 이 개념을 블록체인은 광범위하게 사용한다. 따라서 블록체인을 이해하려면 암호화 해싱을 이해하는 것이 필수다.

목표: 암호화 해싱으로 데이터 식별하기

분산 P2P 시스템에서는 엄청난 양의 트랜잭션 데이터를 다룬다. 따라서 고유한 트랜잭션을 식별해 내서 최대한 빨리 비교해야 한다. 목표는 디지털 지문을 사용해 트랜잭션을 식별해 내고, 더 나아가서 모든 종류의 데이터를 식별할 수 있게 하는 것이다.

작동 원리

해시 함수Hash function는 어떤 형태의 데이터든 입력 데이터의 길이와 상관없이 고정된 길이의 숫자로 변환하는 함수이다. 해시 함수는 한 번에 하나의 데이터만 입력받아 그 데이터를 구성하는 비트와 바이트를 이용해서 해시값을 생성한다. 해시값은 해시 함수의 종류에 따라 서로 다른 길이로 생성되는데, 요구되는 길이를 충족하기 위해 앞자리 수를 모두 0으로 채우기도 한다.

암호화 해시 함수Cryptographic hash function라 불리는 중요한 해시 함수 그룹은 어떤 데이터라도 고유의 디지털 지문을 생성해 주는 해시 함수 이다. 암호화 해시 함수의 특징은 다음과 같다.

    1 | 어떤 종류의 데이터든 즉시 해시값 제공

    2 | 확정적

    3 | 의사 난수

    4 | 일방 함수

    5 | 충돌 회피

1 | 어떤 종류의 데이터든 즉시 해시값 제공

이 성질은 사실 두 가지 성질의 조합이다. 첫 번째 성질은 해시 함수는 어떤 종류의 데이터든 해시값을 생성할 수 있다는 것이고, 두 번째는 해시 함수는 해시값 계산을 빠르게 할 수 있다는 것이다. 이 두 성질은 대단히 중요하다. 해시 함수가 오류 메시지 같은 쓸모없는 것을 생성하거나 결과를 반환하기 위해 긴 시간을 소비해서는 안 되기 때문이다.

2 | 확정적

확정적deterministic이라 함은 동일하게 입력했을 때 동일하게 출력해야 한다는 뜻이다. 해시값이 다르다면, 오로지 입력 값이 달라서 생긴 결과일 뿐 해시 함수 내부 작동에 의한 것일 수는 없다.

3 | 의사 난수

의사 난수^{pseudorandom}란, 입력 데이터가 변하면 해시값이 예측 불가하
게 변해야 한다는 의미다. 즉, 적은 비트만 바꿔서 입력하더라도 해시값
은 크게 변해 항상 예측 불가능해야 한다는 말이다. 입력 데이터를 보고
해시값을 예측할 수 있어서는 안 된다.

4 | 일방 함수

일방 함수^{one-way function}는 출력으로 입력을 알 수 있는 방법이 존재하
지 않는 함수다. 요컨대 일방 함수는 역으로 이용할 수 없다는 뜻이고,
달리 표현하면 해시값을 이용해 원래 입력 값을 복원하는 것이 불가능
하다는 의미다. 마치 지문만 따로 보아서는 그 지문을 지닌 사람에 대한
어떤 정보도 얻을 수 없는 것처럼 해시값은 입력 내용에 대한 어떠한 정
보도 갖고 있지 않다. 일방 함수는 비가역 함수라고도 한다.

5 | 충돌 회피

둘 이상의 데이터가 동일한 해시값을 생성하는 것이 지극히 어려울 때
그 해시 함수를 충돌 회피^{collision resistant}라 부른다. 달리 표현해서 서로
다른 데이터가 동일한 해시값을 가질 확률이 매우 낮으면 그 해시 함수
를 충돌 회피라 한다. 이런 해시 함수로 생성된 해시값은 고유성을 지녀
데이터를 식별하는 데 사용할 수 있다.
반대로 서로 다른 데이터에 대해 동일한 해시값을 얻으면 해시 충돌에

직면한다. 해시 충돌은 디지털 세상에 동일한 지문을 가진 사람이 둘 이상 존재하는 것과 같다. 따라서 해시값을 디지털 지문으로 사용하기 위해서는 충돌 회피가 필수적이다.

이 책에서는 충돌 회피를 위해 해시 함수 내부적으로 어떤 작동이 일어나는지 설명하지 않는다. 다만 해시 충돌의 위험을 피하기 위해 엄청난 노력이 쏟아부어진다는 것은 믿어도 된다.

해시 함수 직접 적용해 보기

간단한 예제 몇 개를 직접 따라해 보며 해시 함수에 적응해 보자. http://www. blockchain-basics.com/HashFunctions.html에 접속하면 간단한 텍스트 데이터의 해시값을 생성해 출력해 주는 툴을 사용해 볼 수 있다.

인터넷 브라우저로 웹페이지에 접속하면 그림 10-1과 같은 입력상자(INPUT)와 출력상자(OUTPUT)가 보일 것이다.

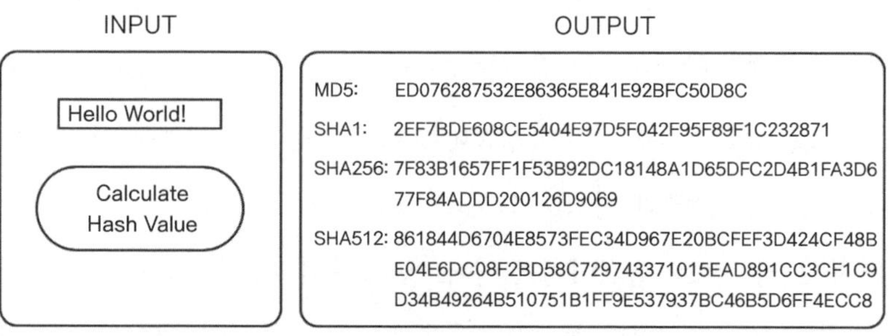

그림 10-1 짧은 텍스트의 해시값 계산

왼쪽에 있는 입력상자에 "Hello World!"라고 입력한 다음 텍스트 상자 밑의 〈Calculate Hash Value〉 버튼을 클릭해 보자(이름 그대로 해시값을 계산해 주는 버튼이다). "Hello World!"라고 정확히 입력해야 한다. 그렇지 않으면 그림 10-1의 오른쪽 그림과 다른 결과를 얻게 된다.

버튼을 누르면 오른쪽 출력상자에 네 가지 다른 해시 함수로 계산된 해시값이 나타난다. 해시값은 종종 해시 수로도 불리는데 0부터 9까지의 수와 함께 10부터 15까지의 수를 나타내기 위해 A부터 F까지의 문자도 이용한다. 이런 수를 16진수라 부른다. 여기서 따로 이유를 설명하진 않겠지만 컴퓨터 과학자들은 16진수를 좋아한다. 해시 함수의 종류에 따라 출력된 해시값이 서로 다른 점에 주목하자.

암호화 해시값은 상당히 길어서 읽기도 힘들지만 사람 눈으로는 비교하기가 쉽지 않다. 그러나 10단계를 읽는 동안은 데이터를 해싱하는 서로 다른 방법들을 비교 설명하기 때문에 계속해서 해시값을 읽고 비교해야 한다. 암호화 해시 함수로 출력한 기괴한 숫자들을 계속 비교하다 보면 곧 질리게 될 터이니 10단계의 나머지 부분은 모두 SHA256 암호화 해시값의 축약된 버전을 사용할 것이다. www.blockchain-basics.com/Hashing.html 웹페이지에서 제공하는 툴을 사용하면 책에서 인용한 모든 해시값을 동일하게 재생할 수 있다.

인터넷 브라우저로 웹페이지를 열어보면 그림 10-2처럼 간단한 문자열을 입력할 수 있는 입력상자와 출력상자 쪽을 가리키는 화살표 버튼이 보일 것이다. 이 버튼을 클릭하면 입력상자의 문자열에 해당하는 축약된 해시값이 출력상자에 표시된다.

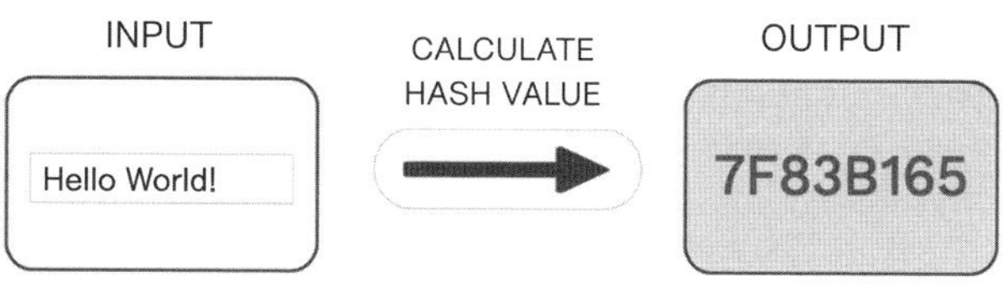

그림 10-2 텍스트의 축약 해시값 계산

해싱된 데이터의 5가지 패턴

지금까지 하나의 데이터가 해시 함수에 입력되면 그 데이터에 해당하는 해시값이 생성되는 것을 배웠다. 이는 모든 독립된 데이터는 자신만의 고유한 암호화 해시값을 갖는다는 것을 암시한다. 그렇다면 서로 독립적인 데이터들의 묶음에 대해 하나의 해시값만 생성하고 싶을 때는 어떻게 해야 할까? 다음과 같은 다섯 가지 패턴을 사용해 데이터에 해시 함수를 적용하면 이 문제를 처리할 수 있다.

1 | 독립 해싱

2 | 반복 해싱

3 | 결합 해싱

4 | 순차적 해싱

5 | 계층적 해싱

1 | 독립 해싱

독립 해싱^{Independent hashing}은 각 데이터에 대해 독립적으로 해시 함수를 적용하는 방법이다. 그림 10-3을 보면 두 단어에 대해 각각의 축약 해시값이 계산되었다.

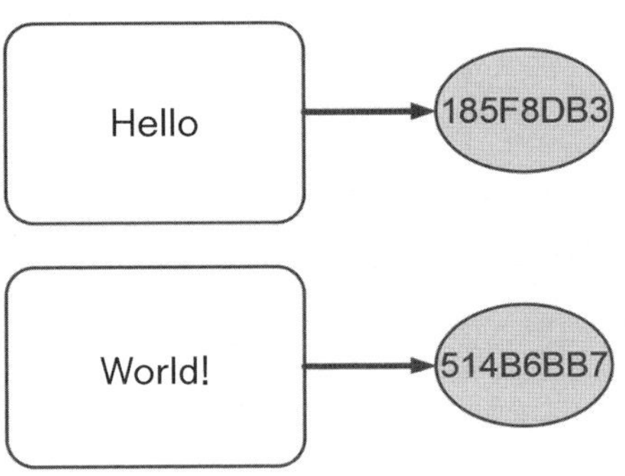

그림 10-3 서로 다른 데이터를 독립적으로 해싱하는 예

단어가 들어 있는 두 개의 흰색 상자는 해싱하려는 데이터이고, 오른쪽 회색 원에 들어 있는 것은 해당하는 해시값이다. 상자로부터 원으로 뻗어 있는 화살표는 데이터가 해시값으로 변환되는 모습을 도식화해 보여준다. 그림 10-3에서 보았듯이 서로 다른 단어는 서로 다른 해시값을 생산한다.

2 | 반복 해싱

해시 함수는 임의의 데이터를 해시값으로 변환한다는 것을 배웠다. 해시값은 그 자체로 하나의 데이터로 간주할 수 있다. 따라서 해시값을 다시 해시 함수에 입력하면 그에 해당하는 또 다른 해시값을 계산할 수 있어야 한다.

반복 해싱Repeated hashing은 해시 출력값에 해시 함수를 한번 더 적용한 것이다. 그림 10-4는 축약 해시값을 반복해서 적용해서 이 개념을 도식화해 보여주고 있다. Hello World! 라는 문자열은 7F83B165라는 해시값을 생성하고 이 해시값을 입력해서 다시 해싱하면 45A47BE7이 생성된다.

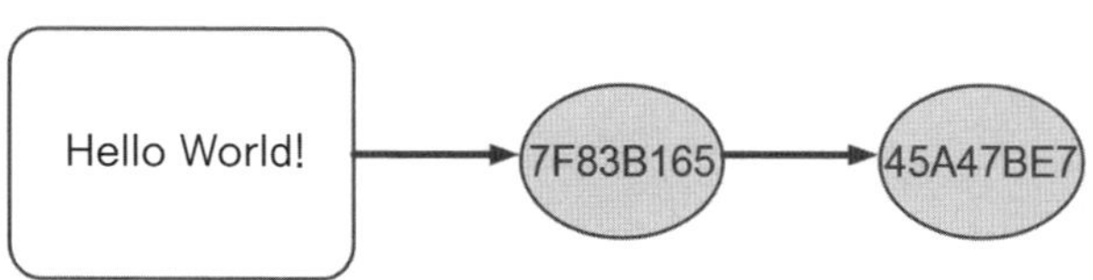

그림 10-4 반복적으로 해시값 계산

3 | 결합 해싱

결합 해싱Combined hashing은 하나 이상의 데이터에 해싱을 한 번만 적용하여 단일 해시값을 얻는 방법이다. 독립된 데이터들을 합쳐 하나의 데이터로 만들고 합쳐진 데이터의 해시값을 계산하면 목적을 달성할 수 있다. 이 방법은 주어진 시간 안에 가용한 모든 데이터의 집합에 단일 해시값을 부여할 때 특히 유용하다. 하지만 데이터를 합치는 것은 계산 자원, 시간, 기억 공간 등을 소모하므로 결합 해싱은 개별 데이터가 크지 않을 때만 사용해야 한다. 결합 해싱의 또 다른 단점은 결합된 데이터만 해시 함수에 전달되었기 때문에 개별 데이터의 해시값은 알 수 없다는 점이다.

그림 10-5에서 결합 해싱의 개념을 보여준다. 개별 단어가 가운데 공백을 두고 하나로 합쳐져 만들어진 결과 문장을 해싱한다. 그림 10-5에 나타난 해시값 결과는 그림 10-4의 첫 해시값과 동일하다.

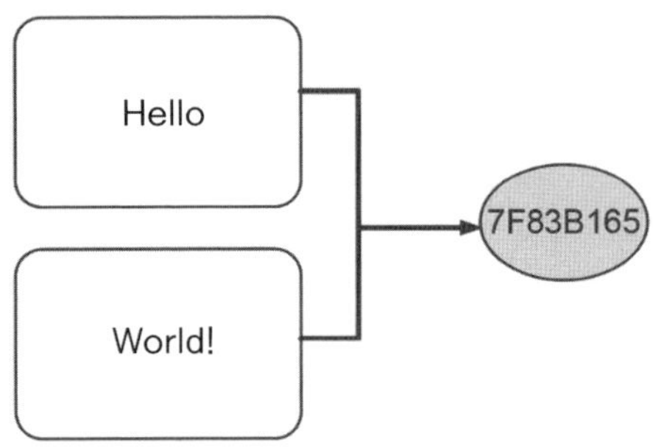

그림 10-5 데이터를 결합한 후 해시값 계산

결합된 데이터의 해시값은 어떻게 합치느냐에 전적으로 달려 있다는 사실에 주목하자. 그림 10-4에서 두 단어는 중간에 공백을 두고 나란히 합쳐져서 결과적으로 Hello World! 라는 문장을 만들었다. 가끔 두 데이터가 합쳐진 곳에 플러스 기호(+) 같은 특수 부호나 해시 태그(#)를 사용하기도 하는데, 이 경우 최종 해시값이 달라진다.

4 | 순차적 해싱

순차적 해싱Sequential hashing의 목표는 새로운 데이터가 도착할 때마다 해시값을 즉시 갱신하는 것이다. 결합 해싱과 반복 해싱을 동시에 사용하면 이 목표를 성취할 수 있다. 즉, 기존의 해시값이 새로운 데이터와 합쳐져서 해시 함수에 건네져 해시값이 갱신되는 방식이다. 순차 해싱은 단일 해시값만 유지하면서 새로운 데이터가 도착하는 즉시 해시값을 갱신하고자 할 때 특히 유용하다. 순차 해싱의 장점은 특정 시점의 해시값으로 해당 데이터가 도착한 시점을 추적 가능하다는 점이다.

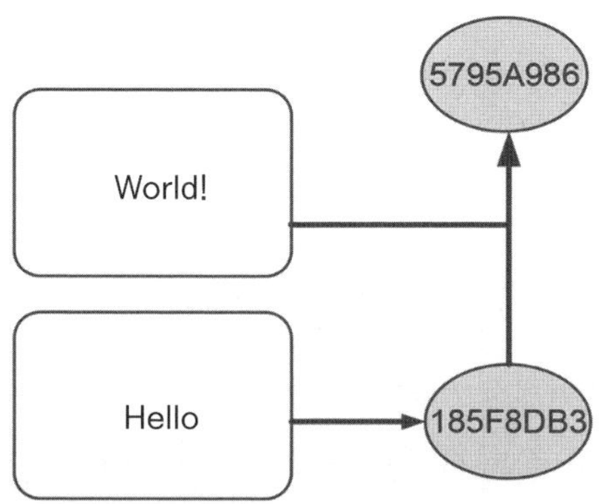

그림 10-6 순차적으로 해시값 계산

그림 10-6의 시작 단계에서 Hello라는 단어를 개별적으로 해싱해서 단축 해시값 185F8DB3을 얻었다. 그후 새로운 단어 World!가 도착하면 기존의 해시값과 합쳐서 해시 함수에 입력된다. 해시값 5795A986은 World! 185F8DB3이라는 입력에 대한 단축 해시값이다.

5 | 계층적 해싱

그림 10-7은 계층적으로 해싱하는 개념을 보여준다.

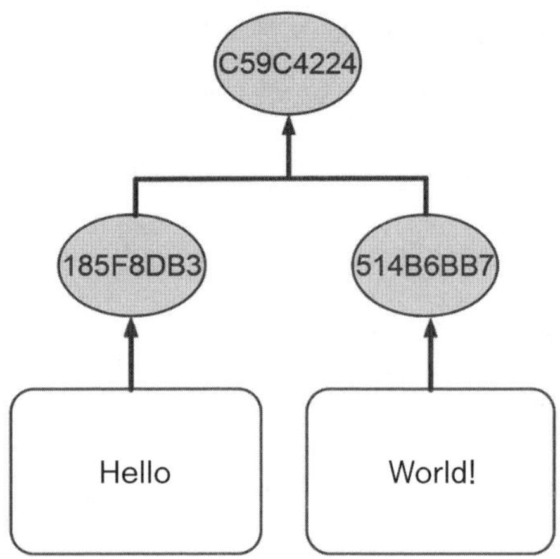

그림 10-7 계층적으로 해시값 계산

두 해시값에 결합 해싱을 적용하면 최상위에 단일 해시값을 가지는 작은 계층이 형성된다. 결합 해싱과 유사하게 계층적 해싱^{Hierarchical hashing}의 아이디어도 데이터 묶음에서 단일 해시값을 얻고자 하는 것이다. 계층적 해싱은 길이가 매번 변하는 입력이 아니라 늘 일정한 길이의 해시값을 합치므로 상당히 효율적이다. 거기에다 제공된 모든 데이터를 한꺼번에 결합하는 결합 해싱과 달리 계층적 해싱은 매 단계에서 오직 2개의 해시값만 결합한다.

10단계에서는 주로 해시 함수의 개념에 대해서만 설명했다. 11단계는 해시 함수가 실제로 어떻게 사용되는지 설명하고, 블록체인이 해시 함수를 어떻게 사용하는지 조명한다.

- 해시 함수는 어떤 데이터든 입력한 길이에 상관없이 일정한 길이의 수로 변환한다.

- 생성하는 해시값의 길이별로 종류가 다른 여러 해시 함수가 존재한다.

- 암호화 해시 함수는 모든 데이터의 디지털 지문을 생성하는 매우 중요한 해시 함수의 그룹이다.

- 암호화 해시 함수의 특징은 다음과 같다.
    - 모든 데이터에 대한 해시값 즉시 제공
    - 확정적
    - 의사 난수
    - 일방적 사용
    - 충돌 회피

- 데이터에 대한 해시 함수의 응용은 다음과 같은 패턴으로 달성할 수 있다.
    - 반복 해싱
    - 독립 해싱
    - 결합 해싱
    - 순차적 해싱
    - 계층적 해싱

해시값은 어디서 어떻게 사용될까?

데이터 비교하고, 계산 퍼즐 만드는 다섯 가지 이야기

10단계에서 암호화 해시 함수를 소개하고 5가지 해시 함수의 패턴에 대해 알아보았다. 10단계는 무미건조한 지적 훈련 정도로 느껴졌을 수 있지만 사실은 상당히 실용적이다. 11단계에서는 실생활에 사용된 해시 함수의 실사례를 알아보고, 이런 실사례가 의도대로 잘 작동하는 이유에 대해 개략적으로 살펴본다. 마지막으로 블록체인은 해시값을 어디에 사용하는지 알아본다.

사례 1 | 데이터 비교

해시값을 사용해 데이터를 비교하는 것은 해시값을 사용하는 가장 간단한 실사례이므로 먼저 이 경우부터 살펴보자.

목표

목표는 (파일이나 트랜잭션 데이터 같은) 데이터를 비교하는 것이다. 단, 데이터의 크기나 내용과 상관없이 오직 숫자 두 개만 대조해서 쉽게 비교할 수 있게 한다.

아이디어

데이터 내용 전체를 일일이 비교하는 대신 암호화된 해시값을 비교한다.

작동 원리

비교하려는 모든 데이터의 암호화 해시값을 계산한 다음 서로 비교한다. 암호화된 해시값이 다르면 비교 데이터도 다른 것이다. 반대로 2개 이상의 암호화 해시값이 동일하면 해당 입력 데이터도 동일한 것이다.

작동하는 이유

암호화 해시값을 통해 데이터를 비교할 수 있는 암호화 해시 함수의 충돌 회피 성질 때문이다.

사례 2 | 데이터의 변경 감지

해시값을 이용한 데이터 비교 아이디어를 조금만 확장하면 데이터 변경을 감지하는 데 응용할 수 있다.

목표

목표는 데이터(파일 또는 트랜잭션 데이터 등)가 일정 시간이 경과한 후, 또는 타인에게 전송한 뒤, 또는 데이터베이스에 저장한 후 변경되었는지 확인하는 것이다.

아이디어

과거에 기록해 둔 암호화 해시값과 검사하려는 데이터에서 새로 생성한 암호화 해시값을 서로 비교하여 변경되었는지 알아내는 것이 핵심 아이디어다. 두 해시값이 동일하면 과거에 암호화 해시값을 생성한 이후로 데이터가 변경되지 않았음을 의미한다.

작동 원리

변경되어서는 안 되는 데이터의 암호화 해시값을 만들어둔다. 나중에 데이터가 변경되었는지 확인할 필요성이 생기면 데이터의 암호화 해시값을 다시 생성한다. 그런 다음 새로 생성된 해시값과 이전에 만들어둔 해시값을 서로 비교한다. 두 해시값이 동일하다면 데이터는 기존 해시값이 생성된 이후로 변경된 적이 없다는 뜻이다. 누군가에게 데이터를 전송할 때에도 동일한 아이디어를 적용할 수 있다. 데이터 전송 전에 해시값을 생성해 두고, 데이터를 수신한 사람이 새로 해시값을 생성해 두 값을 비교해 보면 전송 도중에 데이터가 변경되었는지 여부를 확인할 수 있다.

작동하는 이유

데이터의 변경 감지는 어떤 이벤트(시간의 흐름, 데이터베이스에 저장 또는 추출, 네트워크를 통한 전송 등) 전후의 해시값 비교를 통해 이루어진다. 이는 암호화 해시 함수의 충돌 회피 성질로 인해 가능하다.

사례 3 | 변경-감지 방식의 데이터 참조

데이터를 비교하고 변경을 감지하는 것은 해시값의 기본 용도에 해당한다. 이를 한 차원 더 발전시켜 응용한 것이 다음에 설명할 해시 참조이다.

목표

목표는 어딘가(하드디스크나 데이터베이스 등)에 저장된 데이터(트랜잭션 데이터 등)를 참조하여 데이터가 변경되지 않았다는 것을 보장하는 것이다.

아이디어

데이터와 그 데이터가 저장된 장소 정보를 서로 결합하여 해시값으로 암호화하는 것이 핵심 아이디어다. 데이터에 변경이 있었다면 데이터와 저장 장소에 대한 정보가 일치하지 않게 되므로 해시 참조는 유효하지 않게 된다.

작동 원리

데이터에 대한 참조를 외투보관실 티켓의 디지털 버전으로 생각해 보자. 외투보관실 티켓은 보관실에 보관된 외투의 물리적 위치를 알려줄 뿐만 아니라 보관된 외투를 나중에 되찾을 때도 쓰인다. 컴퓨터에서 데이터에 대한 참조도 같은 방식으로 이루어진다. 컴퓨터 프로그램은 데이터가 저장된 장소를 기억했다가 나중에 추출하기 위해 참조값을 사용한다. 이때 해시 참조는 참조값으로 암호화 해시값을 활용한다. 단순하게 비유하자면, 외투보관실의 티켓 번호에 일반 숫자가 아니라 해시값이 적혀 있는 것이라 생각하면 된다.

해시 참조는 참조 데이터가 만들어진 뒤로 데이터가 변경되지 않았는지 검증도 해준다. 참조한 데이터가 변경된 경우 그 참조값으로는 더 이상 데이터를 추출할 수 없다. 마치 보관실 티켓이 가리키는 보관장소에 외투가 걸려 있지 않으면 직원이 더 이상 외투를 건네줄 수 없는 상황과 유사하다.

해시 참조의 주된 아이디어는 기술적인 오류 혹은 누군가의 고의로 인해 사용자도 모르게 참조 데이터가 변경되었을 때 원본 데이터를 추출하지 못하도록 보호하려는 것이다. 따라서 해시 참조는 한번 생성된 이후 절대 변경되어서는 안 되는 데이터와 관련된 모든 경우에 활용할 수 있다.

도식 이해하기

블록체인은 해시 참조에 크게 의존한다. 따라서 블록체인을 이해하고 이 책의 후속 단계들을 소화하기 위해서는 해시 참조를 꼭 이해해야 한다. 다음에 이어지는 세 그림은 두 가지 목적을 가지고 있다. 첫째, 해시 참조의 기능을 도식화한다. 둘째, 후속 단계에서 블록체인-데이터-구조의 기능을 설명할 때 줄곧 사용할 해시 참조 관련 기호 표기법을 소개한다.

그림 11-1은 유효한 해시 참조를 표현한 그림이다. 회색 원(R1)은 유효한 해시 참조를 나타내고, 흰 상자는 변경되어서는 안 되는 어떤 데이터를 나타낸다. 원으로부터 상자로 이어진 화살표는 해시 참조의 기능을 묘사한다. 화살표는 참조값에서 시작해서 데이터 방향으로 향한다.

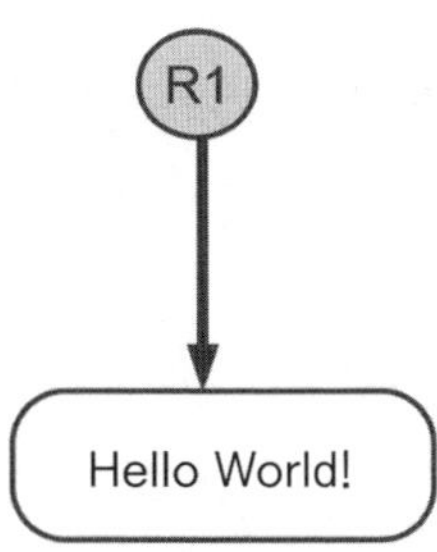

그림 11-1 유효한 해시 참조를 나타내는 도식 예시

그림 11-2는 손상된 또는 유효하지 않은 해시 참조를 나타낸다. 변경된 인사말을 담고 있는 검은 상자는 참조가 생성된 이후 변경이 된 데이터를 나타낸다. 회색 원은 여전히 처음 생성된 해시 참조를 나타낸다. 원으로부터 변경된 상자로 향하고 있는 지그재그 화살표는 해시 참조 R1이

깨졌음을 강조하고, 그사이 데이터가 변경되었으므로 더 이상 데이터의
추출을 허용하지 않는다는 표시다.

그림 11-2 유효하지 않은 해시 참조를 나타내는 도식 예시

그림 11-3은 데이터가 변경된 후 새로운 해시 참조가 생성된 상황을 나
타낸다. 이 상황은 변경된 데이터를 나타내는 검은 상자와 새로 생성된
해시 참조를 나타내는 검은 원 그리고 원으로부터 상자로 향하는 직선
화살표로 나타낸다.

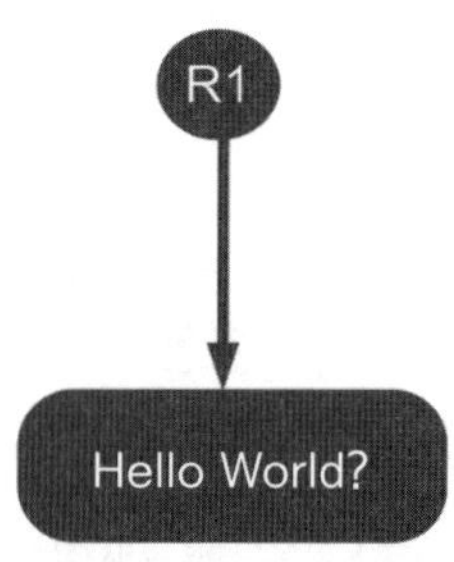

그림 11-3 데이터 변경 후 새로 생성된 해시 참조를 나타내는 도식 예시

작동하는 이유

해시 참조의 핵심은 암호화 해시값을 활용하는 것이다. 암호화 해시값은 데이터의 고유한 지문이라 할 수 있다. 따라서 서로 다른 데이터 조각들이 동일한 해시값을 가지는 일은 거의 일어나지 않는다. 그러므로 해시 참조가 깨진 것은 해시 참조가 생성된 이후 데이터가 변경되었다는 증거가 된다.

사례 4 | 변경-감지 방식으로 데이터 저장

아이디어를 좀 더 확장하면 변경-감지 방식으로 데이터를 저장할 수 있다.

목표

목표는 변경되어서는 안 되는 방대한 데이터, 즉 트랜잭션 데이터를 저장하는 것이다. 그러면서 또한 데이터에 대한 어떠한 변경도 빠르고 손쉽게 발견할 수 있어야 한다.

아이디어

외투보관실 티켓은 외투가 걸린 옷걸이 위치를 가리킨다. 그런데 티켓을 다른 외투 주머니에 넣어둔 채 그 외투도 보관실에 맡기면 어떻게 될까? 나중에 받은 보관실 티켓은 주머니에 보관실 티켓이 들어 있는 외투를 가리키고, 그 주머니에 든 티켓은 또 처음 외투를 가리킨다. 이런 식으로

주머니에 든 티켓이 다른 외투를 가리키고 그 안에 든 티켓이 또 다른 외
투를 가리키는 아주 길고도 복잡한 체인을 만들 수 있다. 이와 비슷한 방
식으로 데이터를 저장할 때도 다른 데이터를 가리키는 해시 참조를 함께
저장할 수 있다. 가리킨 데이터가 또 다른 데이터를 가리키는 해시 참조
와 함께 저장하는 방식으로 연속적으로 긴 체인을 형성할 수 있는 것이
다. 이중 어느 한 데이터라도 해시 참조가 변경이 되면 전체 해시 참조가
손상되도록 만들면, 해시 참조 생성 이후 데이터가 변경되었다는 증거가
된다. 이와 같은 데이터 저장 방식을 변경-감지 방식이라 부른다.

작동 원리

변경-감지 방식으로 데이터를 저장하기 위해 해시 참조를 사용하는 전
형적인 두 가지 방식이 있다.

1 | 체인 방식
2 | 트리 방식

1 | 체인 방식

데이터의 체인 방식 연결은 연결 리스트^{linked list}라고도 불리는데, 각 데
이터가 다른 데이터의 해시 참조를 가지는 구조로 만들어진다. 이런 구
조는 데이터가 순차적으로 나타날 때 유용하다. 그림 11-4는 앞서 소개
한 기호를 이용해 이 아이디어를 도식화한 것이다. 체인의 구성은 '데이

터 1'이라는 이름의 데이터와 그 해시 참조 R1의 생성에서 시작한다. 데이터 1은 맨 처음 데이터이므로 해시 참조를 가지고 있지 않다. 새로운 데이터가 나타나면 데이터 1을 가리키는 해시 참조 R1과 함께 묶어 해시 참조 R2를 만든다. R2는 새로 나타난 데이터 2와 해시 참조 R1을 가리킨다. 비슷한 방식으로 데이터 3과 해시 참조 R2를 가리키는 해시 참조 R3가 생성된다.

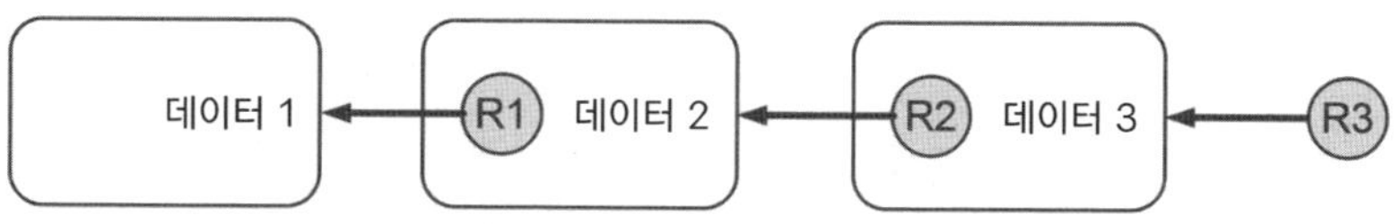

그림 11-4 체인 형식으로 연결된 데이터

해시 참조 R3만 있으면 체인으로 연결되어 있는 전체 데이터에 대해 나타난 역순으로 모두 접근할 수 있다. 참조 R3는 체인의 헤드^{head}라 부른다. 가장 최근에 추가된 데이터를 참조하기 때문이다. 여기서 헤드(가장 최근에 추가된 데이터)와 헤더^{header}를 혼동해서는 안 된다. 헤더는 14단계에서 블록체인-데이터-구조를 설명할 때 소개할 것이다.

2 | 트리 방식

그림 11-5는 해시 참조와 트랜잭션 데이터가 트리 형태로 연결되어 있는 모습을 보여준다.

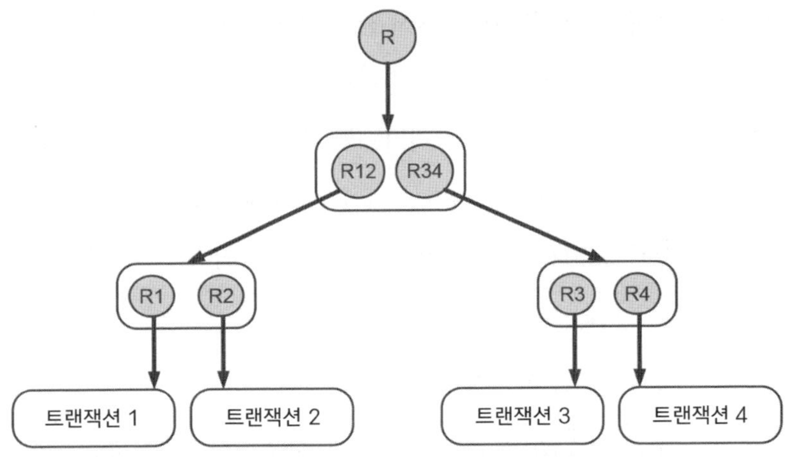

그림 11-5 트리 형태로 연결된 데이터

이런 구조를 머클 트리$^{Merkle\ tree}$라 부른다. (이 구조를 처음 제안한 컴퓨터 과학자 머클의 이름과, 나무가 거꾸로 서 있는 듯한 형상을 따서 머클 트리라 칭하게 되었다.) 이 구조는 같은 시각에 존재하는 모든 데이터를 한데 묶어 단일 해시 참조로 접근하고자 할 때 아주 유용하다. 그림 11-5와 같은 트리의 생성은 바닥에 흰 상자로 표시되어 있는 4개의 트랜잭션 데이터로부터 시작한다. 맨 먼저 각 트랜잭션 데이터를 가리키는 해시 참조 4개를 R1부터 R4까지 생성한 후 둘씩 쌍을 이루게 한다. 그 뒤 각 해시 참조 쌍을 가리키는 해시 참조 R12와 R34를 생성한다. 이 작업을 단일 해시 참조만 남을 때까지 반복한다. 최종적으로 남은 단일 해시 참조를 머클 트리의 루트(해시 참조 R)라 부른다.

작동하는 이유

트리 형태로 연결된 데이터 구조는 데이터와 해시 참조를 연결하여 결합하므로 변경-감지 방식으로 데이터를 저장할 수 있다. 해시 참조는 참조 생성 후 참조하는 데이터가 변경될 경우 손상된다. 그러므로 이런 구조에서 손상된 참조를 발견한다면 이는 구조 생성 후 데이터가 변경되었다는 증거가 된다.

사례 5 | 시간-소모적 계산량 유발

해시값은 데이터를 비교 및 참조하고, 안전하고 효율적으로 저장하는 등의 기본적인 파일 연산에만 유용한 것은 아니다. 해시값은 컴퓨터끼리 퍼즐 대결을 하는 데 사용할 수도 있다. 조금 황당하게 들릴 수 있겠지만 해시값의 이런 용도가 블록체인의 가장 중요한 개념 중 하나라는 것을 곧 알게 될 것이다.

목표

이어지는 단계들을 읽어보면 이해하겠지만 컴퓨터의 계산 자원을 사용해야만 해결할 수 있는 퍼즐이 필요할 때가 있다. 이 퍼즐은 IQ 테스트나 지식 테스트처럼 머리를 쓰거나 어딘가에 저장해 둔 데이터를 보고 풀 수 있어서는 안 된다. 퍼즐을 푸는 유일한 방법은 오로지 엄청난 양의 컴퓨터 계산 자원에 의존하는 것뿐이어야 한다.

아이디어

번호키는 비밀번호를 정확히 눌러야만 열리는 특수 자물쇠다. 비밀번호를 정확히 알지 못하면 가능한 모든 수의 조합을 계산해 자물쇠가 열릴 때까지 시행착오를 반복해야 한다. 이 방법을 동원하면 자물쇠를 열 수는 있지만 엄청난 시간이 소비된다. 이렇게 가능한 모든 수의 조합을 반복해서 시도하는 것은 어떠한 지식이나 지적 추론과도 연관이 없다. 오로지 '열심히' 하는 것만을 기본으로 한다. 해시 퍼즐은 번호키를 시행착오를 통해 열려고 하는 시도의 디지털 버전으로 생각할 수 있다.

작동 원리

해시 퍼즐의 요소는 다음과 같다.

- 변경되면 안 되는 주어진 데이터
- 자유롭게 변경 가능한 데이터. 난스^{nonce}라고 부른다.
- 적용할 해시 함수
- 결합 해싱의 해시값에 주어진 제약 조건. 이를 난이도$^{difficulty\ level}$라고 한다.

■ **옮긴이주** '비트코인을 캔다'는 의미로 쓰이는 '채굴'은 블록을 만드는 행위를 의미한다. 직접 새 블록을 만들기 위해서는 반드시 해시 퍼즐을 풀어야만 한다. 흔히 수학 문제를 풀면 비트코인이 주어진다고 알려진 수학 문제가 바로 해시 퍼즐이다. 실제로는 수학 문제보다는 산수 문제가 더 정확한 표현이다.

해시 퍼즐의 기본 설정은 그림 11-6과 같다. 데이터와 난스에 결합 해싱을 적용해 도출한 결과 해시값이 주어진 조건을 만족해야 한다.

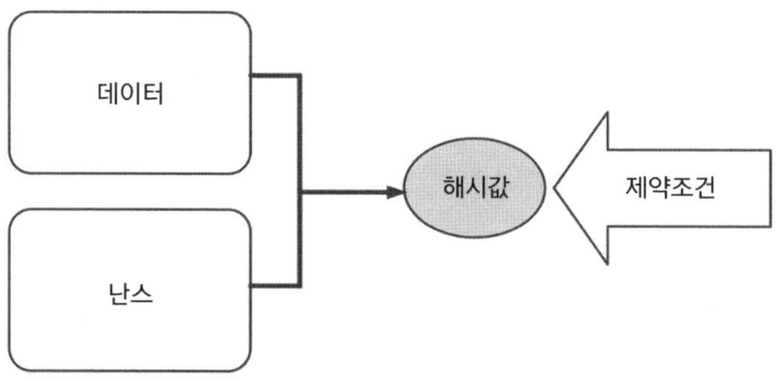

그림 11-6 해시 퍼즐 도식화

해시 퍼즐은 오직 시행착오로만 해결할 수 있다. 퍼즐을 풀려면 (번호키의 비밀번호를 임의로 조합하듯이) 난스를 추측하고 데이터와 결합해 해시 함수를 사용해 해시값을 계산한 후 주어진 제약조건에 따라 결과 해시값을 평가해야 한다. 해시값이 제약조건을 만족하면 퍼즐은 풀릴 것이다. 그렇지 않다면 퍼즐이 풀릴 때까지 다른 난스를 추측한 후 동일한 과정을 반복해야 한다. 어떤 난스가 데이터와 결합해 생성한 해시값이 제약조건을 만족했을 때 그 난스를 해답이라고 부른다. 해시 퍼즐을 해결했다고 주장할 때는 항상 그 특정 난스를 보여주어야 한다.

직접 해시 퍼즐 풀기

이제 기능을 좀 더 구체적으로 알아보기 위해 실제 해시 퍼즐을 살펴보

자. 10단계에서 Hello World! 의 축약 해시값은 7F83B165라는 것을 알았다. 그렇다면 어떤 데이터를 Hello World!와 결합해야 첫 세자리 수가 모두 0인 축약 해시값이 만들어질까? 이 예제의 해시 퍼즐은 다음과 같이 정리할 수 있다. 'Hello World!와 합쳐졌을 때 첫 세자리 수가 모두 0인 해시값을 생성하는 난스를 찾아라.'

자, 이제 몇 개의 난스를 직접 테스트해 보자. 표 11-1은 난스와 해시할 문자열, 그리고 출력된 해시 결과값을 보여준다. 표에서 보듯 난스 614에서 퍼즐이 해결됐다. 난스 0부터 시작해서 1씩 증가시켰으니 퍼즐을 해결하기 위해 615번의 시행착오가 필요했던 셈이다. 만약 제약조건이 해시 숫자의 첫자리가 0인 것을 찾는 것이었다면 네 번 만에 'Hello World! 3'이 정답이란 것을 찾았을 것이다.

표 11-1 해시 퍼즐을 해결할 난스들

난스	해시할 문자열	출력
0	Hello World! 0	4EE4B774
1	Hello World! 1	3345B9A3
2	Hello World! 2	72040842
3	Hello World! 3	02307D5F
⋮	⋮	⋮
613	Hello World! 613	E861901
614	Hello World! 614	00068A3C
615	Hello World! 615	5EB7483F

여러분도 www.blockchain-basics.com/HashPuzzle.html에 접속하면 직접 해볼 수 있다.

해시 퍼즐의 난이도

해시값이 특정 제약조건을 만족시키는 것이 해시 퍼즐의 핵심이다. 따라서 해시 퍼즐에서 사용하는 조건은 임의로 만들어서는 안 되고 표준화해서 컴퓨터끼리 서로 시합할 수 있어야 한다. 해시 퍼즐에서 제약조건을 흔히 난이도라 부른다. 난이도는 자연수로 표시하고, 난이도의 숫자는 해시값의 맨 앞자리부터 0으로 채워질 자릿수를 의미한다. 따라서 난이도 1은 해시값의 맨 앞 자리부터 최소 하나 이상의 0으로 채워져야 하고, 난이도 10은 해시값의 맨 앞자리부터 연속된 10자리 이상이 0이어야 한다는 뜻이다. 난이도가 올라갈수록 0으로 채워져야 하는 맨 앞 자릿수가 늘어나고, 해시 퍼즐은 더욱 복잡해진다. 해시 퍼즐이 복잡할수록 더 많은 계산 자원과 시간을 동원해야 해결할 수 있다.

작동 원리

해시 퍼즐은 해시 함수가 일방향 함수라는 성질에 전적으로 의존해 작동한다. 따라서 제약조건을 연구한 뒤 역함수를 적용(정답에서 출발해서 입력을 찾는 것)해서 해시 퍼즐을 해결하는 것은 불가능하다. 해시 퍼즐은 시행착오를 통해서만 해결할 수 있기 때문에 엄청난 계산 자원, 시간, 에너지를 소모한다. 난이도는 해(解)를 찾기 위한 평균 시도 횟수에 직접적으로 영향을 미치고, 결국 해를 찾기까지 필요한 계산 자원과 시간에 영향을 끼치게 된다.

해시 함수는 확정적이며 어떤 데이터에 대해서도 재빠르게 해시값을 생성한다. 따라서 일단 해답을 찾기만 하면 난스와 합쳐진 데이터가 제약 조건을 만족하는지 검증하는 것은 무척 쉽고 빠르다. 계산된 값이 제약 조건을 만족하지 않더라도 절대 해시 함수 탓은 아니다. 제약조건을 만족하지 못하는 것은 순전히 아직 퍼즐이 풀리지 않았기 때문이다.

한줄정리 블록체인의 관점에서 해시 퍼즐은 종종 작업 증명(proof of work)으로 불린다. 해를 찾았다는 것 자체가 누군가 퍼즐 해결을 위한 작업을 했다는 것을 증명하기 때문이다.

그렇다면, 블록체인에서 해싱을 어떻게 쓸까?

블록체인은 다음과 같은 경우에 해싱을 사용한다.

- 트랜잭션 데이터를 변경-감지 방식으로 저장
- 트랜잭션 데이터의 디지털 지문으로 사용
- 블록체인-데이터-구조를 바꾸는 데 계산 자원이 많이 소모되게 만듦

■ **옮긴이주** 작업 증명은 블록체인의 일반적 개념이 아니라 비트코인에 구현된 개념이다. 블록체인에 따라 작업 증명이 아닌 다른 방식으로 구현될 수 있다.

11단계는 해시값의 주된 용도를 설명하고, 블록체인에서 사용하는 용도에 대해 개략적으로 알아보았다. 다음 단계에서는 블록체인에서 해싱을 활용하는 방식에 대해 아주 자세히 알아본다.

- 해시값은 다음과 같은 용도에 사용할 수 있다.
    - 데이터 비교
    - 바뀌어서는 안 되는 데이터가 변경되었는지 감지
    - 변경-감지 방식으로 데이터를 참조
    - 변경-감지 방식으로 데이터를 저장
    - 계산량이 많이 필요한 과제 생성

암호화 기법을 소개합니다

사용자 계정 식별하고 보호하는 방법

해시 함수 말고도 블록체인은 기반 기술을 광범위하게 사용하는데, 그중 하나가 비대칭 암호화 기법이다. 블록체인에서 비대칭 암호화 기법은 사용자를 식별하고 자산을 보호하는 근간을 이룬다. 흔히들 암호화 기법은 복잡하고 이해하기 힘들 거라 생각한다. 따라서 이 단계에서는 암호화 기법을 쉽게 이해할 수 있도록 개념만 설명하고, 블록체인의 보안 개념을 이해하기에 충분한 정도로만 간략히 소개하겠다.

e-메일, 팩스, 전화기, 채팅 프로그램이 개발되기 전에 사람들은 편지를 이용해 메시지를 주고받았다. 그리고 오늘날에도 여전히 많은 사람들이 전통적인 편지를 이용하고 있다. 전통적인 편지는 우체부가 직접 해당 주소의 우편함에 편지를 넣어주는 방식으로 배달된다. 우편함의 편지구멍은 들창처럼 움직이는데, 편지를 넣는 것은 쉽지만 꺼내는 것은 어렵게 설계되어 있다. 편지를 꺼내는 일은 우편함 열쇠를 가진 주인만이 할 수 있어야 하기 때문이다. 이 개념은 오랫동안 이어져 왔고, 지금도 특정 주소에 e-메일을 보낼 때, 최신 채팅 앱에 메시지를 보낼 때, 은행 계좌에 자금이체를 할 때, 아주 유사하게 이용된다. 앞서 말한 모든 경우에 공통되는 보안의 개념은 정보를 두 종류로 분리한다는 것이다. 첫 번째 정보는 우편함의 주소 역할을 하는 공개된 정보이다. 두 번째 정보는 우편함을 열고 그 안의 내용물에 접근하기 위한 열쇠 역할을 하는 개인정보이다. 블록체인에서도 개인정보 보호를 위해 동일한 개념을 이용하고 있다. 따라서 이 비유를 기억하고 있으면 암호화 기법을 배울 때 더 쉽게 이해할 수 있을 것이다.

목표

목표는 고유한 소유자와 자산을 식별하고, 법적으로 허가된 사람만 그 자산에 접근할 수 있도록 보장하는 것이다.

해결해야 할 과제

블록체인은 누구에게나 열려 있는 P2P 시스템이다. 따라서 누구나 접속해서 계산 자원에 기여하고 새로운 트랜잭션을 시스템에 제출할 수 있다. 그러나 블록체인이 관리하는 계정에 할당된 자산에 아무나 접근하는 것은 바람직하지 않다. 개인의 재산은 독점적이고 배타적이기 때문이다. 소유권을 다른 계정으로 이전할 권리는 오직 그 계정의 소유자로만 국한되어야 한다. 그러므로 블록체인이 해결해야 할 과제는 분산 시스템의 개방형 아키텍처를 해치지 않으면서 계정에 할당된 자산을 보호하는 것이다.

아이디어

누구나 자산을 보낼 수 있지만 모인 자산에는 계정의 소유자만 접근할 수 있게 하고 싶다. 아이디어는 계정을 우편함처럼 처리하는 것에서 출발한다. 우편함의 주요한 성질은 그 위치가 공개되어 있어 누구나 무엇인가를 넣을 수 있지만 오로지 소유주만 키를 사용해 열 수 있다는 것이다. 한편으로는 위치가 누구에게나 개방되어 있고, 다른 한편으로는 개인이 보관하고 있는 열쇠가 필요하다. 이러한 우편함의 이중성과 동일한 성질을 가진 것이 디지털 세계에도 존재한다. 바로 공개-개인-키 암호화public-private-key encryption이다. 소유권을 이전할 수 있는 계정을 식별할 때는 누구나 공개 키를 사용하고, 접근은 해당 개인 키를 가진 사람에게만 허용된다.

암호화 기법 살짝 알아보기

암호화 기법의 이해를 돕기 위해 다음 측면을 알아본다.

    1 | 암호화 기법의 주요 아이디어

    2 | 용어

    3 | 대칭 암호화 기법

    4 | 비대칭 암호화 기법

1 | 암호화 기법의 주요 아이디어

암호화 기법의 주요 아이디어는 대문 자물쇠나 은행 금고 같은 장치를 디지털로 구현해 허가받지 않은 사용자의 접근으로부터 데이터를 보호하는 것이다. 현실세계의 자물쇠나 열쇠와 비슷하게 암호화 기법도 데이터를 보호하기 위해 키^{key}라는 것을 사용한다.

2 | 용어

문을 잠그는 것을 디지털로 구현한 것을 암호화^{encryption}라고 하고, 문을 여는 것을 복호화^{decryption}라고 한다. 따라서 암호화 기법을 통한 데이터 보호를 이야기할 때 암호화와 복호화는 각각 데이터 보호와 데이터 보호 해제를 의미한다.

암호화된 데이터는 암호문이라 부른다. 암호문은 해독할 수 없는 사람들 눈에는 쓸모없는 문자와 숫자 더미처럼 보인다. 반면에 해독할 키를 가진 사람에게는 아주 유용하다. 암호문을 복호화하면 암호화되기 전의 원시 문장을 알아낼 수 있기 때문이다.

암호화와 복호화 과정을 단순하게 정리하면 다음과 같이 요약할 수 있다. 먼저 암호화 키를 사용해 원시 데이터를 암호화하여 암호문을 만든다. 만들어진 암호문은 보관하거나 누군가에게 전송한다. 이후 암호화 키를 사용해 암호문을 복호화하여 원시 데이터를 복원한다. 그림 12-1에 암호화 기법의 기본적인 기능이 잘 표현되어 있다.

그림 12-1 암호화 기법의 기본 개념 및 용어

누군가 다른 키를 사용해 암호문을 복호화하려 시도하면 어떻게 될까? 암호화된 데이터가 무엇인지 도무지 알아볼 수 없는 쓸모없는 숫자, 글자, 부호 더미만 보게 될 것이다.

3 | 대칭 암호화 기법

오랫동안 사람들은 데이터를 암호화하고 복호화할 때 동일한 키를 사용하는 암호화 기법을 사용했다. 이 방법을 대칭 암호화 기법이라 부른다. 암호화와 복호화에 동일한 키가 사용되었기 때문에 데이터를 암호화한 키를 가지고 있으면 암호문을 복호화할 수 있는 키 또한 저절로 가진 셈이었다. 그림 12-2를 보면 동일한 키를 사용해 짧은 인사말을 암호화하고 복호화하고 있다.

그림 12-2 대칭 암호화 기법. 동일한 키가 사용된다.

그러나 암호화와 복호화에 동일한 키를 사용하는 것은 바람직하지 못할 때가 많다. 그래서 비대칭 암호화 기법이 발명되었다.

4 | 비대칭 암호화 기법

비대칭 암호화 기법에서는 두 개의 상호보완적 키를 사용한다. 여기에 묘책이 있다. 두 키 중 하나를 사용해 생성된 암호문은 오직 다른 하나의 키로만 복호화되고, 그 반대도 마찬가지다.

그림 12-3은 비대칭 암호화 기법의 암호화-복호화 과정을 보여준다(상단은 암호화, 하단은 복호화를 나타낸다).

그림을 보면 흰색과 검은색의 두 개 키가 있다. 이 흰색과 검은색의 두 키를 합치면 한 쌍의 키가 된다. 원래의 메시지는 검은색 키로 암호화되어 검은색 상자에 흰 글씨로 쓰여진 암호문을 생성한다. 흰색 키로도 암호화할 수 있는데 이 경우는 흰색 상자에 검은 글씨로 쓰여진 다른 암호문을 생성한다. 아래 그림에서는 한눈에 알아보기 쉽게 암호문을 생성할

때 사용한 키의 색깔과 암호문의 상자 색깔을 동일하게 표시해서 서로의
관계를 명확히 했다. 즉 검은색 키는 검은 상자의 암호문을 생성하고, 흰
색 키는 흰색 상자의 암호문을 생성한다.

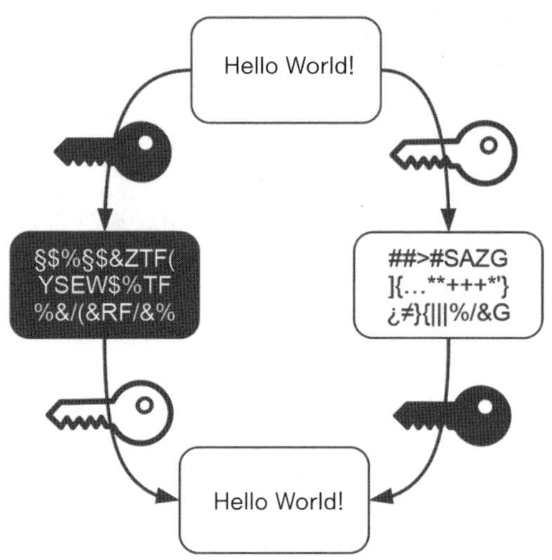

그림 12-3 비대칭 암호화 기법. 두 개의 상호보완적 키를 사용한다.

그림 12-3의 하단 그림은 비대칭 암호화 기법의 복호화 과정을 보여준
다. 검은 상자의 암호문은 흰색 키로만 복호화되고, 흰색 상자의 암호문
은 오직 검은 키로만 복호화된다.

비대칭 암호화 기법의 묘책은 암호문을 생성할 때 사용한 키로는 절대
암호를 복호화할 수 없다는 것이다. 어떤 키로 암호화하고 어떤 키로 복
호화할지는 임의로 정하면 된다. 새로운 데이터를 암호화할 때마다 원하
는 대로 키의 역할을 바꿀 수 있다. 그러나 암호화와 복호화를 위해서는

항상 두 개의 키를 모두 가지고 있어야 한다. 둘 중 하나만 있으면 할 수 있는 일이 제한적이다. 다시 말해 암호문을 생성하는 것은 하나의 키만 있어도 언제든 할 수 있지만 상호보완적 쌍을 이루는 다른 키가 없다면 생성된 암호문을 복호화할 방법이 없다. 그러나 상호보완적 쌍을 이루는 다른 키로 생성한 암호문이 있다면 그 암호문은 복호화할 수 있다. 하나의 키만 가지면 일방통행 길과 같다. 한쪽 방향으로 운전해 갈 수 있지만 동일한 길로는 절대로 다시 운전해 돌아올 수 없다.

암호화 기법 관련 키가 가진 능력이 비대칭으로 배분되어 있으므로 두 개의 키는 각각 암호문을 생성할 수 있는 사람들과 이를 복호화할 수 있는 사람들로 나누어 두 그룹으로 분리할 수 있게 해준다.

실생활에서 비대칭 암호화 기법을 사용하는 방법

실생활에서 비대칭 암호화 기법을 사용할 때는 두 가지 주요한 단계로 구성된다.

1 | 키의 생성과 배분
2 | 키의 사용

■ **옮긴이주** 이 설명은 다소 오해의 소지가 있다. 암호화와 복호화의 역할은 서로 바뀔 수 있지만 개인 키와 공개 키의 역할은 절대 바뀔 수 없다. 공개 키는 비가역적 함수를 통해 개인 키로부터 생성된 것이다. 이런 이유로 개인 키만 있으면 언제든지 해당 공개 키를 복원할 수 있으므로 (그 반대는 수학적으로 불가능하다) 개인 키를 가진 사람은 일방통행이 아니라 양방향 통행을 다 할 수 있는 셈이다.

1 | 키의 생성과 배분

실생활에서 비대칭 암호화 기법을 사용할 때는 보통 두 개의 키에 각각의 역할을 나타내는 특별한 이름을 붙인다. 따라서 비대칭 암호화 기법은 대개 공개-개인-키(혹은 공개-비밀-키라고도 한다) 암호화 기법이라 불린다. 공개 키는 신뢰 여부와 상관없이 누구에게나 주어진다. 말 그대로 누구나 공개 키의 복사본을 가질 수 있다. 그러나 개인 키는 안전하게 사적으로 보관해야 한다.

따라서 모든 비대칭 암호화 기법 응용프로그램은 다음과 같은 최초 단계들을 수행해야 한다.

1) 암호화 소프트웨어를 사용해서 개인 키를 생성한다.

2) 상호보완적인 공개 키를 생성한다.

3) 개인 키는 간직한다.

4) 공개 키는 모두에게 배부한다.

2 | 키의 사용

한 쌍의 키를 사용하는 두 가지 일반적인 방법이 있는데, 두 방법의 데이터 흐름 방향이 다르다.

1) 공개에서 개인

2) 개인에서 공개

1) 공개에서 개인

이 방식으로 키를 사용하면 정보는 공개 키로 암호화하고 개인 키로 복호화하는 방향으로 흐른다. 이 방법을 사용하면 비대칭 암호화 기법을 아주 간단히 사용할 수 있다. 누구나 편지를 넣을 수 있지만 오직 소유자만 열 수 있는 우편함과 비슷하기 때문이다. 이 방식으로 암호화 기법을 사용하면 누구나 암호문을 생성할 수 있지만 개인 키를 가진 소유자만이 암호문을 복호화하고 메시지를 읽을 수 있다. 결과적으로 개인 키 소유자에게만 안전한 방식으로 정보를 전송할 수 있다.

2) 개인에서 공개

이 방식으로 키를 사용하면 정보는 개인 키로 암호화하고 공개 키로 복호화하는 방향으로 흐른다. 이 경우 공개 키의 복사본을 가진 사람은 공개 뉴스 게시판이나 공개 알림 게시판과 유사하게 누구나 메시지를 읽을 수 있지만, 모두에게 공개할 메시지는 오직 개인 키를 가진 소유자만 생성할 수 있다. 따라서 이런 방식은 저작권 증명에 사용하면 좋다. 개인 키로 생성된 암호문이 그에 상응하는 공개 키로만 복호화된다는 사실은, 반대로 생각하면 메시지가 개인 키를 가진 사람에 의해 생성되었다는 증거가 되기 때문이다.

블록체인에서 비대칭 암호화 기법은 언제 쓸까?

블록체인은 두 가지 목적을 달성하기 위해서 비대칭 암호화 기법을 사용한다.

  1 | 계정 식별
  2 | 트랜잭션 승인

1 | 계정 식별

블록체인은 소유자와 자산의 매핑을 유지하기 위해 사용자와 사용자 계정을 모두 식별해야 한다. 블록체인은 비대칭 암호화 기법 중 공개에서-개인 접근방식을 사용해서 사용자 계정을 식별하고 사용자 간 소유권을 이전한다.

블록체인의 계정 번호는 사실 공개 암호 키다. 따라서 트랜잭션 데이터는 공개 암호 키를 사용해 소유권 이전에 관여된 계정들을 식별한다. 이런 점에서 블록체인은 사용자 계정을 우편함과 비슷하게 취급한다고 볼 수 있다. 즉, 공개된 주소를 통해 누구나 메시지를 전송할 수 있다.

2 | 트랜잭션 승인

트랜잭션 데이터는 소유권 양도에 관한 내용에 그 소유권자가 동의했는지를 증명하는 데이터를 항상 포함해야 한다. 이 동의 속에는 소유권을 이전하려는 계정의 소유자에게서 시작해 트랜잭션 데이터를 검사하는 모두에게 도달해야 한다는 정보의 흐름이 내재되어 있다. 이런 정보의 흐름은 비대칭 암호화 기법 중 개인에서-공개의 사용법과 유사하다. 소유권을 이전하려는 계정의 소유자는 자신의 개인 키를 사용해 어떤 암호문을 생성한다. 다른 모든 사람은 공개 암호 키를 사용해 이 거래를 증명할 수 있으며, 공개 암호 키는 소유권을 이전하려는 계정 번호와 같다. 디지털 서명으로 불리는 이 절차에 대한 상세한 설명은 다음 단계에서 다시 살펴보겠다.

> **핵심 정리하기**
>
> 이 단계에서는 비대칭 암호화 기법의 개념을 설명하고 공개-개인-키 암호화 기법이 실제로 어떻게 사용되는지 알아보았다. 또한 블록체인이 사용자 계정을 식별하기 위해 암호화 공개 키를 사용한다는 것을 설명했다. 합법적 소유자는 자신의 개인 암호 키로 추적 가능한 디지털 서명을 생성해서 트랜잭션을 승인할 수 있다. 비대칭 암호화 기법의 이러한 용도는 공개 키를 이용한 계정의 식별에 비해 덜 직관적이기 때문에 다음 단계에서 좀 더 자세히 알아본다.
>
> - 암호화 기법의 주된 목표는 허가받지 않은 사람의 접근으로부터 데이터를 보호하는 것이다.
>
> - 암호화 기법의 주요 역할은 다음과 같다.
>   - 암호화: 암호 키를 사용해 데이터를 암호문으로 만들어 보호
>   - 복호화: 일치하는 암호 키를 사용해 암호문을 복호화하여 유용한 데이터로 복원
>
> - 비대칭 암호화 기법은 항상 두 개의 상호보완적인 키를 사용한다. 두 키 중 하나를 사용해 생성된 암호문은 오로지 다른 하나의 키로만 복호화되고, 그 반대도 마찬가지다.
>
> - 실생활에서 비대칭 암호화 기법을 활용할 때 그 역할을 부각시키기 위해 쌍을 이루는 두 키를 통상 공개 키와 개인 키라고 부른다. 공개 키는 모두에게 공유하

고, 개인 키는 비밀리에 보관한다. 이런 이유로 비대칭 암호화 기법은 공개-개인-키 암호화 기법이라고도 불린다.

- 공개 키와 개인 키를 사용하는 전형적인 두 가지 방법이 있다.
    - 누구나 공개 키를 사용해 데이터를 암호화할 수 있지만 그 키에 상응하는 개인 키를 소유한 사람만 복호화할 수 있다. 이는 누구나 편지를 넣을 수 있지만 소유자만 열 수 있는 우편함을 디지털로 구현한 것과 같다.
    - 개인 키를 소유한 사람이 데이터를 암호화하면 그 키에 상응하는 공개 키를 가진 사람은 누구나 복호화할 수 있다. 이는 저작권을 증명하는 공개 게시판을 디지털로 구현한 것이라 할 수 있다.

- 블록체인은 두 가지 목표를 성취하기 위해 비대칭 암호화 기법을 사용한다.
    - 계정 식별: 사용자 계정 번호는 공개 암호 키이다.
    - 트랜잭션 승인: 소유권을 이전하려는 계정의 소유자는 자신의 개인 키를 사용해 어떤 암호문을 생성한다. 다른 모든 사람은 공개 암호 키를 사용해 이 거래를 증명할 수 있으며, 공개 암호 키는 소유권을 이전하려는 계정 번호와 같다.

노드 여러분, 트랜잭션을 승인합니까?

디지털 서명 만들어 검증에 사용하기

12단계에서 비대칭 암호화 기법을 간단히 소개했다. 그러나 이제 겨우 절반 정도 알아본 것에 불과하다. 블록체인은 오직 합법적인 소유자만 자신의 자산을 다른 계정으로 이전할 수 있도록 보장해야 한다. 이 점이 바로 승인의 개념이 필요한 이유이다. 따라서 이 단계는 블록체인 내에서 트랜잭션을 승인하기 위해 비대칭 암호화 기법을 어떻게 활용하는지 설명한다. 특히 이 단계에서는 비대칭 암호화 기법 중 개인에서-공개 접근방식을 활용하는 디지털 서명 개념에 전적으로 할애했다.

자필 서명은 문서의 내용에 동의하고 문서 내용을 집행하는 데 동의한다는 중요한 의미를 갖는다. 우리가 자필 서명을 동의의 증거로 받아들이는 이유는 사람마다 고유한 특징을 가지기 때문이다. 모든 사람은 자신만의 독특한 방식으로 서명을 한다. 그러므로 특유의 방식으로 쓰여진 이름을 식별하면 서명을 한 사람이 진짜 그 사람이라는 결론을 내릴 수 있고, 결과적으로 그 사람이 문서의 내용과 그 내용 실행에 동의했다는 결론을 내릴 수 있다. 이 단계에서는 자필 서명과 유사하게 전자 원장electronic ledger에 트랜잭션에 동의한다고 표시하는 개념을 설명한다. 이 개념은 블록체인에서 개별 트랜잭션의 보안을 위해 절대적으로 중요하다.

목표

계정의 소유자만이 계정 내 자산을 다른 계정으로 이전할 수 있도록 보장하는 것이 목표다. 합법적 소유자를 제외한 그 어떤 사람이 계정 및 관련 자산에 접근해 오면 승인되지 않은 것으로 판단하고 거부할 수 있어야 한다.

해결해야 할 과제

P2P 시스템은 누구에게나 개방되어 있어 모든 사람이 트랜잭션을 생성하고 시스템에 제출할 수 있다. 그러나 소유권 이전은 계정의 합법적 소유자만이 할 수 있어야 한다. 블록체인이 해결해야 할 과제는 합법적 소

유자로만 이전 권한을 제한하는 동시에 개방성을 유지하는 것이다.

아이디어

아이디어의 주된 배경은 자필 서명의 기능을 디지털 버전으로 만들어 보안 수단으로 활용하자는 것이다. 즉, 디지털 서명을 이용해 계정을 식별하고, 특정 트랜잭션 데이터 내용에 대한 소유자의 동의를 표시하며, 데이터를 트랜잭션 데이터 이력에 추가하도록 허가함으로써 그 실행을 승인한다는 발상이다.

디지털 서명의 주요 기능 알아보기

디지털 서명은 암호화 해싱과 비대칭 암호화 기법의 개인에서-공개 방식의 정보 흐름을 활용한다. 다음의 짧은 예제로 디지털 서명의 3대 주요 요소를 살펴보자.

1 | 서명의 생성

2 | 서명을 이용한 데이터 검증

3 | 서명을 이용한 사기 판별

1 | 서명의 생성

Hello World!라는 인사말을 승인 방식으로 보내고 싶다고 가정해 보자. 우선 인사말을 담은 메시지와 디지털 서명을 생성해야 한다. 그림 13-1

은 데이터를 디지털 서명으로 만드는 전체 프로세스를 보여준다. 그림 13-1을 보면, 왼쪽 상단의 인사말을 담은 흰 상자에서 프로세스가 시작된다. 먼저 인사말의 해시값 7F83B165를 생성하고, 생성된 해시값을 개인 키를 사용해 암호화한다. 인사말 해시값의 암호문(흰 글자가 있는 검은 상자)이 바로 인사말에 대한 디지털 서명이다.

이 방식은 두 가지 점에서 고유하다. 첫째, 고유한 개인 키를 사용해 생성되었으므로 누가 생성했는지 특정할 수 있다. 둘째, 인사말의 내용이 고유하다. 인사말의 디지털 지문에 기반해 생성되었기 때문이다. 이제 인사말을 디지털 서명과 함께 파일(회색 상자)에 담으면, 세상에 보내는 디지털 서명된 메시지가 완성된다.

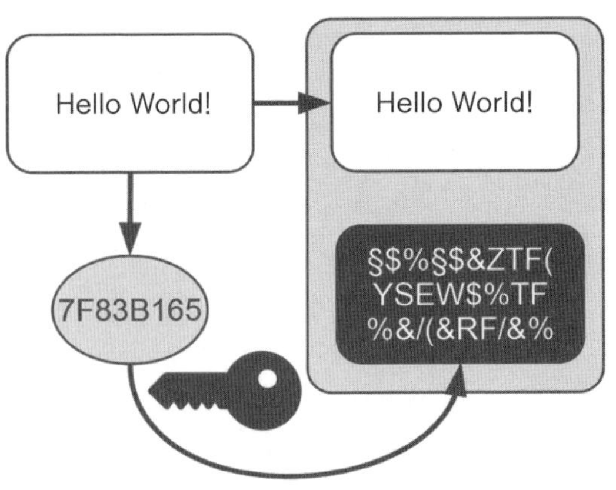

그림 13-1 디지털 서명을 생성하는 예시

2 | 서명을 이용한 데이터 검증

이제 나의 인사말과 디지털 서명을 담은 메시지가 모두에게 전달되었다. 모든 사람이 나의 공개 키를 활용하면 이 메시지는 내가 승인한 메시지라는 것을 알 수 있다. 그림 13-2는 디지털 서명을 이용해 메시지를 검증하는 프로세스를 보여준다. 이번에도 프로세스는 인사말에서 시작한다. 인사말을 받은 메시지 수신자는 먼저 인사말의 해시값을 스스로 계산해 본다. 계산한 값은 7F83B165이다. 다음으로 첨부된 암호문(디지털 서명)을 공개 키를 사용해 복호화하여 7F83B165라는 값을 얻는다. 이 값은 내가 최초에 보내려고 한 인사말의 해시값이다. 양쪽 해시값이 일치하므로 수신자는 두 가지 사실을 알 수 있다. 첫째, 이 메시지는 내가 서명했다. 나의 공개 키를 사용해 서명을 복호화할 수 있었기 때문이다. 둘째, 메시지의 인사말이 원래 보내려 한 것과 동일하다. 복호화된 암호문이 메시지 인사말의 해시값과 일치하기 때문이다.

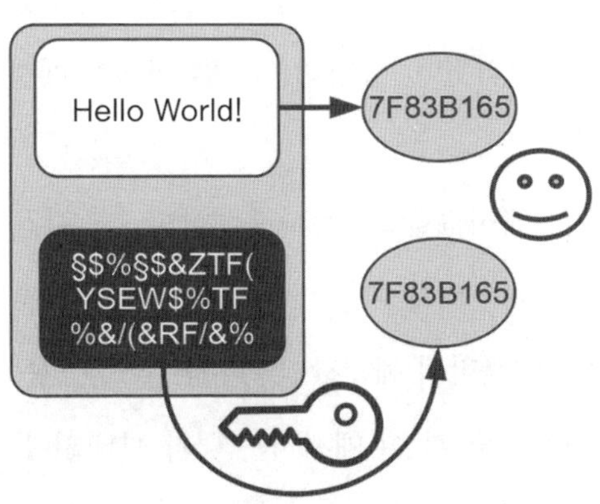

그림 13-2 디지털 서명을 이용한 메시지 검증

그림 13-3은 디지털 서명으로 인사말의 위조 사실을 알아내는 방법을
보여준다.

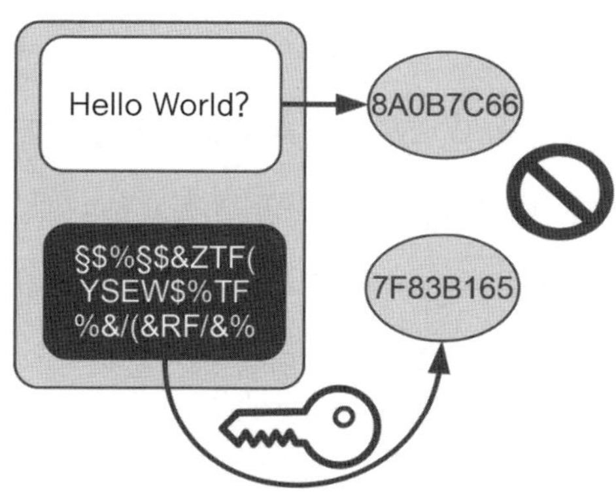

그림 13-3 디지털 서명을 이용한 사기 식별

그림 13-3은 친구의 우편함에 도착한 메시지를 보여준다. 인사말에 변
경이 있다는 사실을 주목하자. 어떤 해커가 느낌표를 물음표로 변경했
고, 그로 인해 인사말의 톤이 바뀌어버렸다. 다행히 디지털 서명이 메시
지가 변경되었음을 알려줄 것이다.

메시지 수신자는 먼저 인사말의 해시값을 스스로 생성한다. 그 값은
8A0B7C66이다. 그런 다음 나의 공개 키를 이용해 디지털 서명을 복호
화하여 내가 보내려고 했던 원래 인사말의 해시값인 7F83B165를 얻는
다. 두 해시값이 일치하지 않는다. 따라서 이 메시지는 내가 보내려 한
인사말과 다르다는 것을 바로 알아챌 수 있다. 결국 모든 사람이 나는 이

메시지를 승인한 적이 없고 나에게는 내용에 대한 책임이 없다는 것을
추론할 수 있다.

작동 원리

블록체인의 디지털 서명은 다음의 요구사항을 만족한다.

- 트랜잭션 데이터는 계정의 소유자가 소유권을 이전하는 데 동의했
  다는 사실을 알려준다.
- 트랜잭션의 전체 내용은 고유하므로 서명한 사람의 동의 없이 다른
  트랜잭션의 서명으로 사용할 수 없다. 트랜잭션 내용이 바뀌면 소유
  자가 새로 서명을 생성해야 한다.
- 소유권을 이전하려는 계정의 소유자만이 서명을 생성할 수 있다.
- 누구나 쉽게 검증할 수 있다.

블록체인에서 디지털 서명의 용도는 다음 두 가지다.

1 | 트랜잭션 서명
2 | 트랜잭션 검증

1 | 트랜잭션 서명

소유권을 이전하려는 계정의 소유자는 다음 단계를 거쳐 디지털 서명을

생성한다.

1) 계정 번호, 이체 총액 등 트랜잭션에 필요한 모든 정보를 기술한다.
   이때 디지털 서명은 아직 생성되지 않았으므로 제외한다.
2) 트랜잭션 데이터의 암호화 해시값을 생성한다.
3) 소유권을 이전하려는 계정의 개인 키를 사용해 트랜잭션의 해시값
   을 암호화한다.
4) 3번에서 생성한 암호문을 트랜잭션에 디지털 서명으로 첨부한다.

2 | 트랜잭션 검증

트랜잭션 검증은 다음 단계로 이루어진다.

1) 서명을 제외하고 검증할 트랜잭션 데이터의 해시값을 생성한다.
2) 검증하려는 트랜잭션의 디지털 서명을 복호화한다.
3) 1번에서 얻은 해시값과 2번에서 얻은 값을 비교한다. 두 값이 동일
   하면 소유권을 이전하려는 계정에 해당하는 개인 키 소유자가 승인
   한 트랜잭션이고, 두 값이 다르면 그렇지 않다는 결론을 내린다.

작동하는 이유

트랜잭션 데이터의 디지털 서명은 다음 두 가지의 조합이다.

- 트랜잭션 데이터의 암호화 해시값

- 계정의 개인 키로 추적해서 특정할 수 있는 암호문

암호화 해시값은 디지털 지문으로, 각 트랜잭션마다 고유한 값을 가진다. 공개-개인-키 암호화 기법의 속성상 특정 키로 생성된 암호문은 오로지 상응하는 키로만 복호화된다. 이러한 속성으로 인해 디지털 서명을 생성하는 데 사용한 개인 키를 소유한 사람이 그 트랜잭션의 내용에 동의했음을 증명하는 증거로 사용할 수 있다.

■ **옮긴이주** 트랜잭션 검증은 여러 방법으로 구현할 수 있지만 저자가 설명한 방식과 비트코인 방식은 다르다. 비트코인은 공개에서-개인의 방식만 사용한다.

이 단계에서 블록체인이 개별 트랜잭션 데이터에서 소유권을 보호하는 모든 프로세스가 완성되었다. 그러나 트랜잭션이 개별 단위로 안전하게 보호되었다고 해서 모든 게 해결된 것은 아니다. 전체 트랜잭션 이력을 안전한 방법으로 저장해야 할 필요성은 여전히 남아 있다. 다음 단계에서 이를 달성하기 위한 방법을 자세히 알아본다.

- 문서의 자필 서명은 서명한 사람이 문서 내용에 동의하며 그 내용의 실행을 승인한다는 명시적인 표시다.
- 자필 서명은 사람마다 고유하기 때문에 증거능력을 가진다.
- 디지털 서명은 자필 서명을 디지털로 구현한 것이다.
- 디지털 서명은 두 가지 역할을 수행한다.
   - 유일한 서명자 식별하기
   - 서명자가 문서 내용에 동의하고 그 내용의 실행을 승인했음을 명시하기
- 블록체인에서 트랜잭션의 디지털 서명은 소유권을 이전하려는 계정의 개인 키를 이용해 암호화한 트랜잭션 데이터의 암호화 해시값이다.
- 블록체인의 디지털 서명은 프로세스에 사용된 고유한 개인 키와 고유한 트랜잭션을 추적해서 특정할 수 있다.

블록체인-데이터-구조를 만들어봅시다

전체 트랜잭션 데이터 구축 및 유지하기

앞의 다섯 단계(9~13단계)에서 배운 대로 디지털 서명을 이용해 트랜잭션에 서명하고 계정을 고유하게 식별하면 다음 두 가지가 가능하다. 첫째, 트랜잭션 데이터의 전체 이력에 기반해서 소유권을 추적할 수 있다. 둘째, 안전한 방법으로 개별 소유권 이전을 기술할 수 있다. 그러나 아직 전체 트랜잭션 이력을 구성하는 트랜잭션 데이터를 안전하게 저장하는 방법은 한 번도 설명한 적이 없다. 이번 단계에서는 블록체인-데이터-구조를 소개하고 어떻게 구성되는지 설명한다.

도서관에서 도서일람표로 책을 찾던 때가 기억나는가? 도서일람표에는 도서관에 있는 모든 책이 등록되어 있다. 일람표의 각 카드는 책 하나를 나타내고, 카드에는 저자 이름, 책제목, 출판일, 도서관 내 책 위치(층, 방, 책꽂이, 선반 번호 등) 등의 중요 정보가 담겨 있다. 또한 책의 식별을 위해 책등에 표시한 고유 참조 번호도 적혀 있다. 대부분의 도서관에는 몇 가지 분류 양식이 있다. 예를 들어 저자 일람표는 저자 이름을 알파벳 순서로 정렬해서 구성하고, 제목 일람표는 제목의 알파벳 순으로 카드가 정렬된다. 또한 도서관이 해당 책을 구비한 시점을 기준으로 정렬하여 일람표를 만들 수도 있다. 이번 단계에서는 도서관에서 도서일람표를 정렬하는 것과 비슷한 방법으로 블록체인이 트랜잭션 데이터를 저장하는 방법을 설명한다.

목표

블록체인의 목표는 전체 트랜잭션 이력을 정렬 상태로 유지하는 것이다.

해결해야 할 과제

모든 트랜잭션 데이터를 발생 순서를 유지하면서 어떠한 변경이 있을 경우 재빠르게 감지할 수 있도록 저장하는 것이 과제이다. 변경을 재빨리 감지하는 것은 매우 중요하다. 트랜잭션 이력을 조작하거나 위조하는 것을 방지하는 근간이기 때문이다.

아이디어

트랜잭션 데이터의 도서관을 만들어보자. 도서관의 일람표는 트랜잭션이 추가된 순서대로 정렬되어야 하고, 일람표나 개별 트랜잭션 데이터에 대한 모든 변경을 감지하기 위해서 데이터는 해시 참조를 사용해 변경-감지 방식으로 저장돼야 한다.

책을 블록체인-데이터-구조로 변환하기

우리가 흔히 알고 있는 책의 형식에 변화를 주어, 책을 순서일람표를 가진 작은 도서관으로 만들어보자. 이 도서관은 단순화한 블록체인-데이터-구조와 같다.

시작점: 책

책의 중요한 성질 몇 가지를 살펴보면 다음과 같다.

- **내용 보관**: 책은 각각의 페이지에 내용을 보관한다.
- **정렬**: 책의 모든 페이지들은 물론 각 페이지 내의 문장도 모두 정렬 순서를 지킨다.
- **페이지 연결**: 책은 물리적으로는 책 자체에 연결되어 있고, 논리적으로는 내용과 페이지 번호로 연결되어 있다.

이런 성질 덕분에 책은 페이지를 앞뒤로 넘기거나 페이지 번호를 활용해 특정 페이지를 찾아가는 방법으로 검색이 가능하다. 이러한 성질 일부를 바꿔보자.

변환 1: 페이지 의존성을 분명히 드러내기

그림 14-1은 간단한 책의 두 페이지를 보여준다. 상단 여백에 페이지 번호가 있고, 내용 영역에는 단어가 하나씩 있다.

그림 14-1 책 페이지의 도식화

페이지 번호는 어떤 역할을 할까? 책의 페이지 번호가 연속되는지 검증해 보면 누군가 책에서 페이지를 없앴는지 바로 알 수 있다. 앞 그림에 예시된 간단한 책의 42페이지를 읽고 있다고 가정해 보자. 바로 전 페이지는 몇 페이지여야 하는가? 바로 전 페이지는 41페이지, 즉 42에서 1을 뺀 것과 같다. 아무도 페이지를 없애지 않았다는 것을 확인하려면 직전 페이지 번호와 기대하는 번호, 즉 현재 페이지에서 1을 뺀 수가 같은지 비

154

교하면 된다.

그렇다면, 직전 페이지 번호가 현재 페이지에서 1을 뺀 것이라는 것은 어떻게 알까? 페이지 번호는 자연수를 연속적으로 매기는 것이라는 가정이 전제되어 있기 때문이다. 만약 이상한 페이지 번호 방식(예를 들어 짝수만 쓰거나 홀수만 쓰는 방식)을 사용한다면 어떻게 될까? 이런 경우 앞의 방식으로는 직전 페이지가 없어졌는지 확인할 수가 없다.

페이지 번호를 어떻게 매기건 책에서 사라진 페이지가 없다는 것을 쉽게 확인할 수 있는 방법이 있다. 그림 14-2는 이 방식을 도입한 책의 페이지이다. 각 페이지에 현재 페이지 번호는 물론 직전 페이지 번호까지 표시되어 있다. 이런 방식은 현재 페이지와 직전 페이지 사이에 종속관계를 형성한다.

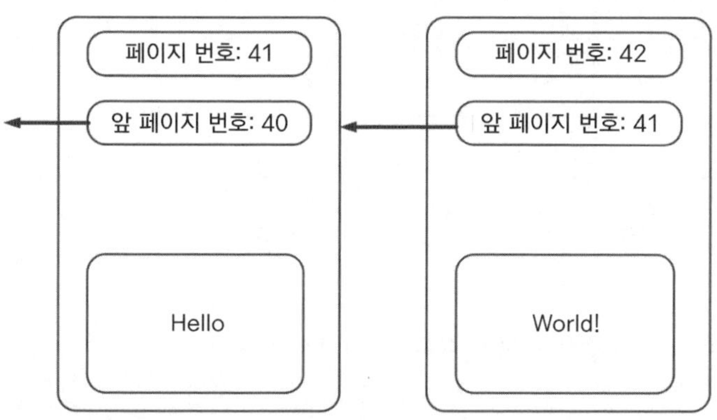

그림 14-2 직전 페이지를 명시한 책 페이지

변환 2: 내용과 페이지 번호 분리하기

책의 각 페이지에는 내용과 페이지 번호가 있다. 이중 내용을 아웃소싱하면 책은 오로지 순서를 유지하는 일에만 집중할 수 있다. 그림 14-3을 보자. 페이지에 내용은 더 이상 없고 대신 내용이 있는 곳의 참조값만 있다. 실제 내용은 어디에든 저장해 둘 수 있다(상자, 책꽂이 등).

이로써 우리는 책을 작은 도서관으로 바꾸었다. 한때 내용과 페이지 번호를 같이 저장하고 있던 책은 일람표로 바뀌어 단지 내용의 순서를 유지하는 역할만 하고, 내용은 고유 참조값으로 식별되는 별도 페이지에 저장되어 있다.

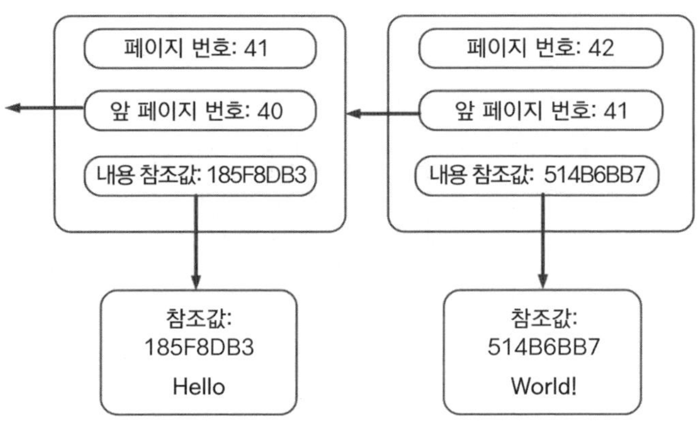

그림 14-3 아웃소싱된 내용을 가리키는 참조값을 가진 책 페이지

변환 3: 페이지 번호를 참조값으로 대체하기

일람표로 바꾼 책의 물리적 구성은 여전히 페이지 순서를 지키므로 또 다른 페이지 번호 매김 방식을 실험해 볼 수도 있다. 페이지 번호를 매

기는 자연수를 참조값으로 대체하는 것이다. 그림 14-4가 페이지 번호를 참조값으로 대체한 페이지 모습을 보여준다. 이전에 페이지 번호 42였던 페이지는 페이지 참조값 8118E736으로 식별된다. 마찬가지로, 이전에 페이지 번호 41은 페이지 참조값 B779E800으로 식별할 수 있다. 바로 앞 페이지 번호 참조값도 같이 변경되었음을 주목하자. 참조값 8118E736 페이지는 앞 페이지 참조값 B779E800도 가지고 있다.

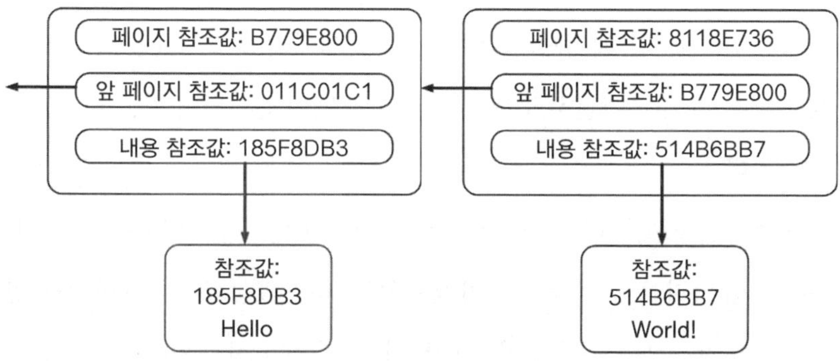

그림 14-4 페이지 번호로 참조값을 사용한 책의 페이지

변환 4: 참조값 생성하기

앞에서 책의 페이지 번호를 참조값으로 대체하였다. 그러나 페이지 참조값이 어떻게 생성되었는지는 설명하지 않았다. 고유한 참조값을 생성하는 가장 좋은 방법은 암호화 해시값을 사용하는 것이다. 이렇게 하면 페이지 번호와 함께 내용 페이지도 식별할 수 있다. 편의상 그림 14-3과 14-4는 모두 축약된 해시값을 사용했다(www.blockchain-basics.com/Hashing.html에서 제공하는 툴을 사용하면 이 결과를 검증해 볼 수 있다). 예를 들어

Hello라는 단어를 담고 있는 내용 페이지는 축약된 해시값 185F8DB3
으로 식별된다. 책의 페이지 참조값은 페이지의 내용(내용 참조값과 앞 페
이지 참조값)에 기반해 계산한다. 예를 들어 페이지 참조값 B779E800은
011C01C1 185F8DB3의 해시값이다.

변환 5: 책등 없애기

여기서 만든 순서일람표는 흔한 책은 아니다. 각각의 페이지가 자기 페
이지의 참조값, 앞 페이지의 참조값, 내용 페이지의 참조값을 갖고 있기
때문이다. 그러나 여전히 모든 페이지가 책등에 연결되어 있는 전통적인
책 구조다.

만약 책등을 없애버리고 페이지를 아무렇게나 쌓아올리면 어떻게 될까?
다행히 페이지의 순서를 완전히 잃어버리지는 않는다. 각 페이지가 앞
페이지의 참조값을 가지고 있기 때문이다. 앞 페이지의 참조값을 이용해
페이지에서 페이지로 역으로 추적해 순서를 알아낼 수 있다. 따라서 순
서일람표의 마지막 페이지만 따로 보관하고 있으면 언제든지 페이지를
역순으로 검색할 수 있다.

목표 달성: 결과 평가

이 예제에서 우리가 달성한 것을 정리해 보자. 전통적인 책을 정렬되지
않은 두 개의 페이지 더미로 분리했고, 두 페이지 더미를 고유한 참조값
으로 서로 연결시켰다. 하나의 페이지 더미는 내용을 담고 있고, 또 다른

페이지 더미는 순서를 관리한다. 편의상 후자를 순서일람표라 부르자. 순서일람표의 각 페이지에는 직전 페이지의 참조값과 해당 내용 페이지의 참조값이 들어 있다. 결과적으로, 정보 저장으로부터 순서를 분리해 냈고, 페이지의 물리적 위치로부터 논리적 위치(순서)를 분리해 냈다. 참조값으로 해시값을 사용했기 때문에 누구나 간단한 계산을 통해 정확성을 검증할 수 있다. 순서일람표의 페이지들은 더 이상 책등에 붙어 있지 않으므로 오직 직전 페이지 참조값을 이용해 페이지에서 페이지로 거꾸로 탐색할 수밖에 없다.

아래 표 14-1에 변환 전후의 책의 성질을 서로 비교해 놓았다.

표 14-1 변환 전후의 책 비교

성질	변환 전 책	변환 후 책
내용 저장	페이지 자체	별도의 내용 페이지 각 내용 페이지는 고유의 참조값에 의해 식별됨
내용 정렬	물리적: 책 내의 페이지 위치 논리적: 페이지 번호	논리적: 내용 페이지를 가리키는 참조값을 가진 순서일람표를 통해
페이지 연결	물리적: 페이지를 책등에 붙여서 논리적: 페이지 번호를 통해	논리적: 참조값을 통해
페이지 검색	전방 후방 페이지 번호로 직접 가기	후방만 가능: 직전 페이지를 가리키는 참조값을 따라감

변환된 책으로 블록체인-데이터-구조 이해하기

블록체인-데이터-구조란 무엇인가? 사실 이미 답이 나왔다. 앞 예제에서 만든 것이 바로 간단한 블록체인-데이터-구조이기 때문이다. 그러나 다른 용어를 사용했다. 이제 변환된 책의 각 요소를 블록체인의 맥락에 맞는 용어와 연결함으로써 비유를 완성해 보자. 변환된 책은 다음의 5가지 요소로 구성되어 있다.

1 ㅣ 순서일람표 페이지와 해당 내용 페이지로 구성된 가상 단위

2 ㅣ 순서일람표라 불리는 페이지 더미

3 ㅣ 내용을 담고 있는 페이지 더미

4 ㅣ 순서일람표 페이지를 식별하고 연결할 페이지 참조값

5 ㅣ 내용 페이지를 식별하고 연결할 내용 참조값

표 14-2 변환된 책과 블록체인-데이터-구조의 비교

변환된 책	블록체인-데이터-구조
순서일람표의 페이지	블록 헤더
전체 순서일람표	블록 헤더의 체인
순서일람표의 페이지 참조값	블록 헤더의 암호화 해시값
직전 페이지를 가리키는 참조값	직전 블록 헤더의 암호화 해시값
내용	트랜잭션 데이터
내용 페이지	트랜잭션 데이터를 가진 머클 트리
내용 페이지를 가리키는 참조값	트랜잭션 데이터를 가진 머클 트리의 루트
순서일람표 페이지와 해당 내용 페이지로 구성된 가상의 단위	블록체인-데이터-구조의 한 블록
전체 순서일람표와 전체 내용 페이지	블록체인-데이터-구조

표 14-2에 단순화한 책의 변환 후 요소와 블록체인-데이터-구조 요소를 비교 정리해 두었다.

1 | 순서일람표 페이지와 해당 내용 페이지로 구성된 가상 단위

순서일람표 페이지와 해당 내용 페이지는 단지 가상의 단위일 뿐이다. 순서일람표 페이지와 내용 페이지는 물리적으로 서로 다른 개체이기 때문이다. 전자는 해시 참조를 통해 후자를 참조함으로써 가상의 한 단위를 형성하게 된다. 이것을 블록이라 부르는데 블록들이 모두 모여 블록체인-데이터-구조를 형성한다.

2 | 순서일람표라 불리는 페이지 더미

순서일람표의 각 페이지는 블록체인-데이터-구조 내 단일 블록 헤더와 동일하다. 블록 헤더는 참조를 통해 선형으로 연결되어 블록 헤더의 체인을 형성한다. 순서일람표와 유사하게 블록 헤더의 체인은 트랜잭션 데이터를 직접 저장하지 않고 해당 트랜잭션 데이터에 대한 해시 참조만 저장한다.

3 | 내용을 담고 있는 페이지 더미

변환된 책의 내용은 블록체인에 의해 유지되는 트랜잭션 데이터와 같다. 사실 이 데이터는 소유권 관리와 관련된 특정 응용분야에만 국한된다. 실제 블록체인 응용에서는 내용 페이지가 없다. 내용 페이지라는 용어는

독자의 이해를 돕기 위해 임의로 만든 것일 뿐이다. 실제 블록체인 응용은 내용 데이터(예를 들면 트랜잭션 데이터)를 머클 트리라 불리는 데이터베이스에 직접 저장하고, 머클 트리의 루트는 블록 헤더에 저장된다.

4 | 순서일람표 페이지를 식별하고 연결할 페이지 참조값

변환된 책에서 순서일람표의 페이지를 식별하기 위해 사용하는 페이지 참조값은 블록체인-데이터-구조 내 개별 블록 헤더의 암호화 해시값과 같다. 이들은 각각 블록 해시 또는 이전 블록의 해시라 불린다. 이 값은 각 블록 헤더를 고유하게 식별하고 이전 블록 헤더를 참조하기 위해 사용된다.

5 | 내용 페이지를 식별하고 연결할 내용 참조값

변환된 책에서 내용 페이지를 식별하기 위해 사용하는 내용 참조값은 연계된 트랜잭션 데이터를 가리키는 블록 헤더의 해시 참조와 같다. 조금 더 구체적으로 설명하면, 블록 헤더에 저장된 내용 참조값은 데이터베이스에 저장된 트랜잭션 데이터의 머클 트리 루트이다. 이로 인해 순서일람표(블록 헤더)와 상응하는 내용(트랜잭션의 머클 트리)의 가상 단위가 형성된다.

블록체인-데이터-구조에서 트랜잭션 저장하는 방법

변환된 책을 떠올리며 블록체인-데이터-구조를 도식화해 보자. 그림

14-5는 두 개의 블록으로 단순화한 블록체인-데이터-구조를 나타낸다. 블록 1과 블록 2는 가상 구조인 블록의 본질을 강조하기 위해 점선으로 표시했다. 각 블록은 블록 헤더 1과 블록 헤더 2라는 블록 헤더를 각각 가지고 있다. 블록 1은 최초 블록이어서 이전 블록이 없으므로 이전 블록 헤더를 가리키는 어떠한 참조도 없다. 블록 2는 이전 블록이 있으므로 블록 헤더 2에 이전 블록 헤더를 가리키는 해시 참조 B1이 있다. 그림의 블록체인-데이터-구조는 각기 다른 두 개의 머클 트리를 가리키는 해시 참조를 가지고 있다. 두 머클 트리의 루트는 각각 R12와 R34다. 머클 트리 루트의 이름을 보면 이들이 가진 트랜잭션 데이터가 무엇인지 짐작할 수 있다(예컨대 루트가 R12인 머클 트리는 처음 두 트랜잭션인 트랜잭션 1과 트랜잭션 2 및 이들을 가리키는 해당 해시 참조 R1과 R2를 가지고 있다).

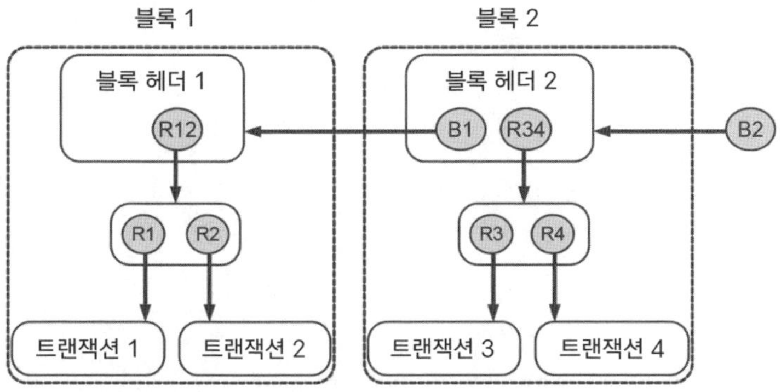

그림 14-5 4개의 트랜잭션을 가지는 단순화된 블록체인-데이터-구조

이번엔 그림 14-5와 같은 블록체인을 유지하고 있는 분산 P2P 시스템을 생각해 보자. 이 시스템에 참여하면 전체 트랜잭션 데이터, 모든 해시 참

조값, 모든 블록 헤더를 수신하게 된다. 그럼 로컬 컴퓨터는 데이터를 모두 저장하고 저장된 데이터들을 가리키는 해시 참조를 가진 블록체인-데이터-구조를 생성한다. 이렇게 데이터와 가장 최근의 블록 헤더에 대한 참조만 가지고 있으면 최초 생성 이래 시스템에 제출된 모든 트랜잭션 데이터의 이력을 역순으로 검색해 볼 수 있다.

이 예제의 경우엔 4개의 트랜잭션이 있다. 가장 최근에 추가된 블록 헤더는 블록체인-데이터-구조의 헤드라고 부른다는 점에 주목하자. 그림 14-5에서는 참조 B2가 블록체인-데이터-구조의 헤드이다. 헤드와 헤더라는 용어를 혼동하지 않도록 주의해야 한다. 블록체인-데이터-구조에는 각자의 헤더를 가진 수많은 블록이 존재하지만, 전체 블록체인-데이터-구조는 오직 하나의 헤드만 가진다.[1]

---

1 이 단계에서 설명한 블록체인-데이터-구조와 그림 14-5의 예시는 독자의 이해를 돕기 위해 단순화한 것이다. 블록 헤더에 저장되는 많은 상세 정보는 의도적으로 생략했다. 그중 일부는 블록체인에 대한 이해를 마무리하는 후속 단계에서 다룰 것이다.

이 단계에서는 블록체인-데이터-구조를 소개하고 그 구성에 대해 설명했다. 블록체인-데이터-구조는 해시 참조를 광범위하게 사용하기 때문에 변화-감지 저장소의 성질을 갖는다. 이 성질은 블록체인이 어떻게 안전하게 만들어졌는지 이해하는 핵심 내용이므로 다음 단계에서 더 자세히 설명하겠다.

- 블록체인-데이터-구조는 블록이라 불리는, 순서대로 정렬된 단위로 구성된 특수 데이터 구조다.

- 블록체인-데이터-구조의 각 블록은 블록 헤더와 트랜잭션 데이터를 가지고 있는 머클 트리로 이루어진다.

- 블록체인-데이터-구조는 두 개의 데이터 구조로 구성된다. 하나는 블록 헤더의 정렬된 체인이고, 다른 하나는 머클 트리이다.

- 블록 헤더의 정렬된 체인은 도서관의 도서일람표를 디지털로 구현한 것으로 볼 수 있다. 개별 일람카드는 일람표의 정렬 규칙에 따라 순서대로 정렬되어 일람표에 하나씩 추가된다.

- 각 블록 헤더가 이전 블록 헤더를 참조하면 개별 블록 헤더와 블록의 순서를 각각 유지할 수 있고, 이것이 모여서 블록체인-데이터-구조를 형성한다.

- 블록체인-데이터-구조의 각 블록 헤더는 암호화 해시값으로 식별할 수 있고, 이전 블록 헤더를 가리키는 해시 참조와 응용과제에 특화된 데이터를 가리키는 해시 참조를 가지고 있다.

- 응용과제에 특화된 데이터를 가리키는 해시 참조는, 일반적으로 응용과제에 특화된 데이터를 가리키는 해시 참조를 유지하는 머클 트리의 루트다.

잘 뜨개질된 블록체인, 어떻게 변경할까?

새 트랜잭션 추가 및 변경하기

14단계에서 블록체인-데이터-구조를 소개했다. 이 데이터 구조는 트랜잭션 데이터를 안전하게 저장하기 위한 목적으로 발명되었다. 데이터를 안전하게 저장한다는 것은 어떤 의미일까? 이번 단계에서 이 질문에 대한 답을 찾아보려 한다. 15단계에서는 블록체인의 데이터 변경이 초래하는 결과를 설명하고, 블록체인-데이터-구조가 데이터 변화를 어떻게 감지하는지 설명한다. 또한, 변경-감지 방식으로 데이터를 저장할 때의 해시 참조의 위력을 조명해 본다. 마지막으로 블록체인-데이터-구조에 새 블록을 올바르게 추가하는 방법을 설명한다.

뜨개질은 실을 떠서 직물이나 옷감으로 만드는 실공예이다. 손으로 직접 뜨다 보니 뜨개질 코의 크기가 들쑥날쑥 차이가 나기도 하는데, 중간의 어떤 코를 다시 뜨려면 그 앞의 코들을 전부 다 풀어야 한다. 이 작업에 엄청난 시간과 노력이 소비된다.

이번 단계에서는 뜨개질과 유사한 성질을 가지는 블록체인-데이터-구조에 대해 설명한다. 블록체인-데이터-구조의 맨 끝에 새 블록을 추가하는 것은 아주 쉽지만 체인 중간에 있는 데이터를 수정하는 것은 엄청나게 힘이 든다. 뜨개질의 비유를 기억하면, 블록체인-데이터-구조가 변경을 감지하는 방법과 데이터가 정확히 추가되고 수정되는 방법을 더 쉽게 이해하게 될 것이다.

새로운 트랜잭션 추가하기

기존 블록체인-데이터-구조에 새 트랜잭션을 추가하는 방법을 이해하기 위해 간단한 예제를 살펴보자. 그림 15-1은 하나의 블록만 존재하는 최초 상태를 보여준다. 최초의 블록체인-데이터-구조는 단 두 개의 트랜잭션만 가지고 있다. 그림 15-1의 하단에 있는 트랜잭션 3과 4는 아직 블록체인-데이터-구조에 추가되지 않은 상태다.

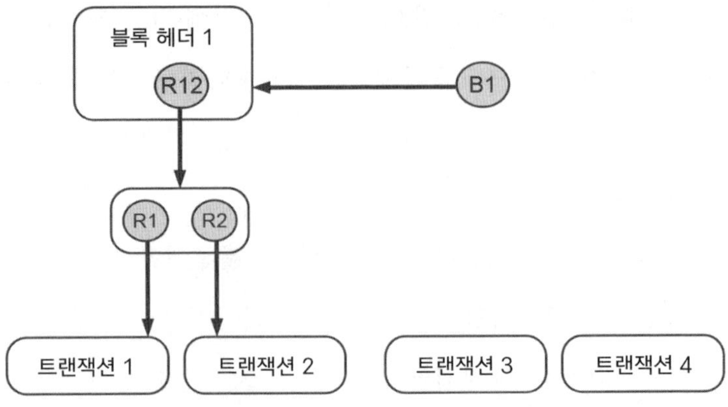

그림 15-1 최초 상황: 새로운 두 개의 트랜잭션(트랜잭션 3과 4)이 기존의 블록체인-데이터-구조에 추가되어야 한다.

새 트랜잭션 데이터를 추가하려면 다음 세 단계를 수행해야 한다.

1 그림 15-2처럼 새로 추가하려는 모든 트랜잭션 데이터를 담고 있는 새 머클 트리를 생성한다.

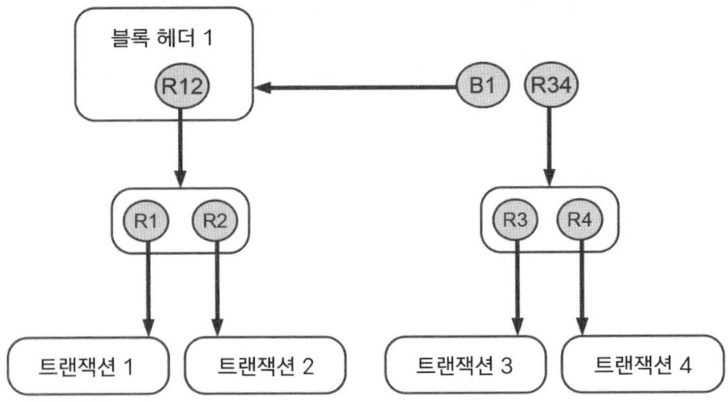

그림 15-2 단계 1: 새로운 트랜잭션을 포함하는 새로운 머클 트리 생성

❷ 그림 15-3처럼 이전 블록 헤더(블록 헤더 1)를 가리키는 해시 참조(B1)
와 새로운 트랜잭션 데이터(R34)를 담고 있는 머클 트리의 루트를 포함하
는 새 블록 헤더(블록 헤더 2)를 생성한다.

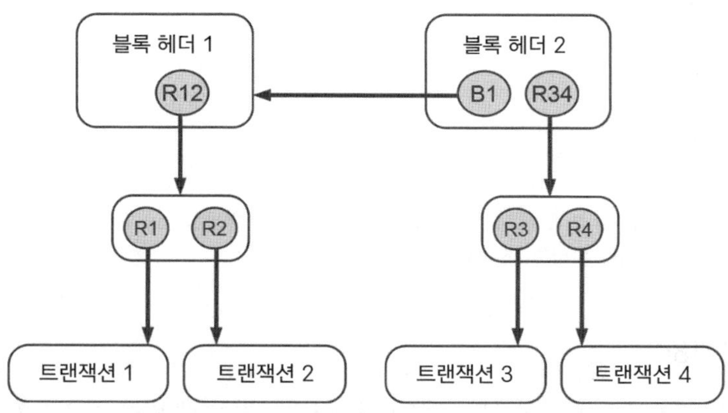

그림 15-3 단계 2: 이전 블록 헤더를 가리키는 해시 참조와 새로운 트랜잭션
데이터를 담고 있는 머클 트리의 루트를 포함하는 새 블록 헤더 생성

❸ 그림 15-4처럼 새 블록을 가리키는 해시 참조(B2)를 만들고 블록체
인-데이터-구조의 헤드를 B2로 갱신한다. 헤드라는 용어가 기억나는
가? 가장 최근에 체인에 추가된 데이터를 가리키는 참조를 전체 체인의
헤드라고 부른다(14단계 참조).

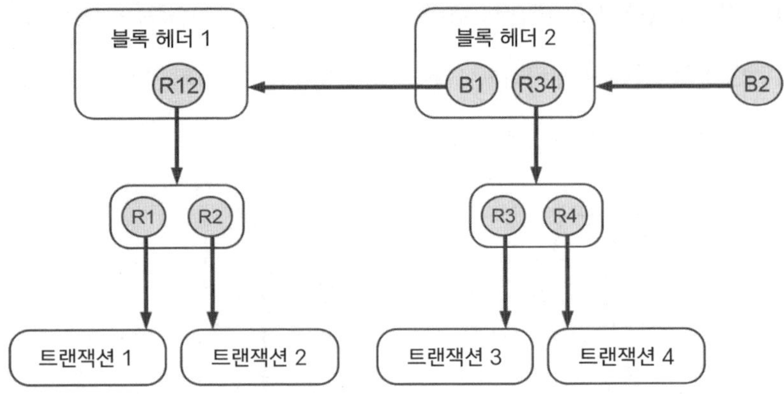

그림 15-4 단계 3: 새 블록 헤더를 가리키는 해시 참조를 생성하고 블록체인-데이터-구조의 헤드를 새로 생성한 해시 참조로 갱신한다.

변경 감지하기

블록체인-데이터-구조 내 어느 부분이든 변경되면 연쇄 반응을 일으켜 즉시 감지할 수 있다. 다음 그림을 보자.

1 | 트랜잭션 데이터의 내용을 변경하는 경우

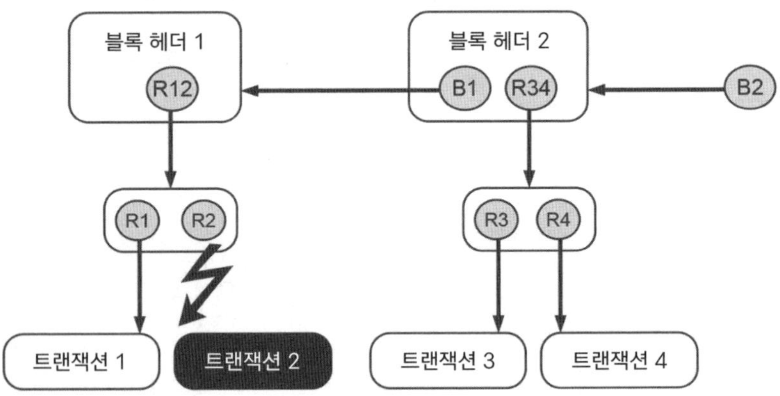

그림 15-5 트랜잭션 데이터의 세부 사항을 변경하면 원래 데이터를 가리키는 해시 참조가 손상되고 결과적으로 전체 데이터 구조를 무효화시킨다.

2 | 머클 트리의 참조를 변경하는 경우

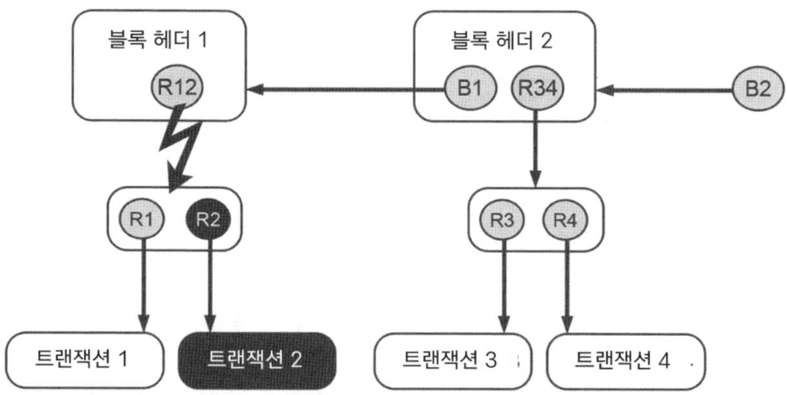

그림 15-6 머클 트리의 트랜잭션을 변경하고 그 해시 참조를 바꾸면 전체 데이터 구조를 무효화시킨다.

3 | 트랜잭션을 대체하는 경우

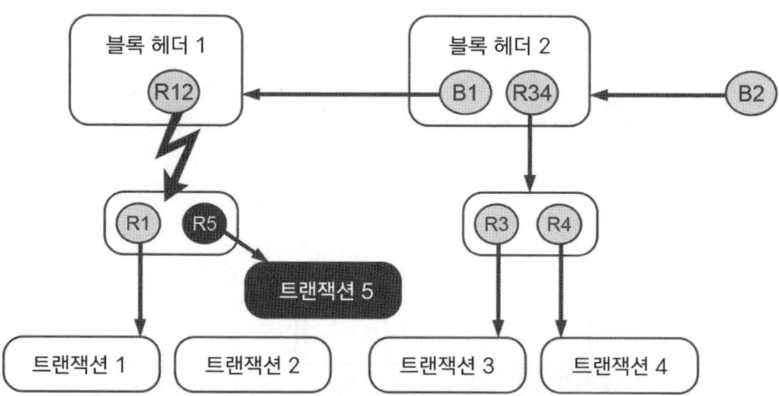

그림 15-7 머클 트리의 트랜잭션과 그 해시 참조를 통째로 대체할 경우 머클 트리 루트가 무효화되고 결과적으로 전체 데이터 구조를 무효화시킨다.

4 | 머클 트리 루트를 변경하는 경우

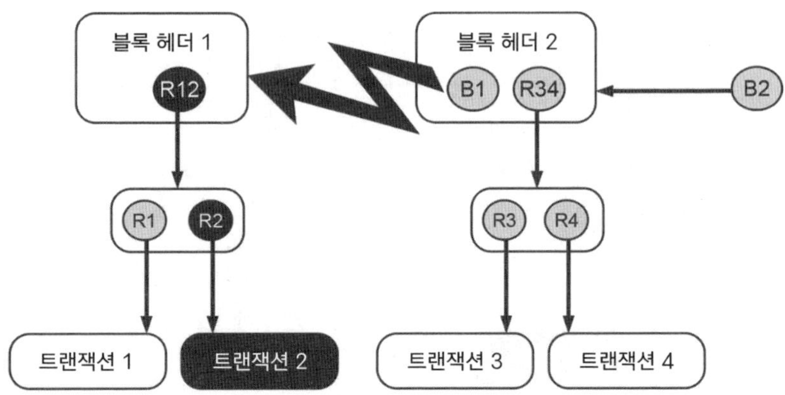

그림 15-8 머클 트리를 변경하면 자신을 가리키는 해시 참조를 가진 블록 헤더가 무효화되고 결과적으로 전체 데이터 구조를 무효화시킨다.

5 | 블록 헤더 참조를 변경하는 경우

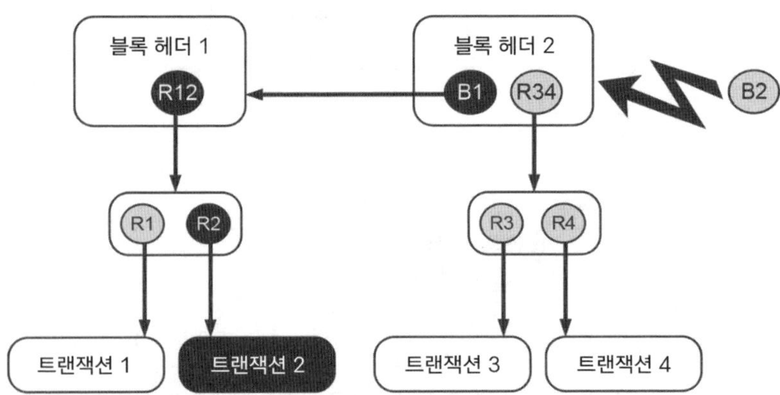

그림 15-9 블록 헤더 내의 해시 참조를 변경하면 조작된 블록 헤더를 가리키는 해시 참조가 무효화되고 결과적으로 전체 데이터 구조를 무효화시킨다.

그림에서 보는 것처럼 트랜잭션이 하나 변경되면 부모 노드를 따라 연쇄 반응을 일으켜 궁극적으로 블록 헤더값이 변경된다. 이렇게 변경된 블록 헤더값(R12) 은 자신을 참조하는 블록의 헤더값(B1)에 영향을 주어 자신 뒤에 있는 모든 값에 영향을 끼친다.

제대로 된 데이터 변경 방법 알아보기

블록체인-데이터-구조를 조작하려는 다양한 시도가 모두 데이터 구조를 무효화시키는 것을 보았다. 이제 블록체인-데이터-구조를 제대로 변경시키려면 어떻게 해야 하는지 살펴보자. 그림 15-10은 블록체인-데이터-구조를 제대로 수정하는 방법을 보여준다.

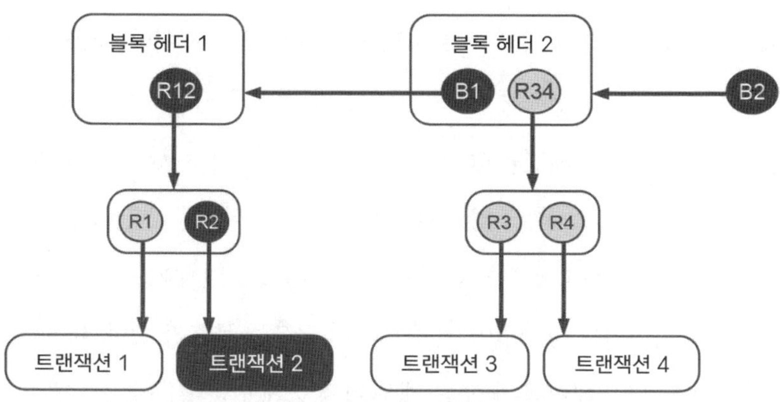

그림 15-10 트랜잭션을 제대로 변경하려면 연결된 모든 해시 참조를 변경해야 한다.

트랜잭션 2의 세부 항목을 변경하려면 전체 해시 참조 연결고리인 R2, R12, B1, B2를 모두 갱신해야 한다. 즉 변경된 데이터를 직접 가리키는 해시 참조로부터 시작해서 가장 최근 블록 헤더를 가리키는 해시 참조(헤드)까지, 모든 해시 참조를 갱신해서 변경 내용을 반영해야 한다. 이 작업은 의도적으로 어렵게 만든 프로세스여서 대단히 힘이 들지만, 전체 블록체인-데이터-구조의 일관성과 무결성을 유지하기 위해 반드시 필요한 작업 과정이다.

의도한 변경 vs. 의도하지 않은 변경

앞에서 블록체인-데이터-구조는 내용 변경에 있어서만큼은 철저히 모-아니면-도의 접근방식을 추구한다는 사실을 배웠다. 이도 저도 아니게 중간에 수정하다 말거나 일부만 수정하면 전체 블록체인-데이터-구조의 일관성이 손상되어 그 즉시 변경이 감지된다.

이는 해시 참조의 성질에서 비롯된 것으로, 블록체인-데이터-구조의 해시 참조는 의도된 변경이든 의도하지 않은 변경이든 구분하지 않고 동일하게 인식한다. 블록체인은 동기나 일관성을 손상시킨 사람 따위엔 관심이 없고, 오로지 모든 해시 참조의 정확성과 일관성만이 관심사일 뿐이다. 그래서 어느 해시 참조 중 하나가 유효하지 않으면 누가 변경했든 무슨 이유로 변경했든 상관없이 전체 데이터 구조는 무효가 된다. 바로 이 성질이 블록체인-데이터-구조를 매우 가치 있게 만들어준다.

이 단계는 블록체인-데이터-구조가 데이터 변경을 어떻게 다루는지 아주 상세히 설명하였다. 블록체인-데이터-구조는 변경에 매우 민감하고, 철저히 모-아니면-도의 접근방식을 추구한다는 것을 배웠다. 이어지는 16단계에서는 이 성질이 데이터 변경을 막기 위해 어떻게 사용되는지 설명하고, 불확실하고 신뢰할 수 없는 환경에서 데이터를 저장하기에 좋은 완벽한 후보가 블록체인이라는 것을 설명해 준다.

- 새로운 트랜잭션 데이터를 블록체인-데이터-구조에 추가하려면 다음의 세 단계를 거쳐야 한다.
  - 새로 추가될 모든 트랜잭션 데이터를 담고 있는 새 머클 트리 생성
  - 이전 블록 헤더를 가리키는 해시 참조와 새로운 트랜잭션 데이터를 담고 있는 머클 트리의 루트를 포함하는 새 블록 헤더 생성
  - 새 블록 헤더를 가리키는 해시 참조를 생성하고 이것을 블록체인-데이터-구조의 새로운 헤드로 갱신

- 블록체인-데이터-구조의 데이터를 변경하려면 조작된 데이터를 직접적으로 가리키는 해시 참조에서부터 블록체인-데이터-구조의 헤드까지, 모든 해시 참조를 완전히 갱신해야만 한다.

- 블록체인-데이터-구조는 내용 변경에 있어서는 철저히 모-아니면-도의 철학을 구현했다. 변경된 부분부터 헤드까지 전체 체인을 완전히 변경하거나 애초에 변경할 생각 말고 내버려둬야 한다.

- 이도 저도 아니게 중간에 수정하다 말거나 일부만 수정하면 전체 블록체인-데이터-구조의 일관성이 손상되고 이는 즉시 감지된다.

- 블록체인의 데이터를 변경하는 작업은 대단히 힘이 든다. 의도적으로 어렵게 설계해 놓은 프로세스이기 때문이다.

- 블록체인-데이터-구조가 변경에 대단히 민감한 것은 해시 참조의 성질 때문이다.

블록체인이 데이터를 보호하는 방법

조작할 때 드는 비용을 높여 포기하게 만들기

블록체인-데이터-구조에 저장된 데이터는 어떤 변경도 쉽게 눈에 띄며, 변경 내용을 기존 구조에 제대로 반영하려면 엄청나게 힘든 프로세스를 거쳐야 한다. 16단계에서는 이 특성을 이용해 어떻게 하면 P2P 시스템에서 부정직한 구성원이 내용을 조작할 수도 있다는 걱정 없이 트랜잭션 데이터 이력을 공유하고 배분할 수 있는지 설명한다.

누군가 귀족 가문의 자손인 척 위장하려는 상황을 가정해 보자. 어떻게 하면 그렇게 보일 수 있을까? 족보를 위조하면 가능하다. 예컨대 가상의 귀족 할아버지를 만들어내 위조된 가계도 상에서 적당히 관계를 설정하는 것이다. 하지만 이 정도 조작은 손쉽게 들통날 것이다. 가계도는 가족 관계를 통해 다른 집안의 가계도와 얽히기 때문이다. 따라서 꾸며낸 가문이 잘 먹히게 하려면 저명한 귀족 가문들 중 한 곳의 가계 문서를 위조해서 그 가문의 역사에 가공의 할아버지가 등장하도록 슬쩍 끼워넣을 필요가 있다.

그러나 이렇게 했다손 치더라도 충분하지는 않다. 실존하는 사람은 어떤 식으로건 세상에 발자취를 남기게 된다. 따라서 할아버지 삶을 진짜처럼 보이게 하려면 결국 그의 학력, 경력은 물론 유년시절을 포함한 생애 전체를 꾸며내야 한다. 그러자면 출생증명서, 학교 등록 서류, 졸업장, 학위 증명서, 직업증명서, 멤버십 등 관련 서류도 모두 위조해야 한다.

이 모든 문서를 조작하는 것은 무척 복잡할 뿐 아니라 엄청난 비용이 소모된다. 그러니 아마도 현실의 가족 역사에 만족하고 귀족 가문을 포기하는 쪽으로 결심하게 될 것이다.

이 가상의 예는 과거를 위조할 수는 있지만 극단적으로 비용이 많이 소모된다는 사실을 잘 보여준다. 이 단계에서는 트랜잭션 이력이 위조되는 것을 방지하기 위해 블록체인이 어떻게 하는지 족보 조작 예를 생각하며 살펴보자.

목표

목표는 블록체인이 유지하는 전체 트랜잭션 이력을 불변성 데이터로 만들어 위조나 조작이 없도록 하는 것이다. 소유권을 명확화하는 문제와 관련해서는 언제나 신뢰할 수 있는 원천이라는 점이 매우 중요하다.

해결해야 할 과제

블록체인은 누구에게나 개방된 순수 분산 P2P 시스템이다. 이 때문에 부정직한 어떤 피어가 자신의 이익을 위해 트랜잭션 이력을 조작하고 위조할 위험성이 늘 존재한다. 따라서 시스템을 개방한 채 조작이나 위조의 위험으로부터 트랜잭션 데이터를 보호하는 것이 과제이다.

아이디어

개방 시스템에서 정직한 노드와 부정직한 노드를 사전에 구분하는 것은 불가능에 가깝다. 그러므로 트랜잭션 이력을 부정직한 노드의 조작 위험으로부터 보호하려면 처음부터 아무도 이력을 조작하지 못하게 막아놓으면 된다. 그리하면 시스템은 여전히 누구에게나 개방되어 있지만 부정직한 노드가 트랜잭션 데이터를 조작할 수도 있다는 걱정은 아무도 하지 않게 된다.

불변성은 읽기 전용의 다른 이름

불변성immutability이란 바꿀 수 없는 무엇을 의미한다. 불변성 데이터는 한번 생성되면 절대로 변경될 수 없다. 이러한 데이터는 단지 읽거나 볼 수만 있어서 읽기 전용read-only 데이터로 불리기도 한다. 이런 데이터는 타인에게 넘긴 후 그 데이터가 어떻게 사용될지 전혀 알 수 없는 상황에서 특히 유용하다. 데이터를 변경과 조작으로부터 보호하는 효과적인 방법이기 때문이다. 실생활에서는 운전면허, 여권, 졸업증명서 등에 사용된다.

작동 원리: 큰 그림 살펴보기

기본 아이디어는 트랜잭션 이력을 변경하는 일이 도무지 감당이 안 되어서 누구라도 아예 단념하게 만드는 방법으로 트랜잭션 이력을 불변성 데이터로 만드는 것이다.

트랜잭션 이력을 불변성 데이터로 만들기 위해서는 다음 세 가지가 필요하다.

1 | 트랜잭션 이력을 저장할 때 아무리 사소한 조작이라도 바로 드러날 수 있게 함
2 | 트랜잭션 이력에 변경된 데이터를 끼워넣으려면 엄청난 양을 다시 작성하도록 강제함
3 | 트랜잭션 이력에 데이터를 추가, 변경, 재작성하는 작업에 엄청난 계산량이 필요하도록 함

1 | 조작이 쉽게 눈에 띄도록 함

변경-감지 방식으로 저장하는 블록체인-데이터-구조에서 데이터 일부를 아무도 눈치채지 못하게 조용히 조작하는 것은 불가능하다. 아무리 사소한 변경이라도 그 데이터를 가리키는 해시 참조를 손상시켜 무효화해야 뚜렷이 발견되기 때문이다.

2 | 변경을 끼워넣으려면 재작성하도록 의무화

블록체인-데이터-구조는 내용 변경에 있어서 철저히 모-아니면-도의 접근방식을 추구한다. 변경된 부분부터 헤드까지 전체 체인을 완전히 변경하거나 아예 처음부터 변경할 생각 말고 내버려둬야 한다.

3 | 데이터 추가에 엄청난 계산량이 필요하도록 함

세 번째 요소는 트랜잭션 이력에 조작된 데이터를 끼워넣기 위해 블록체인-데이터-구조의 상당 부분을 다시 작성하는 것을 그다지 두려워하지 않는 사람들을 위한 조치다. 블록체인-기술-모음은 블록체인-데이터-구조의 모든 블록에 대해 작성, 재작성, 추가 작업에 엄청난 계산 비용이 필요하게끔 만든다.

계산 비용은 각 블록 헤더에 고유하게 존재하는 해시 퍼즐로 인해 발생하는데, 데이터를 조작하려면 조작할 지점에서부터 체인의 헤드에 이르는 모든 헤더 블록의 해시 퍼즐을 풀어서 전체 데이터 구조를 변경하는 비용을 감수해야 한다. 그야말로 엄청난 양의 계산 자원을 소모해야 하기에 변경을 시도하는 것 자체를 다시 생각해 보게 만든다.

작동 원리: 세부 사항 살펴보기

15단계에서 보았듯이 블록체인-데이터-구조에 새 블록을 추가하는 데 드는 계산량은 많지 않다. 현재 헤드를 가리키는 해시 참조를 생성해서 새 블록 헤더로 추가한 후 새로 추가된 블록 헤더를 새로운 헤드로 선언하기만 하면 된다.

블록체인-데이터-구조를 불변성으로 만들기 위해서는 새 블록을 추가하는 것이 계산적으로 비싼 과제가 되도록 만들어야 한다. 이 목적을 달성하려면 다음의 사항을 고려해야 한다.

1 | 블록 헤더의 필수 데이터
2 | 새 블록 헤더를 생성하는 프로세스
3 | 블록 헤더를 검증하는 규칙

1 | 필수 데이터

블록체인-데이터-구조의 모든 블록 헤더는 최소한 다음의 데이터를 가지고 있어야 한다.

- 트랜잭션 데이터를 담고 있는 머클 트리의 루트
- 이전 블록 헤더를 가리키는 해시 참조

- 해시 퍼즐의 난이도

- 해시 퍼즐 풀이를 시작한 시각

- 해시 퍼즐을 해결할 수 있는 난스

2 | 새 블록을 생성하는 프로세스

새 블록을 생성하는 작업은 다음의 단계를 수반한다.

1) 새로 추가되는 트랜잭션을 담고 있는 머클 트리의 루트 얻기

2) 새 블록 헤더의 입장에서 이전 블록 헤더를 가리키는 해시 참조 생
   성하기

3) 필요 난이도 획득하기

4) 현재 시각 읽기

5) 1 ~ 4번에 언급된 데이터를 포함하는 예비 블록 헤더 생성하기

6) 예비 블록 헤더에 해당하는 해시 퍼즐 해결하기

7) 해시 퍼즐을 해결할 난스를 예비 헤더에 포함시켜 새 블록 완결하기

그림 16-1은 블록체인-데이터-구조에 새 블록을 추가할 때 풀어야 하는 해시 퍼즐을 보여준다. 난이도가 블록 헤더의 일부이고, 따라서 블록 해시값의 일부라는 점을 주목하라. 이 부분이 난이도를 임의로 줄여서 해시 퍼즐 해결에 필요한 계산 비용을 회피하는 것을 막아주는 장치다.

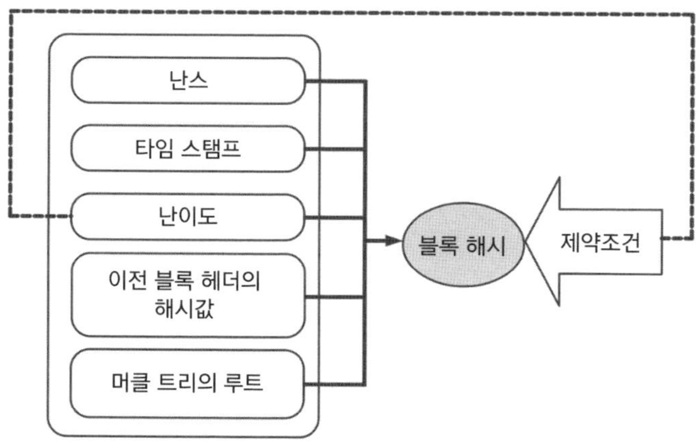

그림 16-1 블록체인-데이터-구조에 새 블록을 추가하기 위해 해결해야 하는 해시 퍼즐의 도식

3 | 검증 규칙

모든 블록 헤더는 다음의 규칙을 준수해야 한다.

1) 직전 블록을 가리키는 유효한 해시 참조를 가지고 있어야 한다.

2) 트랜잭션 데이터를 갖고 있는 머클 트리의 루트를 포함해야 한다.

3) 정확한 난이도를 가지고 있어야 한다.

4) 타임 스탬프는 직전 블록 헤더의 타임 스탬프 이후여야 한다.

5) 난스를 포함해야 한다.

6) 위 5개의 데이터 조각을 합친 해시값으로 난이도를 충족해야 한다.

검증 규칙은 해시 퍼즐을 해결하고, 필요한 계산 비용을 지불한 블록만 추가될 수 있도록 보장한다. 이 가운데 규칙 4는 블록과 트랜잭션 데이터들이 추가된 순서에 따라 정렬되어 있음을 보장한다.

 해시 퍼즐을 해결하여 블록체인-데이터-구조에 새 블록을 추가하는 행위를 마이닝(mining) 혹은 블록 마이닝이라 부른다.

작동하는 이유

블록체인-데이터-구조는 아무리 사소한 변경이라도 확연히 눈에 띄게 되어 있다. 이는 해시 참조가 가리키는 데이터에 변경이 있으면 그 즉시 해시 참조 자체를 손상시키는 성질에서 비롯된다. 이러한 성질은 데이터 조작이 있을 경우 영향받은 모든 블록을 다시 작성하도록 만든다. 이를 달리 표현하면, 블록체인-데이터-구조에 조작된 데이터를 끼워넣기 위해서는 재작성해야 하는 누적 계산량이 어마어마하다는 얘기다. 바로 이 점이 중요하다. 이는 트랜잭션 이력을 조작하는 것을 애시당초 포기하게 만들고, 결과적으로 블록체인-데이터-구조는 추가 전용 불변성 데이터 저장소가 된다.

높은 계산 비용이 조작 위험을 막아준다

현재 헤드로부터 20블록 떨어진 머클 트리의 트랜잭션 데이터를 조작하려는 경우를 생각해 보자. 조작된 트랜잭션 데이터를 끼워넣으려면 다음 작업들을 수행해야 한다.

1. 조작된 트랜잭션 데이터가 속한 머클 트리 다시 작성

2. 재작성된 머클 트리의 루트가 속한 블록 헤더 다시 작성

3. 블록체인-데이터-구조의 헤드까지 이어진 모든 후속 블록 헤더 재
   작성

2번을 수행하려면 해시 퍼즐을 풀어야 한다. 머클 트리의 루트를 변경하면 블록 헤더의 해시값이 변경되고 따라서 해시 퍼즐의 해답도 바뀐다. 3번을 수행하려면 직전 블록 헤더를 가리키는 해시 참조의 연속된 변경으로 인해 20개의 해시 퍼즐을 해결해야만 한다. 하나의 해시 퍼즐을 해결하는 데 통상 10분이 소요된다면, 현재 헤드로부터 20블록 아래에 있는 블록 헤더의 트랜잭션을 조작하기 위해서는 모두 210분이 필요하다. 이 엄청난 비용은 블록체인-데이터-구조를 변경하려는 노드를 포기하도록 만든다.

결국, 불변성은 해시 퍼즐의 난이도에 달려 있다

블록체인-데이터-구조의 불변성은 해시 퍼즐의 난이도에 달려 있다. 퍼즐 해결에 얼마나 많은 계산 노력과 시간이 필요한지에 따라 블록체

■ **옮긴이주** 16단계는 사실 비트코인이 사용하는 작업 증명(proof of work)에만 국한돼 설명되었다. 이 방식은 작업 증명 방법들 중에서도 비트코인이 적용한 방식일 뿐이다. 이러한 방식은 과도하게 에너지를 소모해 다른 암호화폐에서는 이 방식을 그대로 쓰지 않고 조금씩 개선한 다양한 방식을 사용하고 있다.

인-데이터-구조의 불변성 정도가 결정되는 것이다. 난이도가 너무 낮으면 블록체인-데이터-구조를 변경하기 위한 계산 비용이 크게 줄어서 트랜잭션 데이터를 조작하도록 노드들을 부추길 우려가 있다. 반면에 난이도가 너무 높으면 새 데이터를 추가하는 계산 비용까지도 감당하기 어렵게 높아져 노드들이 새 데이터를 추가하려는 의욕을 상실하게 된다. 따라서 블록체인을 디자인할 때 해시 퍼즐의 적절한 난이도를 결정해야 하는데, 기술의 발달로 인해 컴퓨터의 계산 능력이 나날이 바뀌는 상황에서는 더없이 힘든 과제다.

그래서 실제 응용에서는 모든 블록에 고정된 난이도를 활용하는 경우는 거의 없고, 새 블록이 추가되는 속도에 기초한 동적 난이도를 활용한다. 새 블록이 추가되는 속도가 빨라지면 난이도를 높이고, 그 반대면 난이도를 낮추는 방식이다. 이 방식을 사용하면 컴퓨터의 계산 능력이 증가하더라도 노드들이 트랜잭션 이력을 조작하지 못하게 적정 수준의 난이도를 보장한다.[■]

이 단계에서는 블록체인-데이터-구조를 추가 전용 불변성 데이터 저장소로 만들어 트랜잭션 데이터가 조작이나 위조되는 것을 방지하는 방법을 설명하였다. 다음 단계에서는 분산 P2P 시스템에서 이 데이터 저장소를 모든 사람에게 공개하는 방법에 대해 집중적으로 설명한다.

- 트랜잭션 이력은 다음 두 가지 아이디어를 활용해서 불변성을 가진다.
  - 트랜잭션 데이터를 변경-감지 블록체인-데이터-구조에 저장한다. 만약 변경할 경우 변경된 지점부터 시작해서 전체 체인의 헤드까지 모든 데이터 구조를 다시 작성해야 한다.
  - 블록체인-데이터-구조의 모든 블록 헤더에 작성, 재작성, 추가를 하려면 해시 퍼즐을 풀어야 한다.

- 각 블록 헤더의 해시 퍼즐은 고유하다. 해시 퍼즐은 고유한 내용에 종속되어 있기 때문이다.

- 변경 시 블록체인-데이터-구조를 다시 작성해야만 하는 것과 그렇게 하기 위한 비용 때문에 트랜잭션 이력을 조작하려는 생각을 아예 포기하도록 만든다.

- 블록체인-데이터-구조의 작성, 재작성, 그리고 추가 때마다 해시 퍼즐의 해답을 요구하는 것은 블록체인-데이터-구조를 추가만 가능한 불변성 데이터 저장소로 만들어준다.

- 블록 헤더는 최소한 다음의 정보를 가지고 있어야 한다.
  - 직전 블록의 헤더를 가리키는 해시 참조
  - 트랜잭션 데이터를 갖고 있는 머클 트리의 루트
  - 해당 해시 퍼즐의 난이도
  - 해시 퍼즐 풀이를 시작한 시각
  - 해시 퍼즐을 해결할 난스

컴퓨터들이 정보를 배분하는 방법

그 소식 들었어? 새로운 피어가 들어왔대!

16단계에서 블록체인-데이터-구조를 추가 전용 불변성 데이터 저장소로 만들었다. 이 저장소는 트랜잭션 데이터의 조작 방지 원장으로 활용할 수 있다. 그러나 추가 전용 불변성 트랜잭션 데이터 이력 하나를 구축했다고 해서 목격자 역할을 하는 다수의 컴퓨터 그룹을 기반으로 소유권을 명확화하려는 목표를 달성한 것은 아니다. 이 단계에서는 순수 분산 P2P 시스템에서 트랜잭션에 대한 정보 공유를 허용하는 방법에 대해 집중적으로 알아본다.

e-메일 리스트가 없을 때 전 사원에게 소식을 알릴 수 있는 가장 좋은 방법은 무엇일까? 한 가지 확실한 방법은, 인맥이 넓고 수다스러운 동료 한두 명에게 소식을 전하면서 비밀로 해달라고 부탁하는 것이다. 비밀로 해달라고 당부하면서 동료에게 털어놓는 것보다 더 빨리 퍼지는 소식은 없기 때문이다. 이런 일이 발생하는 이유는 사실 단순하다. 사람은 원래 사회적인 존재로, 다른 사람들에 대한 정보를 공유하는 일은 사회적 유대를 강화하고 갱신하는 일반적인 행동 양상에 속한다. 이와 비슷하게 블록체인에서도 통신 수단을 통해 컴퓨터끼리 정보를 교환한다.

목표

블록체인은 트랜잭션 데이터의 전체 이력이 저장된 고유 버전의 불변성 원장을 보유한 개별 컴퓨터들로 구성된다. 이들 개별 컴퓨터는 자기 기억에 따라 어떤 트랜잭션이 발생했는지 증언하는 목격자와 같다. 그렇다면 개별 컴퓨터들은 어떻게 처음부터 트랜잭션을 관찰했을까? 이 단계의 주요 목표는 P2P 시스템을 구성하는 개별 컴퓨터들이 트랜잭션이 발생할 때마다 적절히 통보받아 자신의 트랜잭션 데이터 이력을 관리할 수 있도록 보장해 주는 것이다.

해결해야 할 과제

순수 분산 P2P 시스템에는 중앙 통제도 조정 장치도 없다. 바꿔 말하면, 시스템을 구성하는 모든 컴퓨터에 정보를 공유시켜 주는 중앙 요소가 없다는 말이다. 그러므로 해결해야 할 과제는 시스템의 모든 노드가 중앙 장치에 의지하지 않고 모든 트랜잭션 정보를 수신하도록 해주는 것이다.

아이디어

아이디어의 핵심은 P2P 시스템을 구성하는 컴퓨터들이 입소문을 퍼트리는 사람들처럼 정보를 공유하고 교환하도록 하는 것이다. P2P 시스템의 노드 하나가 피어 노드에게 정보를 전달하면 그 정보를 전달받은 피어가 다른 피어에게 전달하고 그 피어가 다시 또 다른 피어에게 전달하면 결국에는 시스템의 모든 노드가 정보를 전달받게 된다.

회사의 구성원들, 친구 모임, 스포츠클럽 멤버 등 그룹 내에서 사람들이 서로 의사소통하는 것을 살펴보면, 목적이 다른 세 가지 유형의 대화에 참여한다는 걸 알 수 있다.

- **잡담**은 사회적 관계 측면에서 중요한 역할을 한다. 서로의 관계를 계속 유지시켜 주지만 중요한 정보를 담고 있지는 않다.
- **뉴스**는 구성원 간의 중요한 정보가 오고 가는 대화로 이루어진다.
- **새로운 동료 소개**는 이미 형성된 기존 그룹에 새로운 사람이 참여하기 위해 필요한 대화의 유형이다. 새로운 관계를 수립하고 그룹에 새 멤버를 받아들이기 위해서는 신고식이 필요하다. 이른바 신고식은 청운의 꿈을 품은 신규 멤버가 그룹의 역사에 친숙해지고 그룹 내 주요 멤버들에게 소개되는 자리다.

작동 원리: 개요

P2P 시스템을 구성하는 개별 컴퓨터들 사이에서도 역시 잡담, 뉴스 교환, 신고식을 통한 신규 멤버 수용이 일어난다. 이러한 상호작용은 P2P 시스템의 필수적인 요소다. 대화를 통해 서로 의사소통을 하는 사람과 비슷하게 분산 P2P 시스템의 컴퓨터는 디지털 네트워크를 통해 통신한다. 그런 점에서, P2P 시스템을 값싸게 구성할 수 있는 방법은 노드들이 인터넷을 통해 서로 통신하도록 하는 것이다. 통신 수단으로 인터넷을 활용하는 분산 P2P 시스템은 다음 사실에 기반을 두고 있다.

- 각 컴퓨터는 인터넷을 통해 시스템과 연결된다.
- 각 컴퓨터는 고유 주소로 식별된다.
- 각 컴퓨터는 주어진 시간에 시스템과 단절하고 재접속할 수 있다.
- 각 컴퓨터는 통신하는 피어 리스트를 독립적으로 유지한다.
- 노드 간의 통신은 메시지를 통해 이루어진다.
- 메시지는 고유한 인터넷 주소를 이용해 하나의 노드에서 다른 노드로 인터넷을 통해 전송된다.

노드가 네트워크를 통해 통신하고 언제든 단절과 재접속을 할 수 있다는 점은 메시지 전달에 영향을 미친다. 이러한 네트워크에서 이루어지는 메시지 전달에는 다음과 같은 특성이 있다.

- 메시지가 목적지 주소에 도달하리라는 보장이 없다. 메시지는 손실 될 가능성이 있다.
- 메시지는 한 번 이상 도달할 수 있다.
- 메시지는 전송한 순서와 다른 순서로 도착할 수 있다.

이러한 특성으로 인해 통신에 장애가 발생할 수 있지만 다음과 같은 방법으로 해결한다.

- 메시지는 소문 형식으로 전송된다. 새로운 정보를 받은 모든 노드는 자신이 통신하는 피어에게 전달한다. 뉴스도 동일하게 처리한다. 이 방법은 비록 개별적인 몇몇 메시지는 손실될 수 있어도 궁극적으로 모든 노드가 뉴스를 수신하는 것을 보장한다.
- 메시지는 디지털 지문이나 암호화 해시값으로 식별 가능하기 때문에 노드는 중복 메시지를 쉽게 식별해 무시할 수 있다.
- 트랜잭션 데이터와 블록 헤더에는 타임 스탬프가 포함되어 있으므로 노드들은 객관적인 시간 기준에 따라 메시지를 정렬할 수 있다.

작동 원리: 세부 사항

P2P 시스템을 구성하는 노드 간 통신은 다음 세 가지 목적을 가진다.

1 | 기존 연결 유지

처음 두 종류의 통신은 P2P 시스템 자체에 초점을 맞추고 있어, 피어 간 네트워크를 유지하고 약간의 디지털 관리 업무를 수행한다. 반면에 세 번째 종류의 통신은 블록체인-데이터-구조에 새로운 트랜잭션 데이터나 블록을 추가하는 것에 초점이 맞춰진다. 이 정보는 트랜잭션 이력을 유지하기 위해 모든 노드에게 필요하다.

1 | 기존 연결 유지

네트워크의 각 컴퓨터는 통신하는 피어 리스트를 독립적으로 유지한다. 피어 리스트는 시스템을 구성하는 전체 노드의 부분집합이다. 마치 회사원들이 전체 직원 중 일부 동료나 일부 그룹하고만 관계를 형성하는 것과 비슷하다. 주기적으로 각 컴퓨터는 피어가 아직 연결상태인지 확인한다. 이 작업은 흔히 핑ping이라고 부르는 작은 메시지를 보내 상대방이 퐁pong으로 대답하도록 요청함으로써 이루어진다. 이 메시지에 반복해서 대답하지 않는 피어는 리스트에서 제거한다. 이것은 단순히 사회적 유대관계를 유지할 목적으로 이런저런 잡담을 나누는 사람들의 행태와 비슷하다.

2 | 새로운 연결

P2P 시스템에 참여하고 싶은 컴퓨터는 시스템 내 어떤 노드에게든 시스템에 참여하고 싶다고 요청을 하면 된다. 요청을 받은 노드가 요청해 온 주소를 피어 리스트에 추가하고 확인 응답을 보내면, 확인 응답을 받은 노드는 응답을 보낸 주소를 자신의 피어 리스트에 추가한다. 이로써 새로운 연결이 형성되고, 시스템에는 노드 하나가 더 증가한다. 다만, 모든 노드는 언제든 연결을 끊거나 전원을 끌 수 있고, 심지어 장애가 발생할 수도 있으므로 시스템에 단 하나의 연결만 가지고 있는 것은 위험하다. 그래서 P2P 시스템에 참여할 때는 대개 시스템의 일부인 다수의 노드와 연결을 형성한다. 이렇게 하면 특정 노드 하나가 연결을 끊거나 전원을 끄더라도 시스템에 연결된 상태를 유지할 수 있다.

3 | 새로운 정보 배포

이제 소유권을 관리하는 시스템의 응용 목표를 달성하기 위한 통신을 살펴보자. 이런 통신은 블록체인-데이터-구조에 새로 추가될 트랜잭션 데이터와 새 블록 정보를 소문 형태의 정보로 전달해 이루어진다. 소유권 관련 정보를 공유하는 일은 다음 3가지 경우에 발생한다.

- **지속적인 방식**: 새로운 정보(예를 들면 새로운 트랜잭션이나 블록)는 발생과 동시에 배포된다. 따라서 시스템에 연결된 노드는 모두 궁극적으로 모든 뉴스를 받게 된다.

- **갱신 방식**: 연결이 끊기고 나서 시스템에 다시 연결되었을 때 그사이 놓친 트랜잭션 데이터와 블록에 대한 정보를 모두 받게 된다.

- **온-보딩**^{on-boarding} **절차의 일부로 갱신**: 시스템에 새로 참여한 노드는 시스템에 한 번도 접속한 적이 없으므로 트랜잭션 이력을 구축할 기회가 없었다. 따라서 시스템 참여 시점 직전까지 발생한 모든 트랜잭션 이력을 얻어올 필요가 있다. 최신 버전의 블록체인-데이터-구조 전체 복사본을 새로운 참여자에게 전송하는 것은 시스템에 참여하자마자 모든 정보를 완벽히 갖춘 본격적인 노드가 될 수 있도록 보장해 준다. 이런 종류의 정보 전달은 갱신 방식의 극단적 경우로 볼 수 있다.

작동하는 이유

앞에서 살펴본 3가지 통신 방식은 새로운 컴퓨터가 시스템에 참여할 수 있도록 보장해 주어 시스템이 확장될 수 있게 해주는 한편, 기존 연결 유지 업무도 수행한다. 가장 중요한 점은 시스템은 소문 형태의 통신을 활용해 블록체인-데이터-구조 내 새로 추가되는 트랜잭션 데이터와 블록

■ **옮긴이주** 온-보딩(on-boarding)은 조직에 새로 합류한 사람이 조직 문화에 빨리 적응하도록 교육해 주는 조직 문화 적용 프로세스를 일컫는 말로, 블록체인에서 새로 참여한 노드를 신입 사원 교육에 비유해서 사용하는 용어다. 이 책의 후속 단계들에서도 계속 등장하는 용어이니 기억해 두도록 하자. 또 여기서 시스템의 새로운 참여자가 곧바로 모든 정보를 완벽히 갖춘 본격적인 노드가 된다고 한 부분은 18단계 207페이지에 있는 옮긴이주의 부연 설명을 꼭 참고하기 바란다.

에 대한 모든 정보를 P2P 시스템의 전체 구성원이 궁극적으로 받아볼 수 있도록 보장한다는 것이다.

이 단계에서는 개별 컴퓨터가 어떻게 분산 P2P 시스템의 노드가 되는지, 시스템을 구성하는 컴퓨터들이 서로 어떻게 통신하는지 집중적으로 알아보았다. 특히 신뢰할 수 없는 네트워크에서 메시지를 전달하는 측면을 알아보았다. 그러나 정보를 수신한 개별 노드가 그 뒤에 어떤 일을 하는지에 대해서는 아직 설명하지 않았다. 정보를 수신하는 것만큼이나 수신한 정보를 가공하는 것도 중요하다. 따라서 18단계에서는 트랜잭션 데이터가 개별 노드 내에서 어떻게 가공되는지 알아본다.

- 분산 P2P 시스템의 컴퓨터들은 디지털 네트워크를 통해 서로 통신한다.
- 인터넷은 어디에나 존재하므로 개별 노드를 인터넷을 통해 연결함으로써 분산 P2P 시스템을 구축하는 것이 보다 합리적이다.
- 통신 수단으로 인터넷을 활용하는 분산 P2P 시스템은 다음과 같은 사실들에 기반을 두고 있다.
  - 각 컴퓨터는 인터넷을 통해 시스템과 연결된다.
  - 각 컴퓨터는 고유 주소로 식별된다.
  - 각 컴퓨터는 주어진 시간에 시스템과 단절하고 재접속할 수 있다.
  - 각 컴퓨터는 통신하는 피어 리스트를 독립적으로 유지한다.
  - 노드 간의 통신은 메시지를 사용해 이루어진다.
  - 메시지는 고유한 인터넷 주소를 이용해 하나의 노드에서 다른 노드로 전송된다.
- 네트워크 내의 예기치 못한 상황으로 인해 노드 간 통신에 다음과 같은 문제가 발생할 수 있다.
  - 메시지가 목적지 주소에 도달하리라는 보장이 없다. 메시지는 손실될 가능성이 있다.

- 메시지는 중복되어 도달할 수 있다.
- 메시지는 전송한 순서와 다른 순서로 도착할 수 있다.

- 신뢰할 수 없는 네트워크에서 발생한 일반적이지 못한 상황에 블록체인은 다음과 같이 대처한다.
    - 메시지는 소문 형식으로 전달된다. 새로운 정보를 받은 모든 노드는 자신이 통신하는 피어에게 전달한다. 뉴스도 동일하게 처리한다. 이 방법은 비록 개별적인 몇몇 메시지는 손실될 수 있어도 궁극적으로 모든 노드가 뉴스를 수신할 수 있도록 보장한다.
    - 메시지는 디지털 지문이나 암호화 해시값으로 식별 가능하기 때문에 노드는 중복 메시지를 쉽게 식별해 무시할 수 있다.
    - 트랜잭션 데이터와 블록 헤더에는 타임 스탬프가 포함되어 있으므로 노드들은 객관적인 시간 기준에 따라 메시지를 정렬할 수 있다.

- P2P 시스템을 구성하는 노드 간 통신은 다음 세 가지 목적을 가진다.
    - 기존 연결 유지
    - 새로운 연결 수립
    - 새로운 정보 배포

- 소유권 관련 정보를 전달하는 일은 다음 세 가지 경우에 발생한다.
    - 새로운 데이터와 블록을 시스템에 연결된 모든 노드에게 지속적으로 전달한다.
    - 한동안 접속이 끊겼다가 다시 접속한 노드에게 정보를 갱신해 준다.
    - 온-보딩 절차의 일부로 블록체인-데이터-구조의 최신 복사본 전체를 신규로 참여한 노드에게 전달함으로써 참여 즉시 모든 정보를 가진 본격적인 노드가 될 수 있도록 보장한다.

블록체인 속 무한경쟁 사회

당근과 채찍으로 새 트랜잭션 검증 및 추가하기

17단계에서 개별 컴퓨터가 순수 분산 P2P 시스템의 노드가 되어 블록체인-데이터-구조에 새로 추가될 트랜잭션 데이터와 블록에 대한 정보를 서로 주고받는 통신 방법을 알아보았다. 18단계에서는 트랜잭션 데이터를 받은 뒤 각 노드에서 어떤 일이 일어나는지 살펴보고, 블록체인-데이터-구조에 유효한 트랜잭션 데이터와 블록만 추가하는 방법을 알아본다.

학교의 사지선다형 시험지를 채점해 주는 서비스를 제공하는 회사를 생각해 보자. 학교는 학생들의 답지를 정답과 함께 회사로 전송하고, 회사는 모든 답지를 채점한다. 불행히도 회사 직원들은 이 일을 열심히 하고픈 동기가 별로 없다. 이에 회사는 직원들을 모두 계약직으로 전환하고 성과에 따른 보상을 주기로 결정한 후, 다음과 같은 3가지 규칙을 제시하였다.

> 규칙 1. 채점할 모든 답지, 정답지, 채점한 답지는 모두 컴퓨터 소프트웨어 시스템을 통해 모든 계약직원에게 제공되어야 한다.
>
> 규칙 2. 답지를 제일 먼저 정확히 채점한 계약직원만 1달러의 보상을 받는다.
>
> 규칙 3. 어떤 계약직원이 다른 계약직원의 오류를 발견하면 오류를 일으킨 계약직원은 보상금을 회사에 돌려줘야 하고, 이를 발견한 계약직원이 그 돈을 대신 받는다.

위의 시나리오에서 정한 규칙은 다음과 같은 결과를 초래한다.

- 계약직원은 성과에 기반한 보상만 받을 수 있으므로 규칙을 지켜야 할 강력한 경제적인 이유가 생긴다.
- 규칙 1에 따라 모든 계약직원들의 작업 조건과 소득 조건은 동일하다.

- 규칙 1에 따라 모든 계약직원들은 동료들의 오류 교정에 필요한 모든 정보를 가지고 있다.
- 규칙 2에 따라 각 계약직원들은 빠르게 작업할 동기가 생긴다. 그러나 작업 속도를 올리면 작업의 질이 떨어질 수 있다.
- 규칙 3에 따라 각 계약직원들은 공들여 일해야 할 동기가 생긴다.
- 규칙 3에 따라 각 계약직원들은 동료들의 오류를 교정하려는 동기가 생긴다.

이후 회사의 효율성은 크게 증가했다. 그러나 몇 달 후 회사는 고객사로부터 엄청난 항의를 듣게 된다. 채점 결과가 엉망이라는 것이다. 마치 모든 사지선다형 답지를 완전히 랜덤으로 채점한 것처럼 보였다. 조사 결과, 계약직원들끼리 일종의 담합을 통해 타인의 오류를 수정하는 일은 절대 하지 말고 빨리 채점하는 것에만 신경쓰기로 약속한 것을 알게 되었다. 채점을 가장 빨리 할 수 있는 방법은 임의로 채점하는 방식이므로 모든 계약직원들은 랜덤 채점 전략을 사용하기에 이른 것이다.

이 예에서 배울 수 있는 것은 보상, 처벌, 동료끼리의 압력, 경쟁 등을 조합해 독립적으로 행동하는 각 개인을 관리하려면 단체행동으로 대응하는 일이 발생하지 못하도록 해야 한다는 것이다.

이 단계에서는 위의 회사 사례와 비슷한 방법으로 당근-채찍 전략을 영리하게 구현한 블록체인-알고리즘을 소개한다.

목표

목표는 시스템의 무결성을 유지하면서 누구든지 트랜잭션 데이터 이력에 새로운 트랜잭션을 추가할 수 있도록 허용하는 것이다.

해결해야 할 과제

블록체인은 완전히 개방되어 있다. 심지어 부정직한 사람도 시스템에 컴퓨터를 연결할 수 있고 트랜잭션을 생성한 후 모든 노드에 트랜잭션 데이터를 전송할 수 있다. 결국 네트워크를 오가는 트랜잭션 데이터가 정확하다는 보장은 어디에도 없다. 따라서 시스템을 모두에게 개방하되 오직 유효한 트랜잭션만 추가될 수 있도록 보장하는 것이 필요하다.

아이디어

오직 유효한 트랜잭션만 시스템에 추가되도록 보장하려면 시스템의 모든 노드가 동료를 감시하도록 하는 동시에, 유효하고 승인된 트랜잭션을 추가하거나 타인의 작업에서 오류를 발견했을 때 적절한 보상을 해주어야 한다. 이를 통해 시스템의 모든 노드는 트랜잭션을 정확하게 처리하고 동료의 실수를 감시하고 잘못을 지적할 동기가 부여된다.

작동 원리: 구성요소들

블록체인-알고리즘은 노드가 새 트랜잭션 데이터와 블록을 어떻게 처리할지 통제하는 일련의 명령어다. 개별적 규칙과 절차는 다음의 5가지 구성요소로 이루어진다.

1 | 검증 규칙
2 | 보상
3 | 처벌
4 | 경쟁
5 | 피어 통제

1 | 검증 규칙

블록체인-알고리즘의 궁극적 목표는 블록체인-데이터-구조가 유효한 트랜잭션 데이터와 블록 헤더만으로 구성된 블록만을 가지도록 하는 것이다. 데이터가 유효한지는 다음의 두 가지 검증 규칙을 사용해 평가할 수 있다.

1) 트랜잭션 데이터 검증 규칙
2) 블록 헤더 검증 규칙

1) 트랜잭션 데이터 검증 규칙

트랜잭션 데이터의 검증 규칙은 형식적 정확성, 의미상 정확성, 승인의 3요소를 아우르고 있다. 9단계에서 트랜잭션 데이터의 검증 규칙에 대해 알아보았다. 이 규칙은 블록체인의 응용분야에 따라 달라진다. 예를 들어, 디지털 보너스 포인트의 소유권을 관리하는 블록체인과 부동산의 소유권을 관리하는 블록체인은 서로 다른 검증 규칙을 가질 것이다.

2) 블록 헤더 검증 규칙

블록 헤더 검증 규칙은 형식과 의미의 정확성에 초점을 맞춘다. 이 규칙은 트랜잭션 데이터의 내용과는 무관하고 블록체인-데이터-구조에 정보가 추가되는 방식과 관련이 있다. 16단계에서 블록 헤더의 필수 데이터와 그 검증 규칙에 대해 알아보았다. 블록 헤더를 검증하는 핵심 요소는 작업 증명의 확인과 해시 퍼즐이다. 개별적 해시 퍼즐을 해결한 헤더를 가진 블록만이 그 다음 단계로 넘어간다. 작업 증명을 확인받지 못한 헤더를 가진 블록은 즉시 폐기된다.

2 | 보상

유효한 블록을 생성하려면 블록의 **고유 해시** 퍼즐을 풀어야 **한다**. 이 과정에서 에너지, 시간, 돈이 소비**된다. 피어가** 해시 퍼즐을 푸는 부담을 기꺼이 짊어지도록 하는 유일한 **방법은** 비용에 상응하는 보상을 제공하는 것이다. 결국 블록체인-알고리즘은 유효한 블록을 제출한 노드가 보상을 받는 방식을 정의한다. 좀 더 **추상적인** 관점에서 보면, 보상은 전체 시스템의 무결성을 성취하고 유지하기 위해 짊어진 부담에 대한 대가라 할 수 있다.

3 | 처벌

보상과 반대로 블록체인에는 시스템 무결성에 반하는 행동을 하는 피어를 처벌하는 장치도 필요하다. 전형적인 처벌의 유형은 생성 당시엔 인정되었지만 나중에 유효하지 않거나 무용한 것으로 판명된 블록에 대해 이미 지급된 보상을 회수하는 것이다. 또 다른 처벌은 보상을 하지 않는 것이다. 노드가 작업 증명을 했지만, 블록이 중복되거나 너무 오래된 경우 또는 쓸모없는 경우에 보상을 하지 않으면 그 자체가 처벌이 된다. 유효한 블록을 생성하기 위해 해시 퍼즐의 해답을 찾는 데 비용이 수반되는데 보상을 받지 못하면 소모한 비용을 회복할 수 없기 때문이다. 그러므로 보상을 하지 않는 것 자체가 일종의 처벌이다.

4 | 경쟁

보상을 지급하는 것은 자원을 소모한다. 그러므로 시스템을 유지하는 데 기여한 바가 없거나 아주 미미한 노드에게 보상을 지급하여 자원을 낭비하는 것을 방지해야 한다. 비용을 줄이면서 높은 작업 품질을 성취하는 최선의 방법은, 서로 경쟁하도록 만드는 것이다. 블록체인-알고리즘은 다음 두 가지 기준의 조합으로 지속적인 경쟁을 유발하며 적절히 보상한다.

  1) 속도 경쟁
  2) 품질 경쟁

두 경쟁에서 모두 이긴 노드만 새 블록을 제출한 보상을 받는다. 경쟁의 묘수는 속도 경쟁에서 패배한 노드가 품질 경쟁의 심판이 되어 속도 경쟁에서 승리한 노드들이 제출한 블록을 검증하게 하는 것이다.

1) 속도 경쟁

노드 간 속도 경쟁은 해시 퍼즐에 기초한다. 유효한 블록 생성의 핵심은 작업 증명을 생성하는 것이고, 작업 증명은 곧 새 블록의 고유 해시 퍼즐을 해결했다는 의미이기 때문이다. 암호화 해시 함수의 본질상 해시 퍼즐을 푸는 데 소요되는 시간은 예측할 수 없다. 또한 퍼즐은 블록 자체에 의존하므로 사전에 해결할 수도 없다. 결과적으로 모든 노드는 새 블록의 해시 퍼즐을 푸는 경쟁에 참여하게 된다. 이 속도 경쟁은 어떤 노드가 새 블록을 제출함과 동시에 끝난다. 즉, 해시 퍼즐의 유효한 해답과 함께 새 블록을 제출한 최초의 노드가 속도 경쟁의 승자가 되고 품질 경쟁의 유일한 후보자가 된다.

2) 품질 경쟁

품질 경쟁은 제출된 블록의 정확성에 초점을 맞춘다. 어떤 노드가 새 블록을 제출하면 그 블록은 시스템의 모든 노드에게 전송되고, 새 블록을 수신한 모든 노드는 품질 경쟁의 심판 역할을 하게 된다. 트랜잭션 데이터와 블록 헤더의 검증 규칙에 기초해 새 블록을 검증하기 시작하는 것이다. 블록이 유효한 것으로 밝혀지면 새 블록을 제출한 노드는 보상을 받고, 새로운 속도 경쟁이 다시 시작된다. 블록이 유효하지 않은 것으로 판명되면 그 블록은 폐기되고 속도 경쟁이 다시 시작된다.

품질 경쟁은 피어 통제라는 흥미로운 측면을 내포하고 있다. 새 블록을 수령하면, 각 노드는 자신이 속도 경쟁에서 패했으며 품질 경쟁에서 심판 역할을 해야 한다는 사실을 깨닫는다. 이 노드들은 속도 경쟁에서 이미 졌기 때문에 더 잃을 게 없는 상황이다. 그러니 상상할 수 있는 가장 꼼꼼하고 엄격한 심판이 될 것이라는 점은 두말할 필요가 없다. 제출된 블록이 무효라는 사실을 입증하면 속도 경쟁이 다시 시작되고, 잘만 하면 자신이 승자가 될 수도 있다는 걸 모든 노드가 알고 있다. 바로 이 점 때문에 품질 경쟁, 즉 제출된 블록의 검사는 매우 높은 정확성을 가진다.

5 | 피어 통제

앞에서 살펴보았듯이 블록체인-알고리즘은 시스템의 모든 노드를 다른 노드의 감시자로 만든다. 그리하여 시스템의 모든 노드가 노동자인 동시에 감독관이 되어, 새 블록을 생성하고 트랜잭션을 검사하는 한편, 다른 노드가 생성한 블록을 수신해서 검토하고 검증하는 일을 한다. 결국 각 노드는 새 블록의 생성과 함께 유효하지 않은 트랜잭션 데이터와 블록의 감지, 거절, 제거에 기여한다.

작동 원리: 골격

경쟁 규칙에 따라 시스템의 모든 노드는 다음 두 상태 중 하나에 속해 있다.

1. 피어에 의해 생성되고 제출된 새 블록을 평가 중
2. 스스로 새 블록을 만들어 다른 피어에게 평가받으려 열심히 노력 중

블록체인-알고리즘의 중요한 역할 중 하나는 모든 노드가 동일한 작업 상태를 가지게끔 보장한다는 것이다. 동일한 작업 상태는 모든 블록이 동일한 트랜잭션 데이터 이력을 유지하게 하는 핵심 개념이다. 그러나 각 노드의 상태는 중앙 통제에 의한 것이어서는 안 된다. 그렇지 않다면 순수 분산 시스템의 본질과 모순되기 때문이다. 상태를 결정하는 것은 개별 노드에게 도착하는 메시지이다. 각 노드는 새 블록을 담고 있는 메시지를 받자마자 평가 상태로 스위치된다. 그리고 평가 상태가 완료되자마자 다시 새로운 트랜잭션을 검증하고 자체적으로 새 블록을 생성하기 위한 상태로 스위치된다.[*]

■ **옮긴이주** 이 책의 설명 중 많은 부분은 블록체인의 원론적인 설명 혹은 아주 초창기의 모습 정도로 이해하면 된다. 현실에서는 책의 설명과 달리 모든 노드가 동등하지 않고 몇 가지 유형으로 나뉜다. 비트코인만 해도 해시 퍼즐의 난이도는 이미 일반 개인 컴퓨터로 해결할 수 있는 수준을 넘어선 지 오래되었고, 전용 ASIC 하드웨어를 갖추어야 겨우 승산이 있는 그들만의 게임이 되었다. 또 처음으로 P2P 네트워크에 참여해서 전체 원장을 받으려면 (운이 좋으면) 며칠에 걸쳐 180 기가바이트를 받아야 한다(2017년 10월 23일 22시 50분 기준으로 491,325개 블록을 받아야 한다). 초창기에는 블록 하나의 크기가 수백 바이트에 불과했고, 담고 있는 트랜잭션도 10개 미만이었지만, 지금의 블록 하나는 1메가바이트에 육박하고 2,000여개가 넘는 트랜잭션을 담고 있다. 따라서 책의 설명처럼 모든 원장을 갖추고 새 블록도 만드는 노드는 전체 중 일부이다.

작동 원리: 세부 사항

노드가 새로운 트랜잭션 데이터와 다른 피어로부터 받은 블록을 다루는
방법은 다음의 규칙을 따른다(굵은 글씨로 쓰인 규칙이 두 가지 상태를 형성하는
것들이다).

규칙 1. 새 트랜잭션 데이터와 새 블록은 소문 형식으로 전달된다.

규칙 2. 각 노드는 메시지 수신함에 새로운 트랜잭션을 모으고 그중
선택한 것을 처리한다.

규칙 3. **각 노드는 새 블록을 최우선 순위로 즉시 처리한다.**

규칙 4. 각 노드는 새로운 트랜잭션 데이터의 승인 여부와 형식적 및
의미상 정확성을 검증하여 처리한다.

규칙 5. 각 노드는 유효한 트랜잭션 데이터만 머클 트리에 수집하고
해시 퍼즐을 해결해서 새 블록을 생성하는 작업을 시작한다.

규칙 6. **노드는 해시 퍼즐을 해결하자마자 새로 생성한 블록을 모든 노
드에게 전송한다.**

규칙 7. 각 노드는 새 블록에 대해 해시 퍼즐의 해를 검증하고, 새 블록
에 포함된 모든 트랜잭션 데이터의 형식적 정확성, 의미상 정
확성, 승인 여부를 검증하여 처리한다.

규칙 8. 각 노드는 자신이 가진 블록체인-데이터-구조의 복사본에 유
효한 블록을 추가한다.

규칙 9. 새로 도착한 블록이 유효하지 않은 것으로 식별되면 폐기되

고, 노드는 계속해서 트랜잭션 데이터를 처리하거나 새 블록
의 해시 퍼즐을 마무리한다.

규칙 10. 새로 도착한 블록이 유효한 것으로 판명되면 노드는 새 블록
에 포함된 트랜잭션들을 메시지 수신함에서 제거하고, 트랜
잭션 데이터 처리와 새 블록 생성을 시작한다.

규칙 11. 블록체인-데이터-구조에 추가된 블록이 나중에 유효하지
않거나 쓸모없는 것으로 판명되면 그 블록은 물론 후속 블록
들 모두 블록체인-데이터-구조에서 제거되고 소속 트랜잭
션들은 재처리를 위해 메시지 수신함에 다시 추가된다.

규칙 12. 제출한 블록의 유효성을 인정받은 노드는 블록에 포함된 모
든 트랜잭션에 대해 보상을 지급받는다.

규칙 13. 블록체인-데이터-구조에 있던 블록이 제거되면 노드가 받
았던 보상금은 모두 회수된다.

부정직한 노드는 어떻게 처리할까?

블록체인의 목표는 안정성과 신뢰성을 알 수 없는 미지수의 노드로 구성
된 완전 개방 P2P 시스템에서 무결성과 신뢰성을 생성 유지하는 것이다.

■ **옮긴이주** 나중에 무효로 판명된 블록은 실제로는 블록체인-데이터-구조에서 물리적으로 제거
되지 않지만 유효하지 않은 것으로 표시되어 제거된 것처럼 취급한다. 결과적으로 모든 변경
사항은 문서화된 대로 시스템 내 그대로 유지된다.

소유권을 관리하는 P2P 시스템에서 가장 두드러진 부정직한 행위는 다음과 같다.

- 다른 사람으로 위장해 트랜잭션을 제출
- 유효하지 않은 트랜잭션 데이터나 블록을 인정
- 노드를 다운시키기 위해 수많은 트랜잭션 데이터를 전송
- 특정 트랜잭션 데이터 처리를 거부
- 정보 전달을 거부

이런 부정직한 경우 모두는 이미 다음과 같이 처리되고 있다.

- 해당 개인 키 소유자에게만 계정의 접근을 허용하는 트랜잭션의 보안 개념(비대칭 암호화 기법과 디지털 서명을 통한 식별, 인증, 승인)
- 소문 형식의 통신은 모든 노드가 결국 모든 정보를 수신하게 되는 것을 보장
- 특정 노드가 잘못되거나 데이터 처리를 멈추어도 전체 시스템은 계속 작동하도록 보장하는 시스템 아키텍처
- 블록체인-알고리즘

블록체인이 부정직한 노드를 처리하는 가장 큰 무기는 정직한 다수의 힘과 보상 및 처벌의 효과이다. 특정 노드가 위조된 트랜잭션을 보내거나

유효하지 않은 트랜잭션 데이터나 블록을 승인하더라도 보상을 향한 다수의 열망이 시스템 무결성을 해치려는 부정직한 노드의 욕망보다 훨씬 크고 강력하다. 물론 이런 접근방식은 다수의 정직한 노드가 실제로 존재한다는 가정에 기초한다.

> **🎲 핵심 정리하기**
>
> 이 단계에서는 블록체인이 트랜잭션을 처리하고 블록체인-데이터-구조에 추가하여 트랜잭션 데이터의 공식 이력에 포함시키는 방법에 대해 알아보았다. 이 단계에서 설명한 바에 따르면, 시스템의 모든 노드가 동일한 버전의 블록체인-데이터-구조를 유지하고, 동일한 트랜잭션 데이터가 유지되도록 보장한다. 그러나 경우에 따라 노드는 다른 이력을 가질 수 있다. 이는 단일 트랜잭션 데이터 이력에 동의하지 않는다는 의미가 된다. 이런 충돌을 해결하는 것은 블록체인의 또 다른 과제이며, 다음 단계에서 다루게 된다.
>
> - 블록체인-알고리즘은 트랜잭션 데이터를 처리하고 시스템에 추가하는 방법을 통제하는 일련의 규칙과 명령어이다.
> - 블록체인-알고리즘이 해결해야 할 과제는 시스템을 누구에게나 개방된 상태로 유지하면서 유효하고 승인된 트랜잭션만 추가되도록 하는 것이다.
> - 블록체인-알고리즘은 경쟁과 피어 통제를 합친 당근과 채찍을 활용하고 있다.
> - 블록체인-알고리즘의 주요 아이디어는 모든 노드가 피어들을 감시하는 역할을 하면서 유효하고 인증된 트랜잭션을 추가하고, 타인의 오류를 찾아내서 보상을 받게 하는 것이다.
> - 블록체인-알고리즘의 규칙에 따라 시스템의 모든 노드는 트랜잭션을 정확히 처리하고 다른 노드의 잘못을 지적하고 감시할 동기가 생긴다.

- 블록체인-알고리즘은 다음 개념을 기반으로 한다.
    - 트랜잭션 데이터와 블록 헤더의 규칙 검증
    - 유효한 블록을 제출한 데 대한 보상
    - 시스템 무결성을 해치려는 행동에 대한 처벌
    - 처리 속도와 품질에 기반한 보상을 성취하기 위한 동료 간 경쟁
    - 피어 통제

- 경쟁 규칙은 네트워크 내 모든 노드의 작업을 통제하는 두 가지 상태를 구축한다. 어떤 특정 시각에 모든 노드는 다음 둘 중 하나의 상태에 있다.
    - 타인이 생성한 새 블록 평가 중
    - 스스로 새 블록을 생성하고 다른 동료에게 평가받으려 열심히 노력 중

- 특정 시점의 작업 상태는 개별 노드에게 도착한 메시지에 의해 결정된다.

- 보상을 향한 정직한 다수 노드의 열망이 시스템 무결성을 해치려는 부정직한 노드의 욕망보다 훨씬 크고 강력하다.

컴퓨터들도 라인을 잘 타야 살아남는다
노드들이 갈림길에서 일관되게 선택하는 방법

18단계에서 블록체인의 노드가 트랜잭션 데이터와 블록을 어떻게 처리하는지 설명했다. 그러나 시스템 내 개별 노드가 유지하는 트랜잭션 이력은 지연이나 메시지 전송의 오류 등으로 인해 서로 다를 수 있다. 따라서 이 단계는 시스템의 개별 노드가 유지하고 있는 트랜잭션 이력이 서로 달라 충돌이 생기는 문제를 어떻게 해결하는지 집중적으로 알아본다.

마지막으로 공원을 산책한 것이 언제인가? 공원에는 두 가지 길이 있다. 애초의 설계대로 잘 포장된 길과 관광객들이 만든 길. 관광객들이 만든 길은 대개 맞은편 명소나 두 벤치 사이 혹은 다른 관심 지역으로 가는 지름길이다. 이 길은 많은 사람들이 포장된 길을 벗어나 걷기로 결정한 그 지점에 생겨난다. 그렇게 가는 것이 포장된 길을 따라 걷는 것보다 훨씬 바람직해 보여서다. 잘 사용하지 않는 길은 자연의 힘으로 그 영역을 회복하면서 점차 사라지지만, 여러 사람이 계속 이용하는 길은 그대로 남는다. 이번 단계는 공원에서 없던 길이 생기고 다시 없어지는 것과 유사한 속성을 가진 블록체인의 한 측면을 소개한다.[*]

목표

목표는 네트워크 내 모든 노드가 명확한 단일 트랜잭션 이력만 유지하도록 해서 어느 노드가 소유권 확인 요청을 처리하든 항상 동일한 결과가 산출되도록 하는 것이다.

■ **옮긴이주** 이 비유에서 기저에 깔린 '다수결에 의한 분산 합의' 개념은 가능한 여러 방식 중 하나일 뿐이다. 실제로 비트코인은 다수결이 아니라 규칙을 지키는 사람 중 가장 힘센 한 명을 따라 모두 바뀌는 방식으로 구현되었다. 다시 말해, 노드의 개수가 몇 개든 간에(힘센 1명과 99명으로 갈라졌어도) 가장 힘 센 한 명을 모두가 따라가는 것이다. 이때 '힘센' 사람을 결정하는 방법은 여러 가지가 있는데 비트코인에서는 작업 증명을 통해 '블록체인을 만드는 데 가장 많은 노력과 에너지를 투입한 사람'으로 정의하고 있다.

해결해야 할 과제

18단계에서 설명한 블록체인-알고리즘에는 노드를 통제하고 특정 시각에 누가 무슨 일을 할지 관할하는 전체 통제 장치 같은 것이 없다. 대신 개별 노드의 수신함에 도착한 새 블록이 그 노드가 무슨 일을 해야 할지 알려주는 신호와 같은 역할을 한다. 그러나 메시지는 분실될 수 있고 늦게 배달될 수 있으며 순서가 뒤죽박죽인 상태로 도착할 수 있다. 더구나 작업 상태의 전환도 같은 시각에 모든 노드에게서 동일하게 일어나지 않는다. 각 노드는 자신의 수신함에 도착한 메시지에 따라 두 작업 사이를 개별적으로 전환한다. 이 때문에 개별 노드의 작업 상태에 중첩이 생길 수 있다. 두 현상 모두 네트워크의 모든 피어가 명확한 단일 트랜잭션 이력을 유지하는 데 크나큰 장애가 된다. 따라서 메시지 전달 과정에 어떤 문제가 발생하더라도 중앙 통제 방식 해법에 의존하는 일 없이 명확한 단일 트랜잭션 이력을 식별하는 방법을 찾아야 한다.

아이디어

집단적 의사결정 문제에서 동의나 합의에 이르는 과정을 분산 합의distributed consensus라 부른다. 중앙 통제나 조정 요소 없이 독립적으로 행동하는 개인들에 의해 합의에 이르렀기 때문이다.

한줄정리 합의는 '독립된 개인들 사이의 동의'와 같은 말이다. 분산 합의는 순수 분산 P2P 시스템 구성원들 사이의 동의를 의미한다.

독립적으로 행동하는 개인들로 구성된 군중이 집단적 문제를 해결하는
상황은 다음과 같은 조건으로 특징지을 수 있다.

1. 집단을 구성하는 독립된 개인들은 동일한 환경에서 행동한다.
2. 집단적 의사결정이 필요한 문제가 존재한다.
3. 개인들은 동일한 목표를 달성하기 위해 독립적으로 노력한다.
4. 목표 달성을 위해 개인이 취한 행동은 환경에 가시적 흔적을 남겨
   집단적 의사결정 문제를 결정하는 데 도움을 준다.
5. 각 개인은 환경 변화에 기반한 동일한 기준을 사용해 의사결정 문
   제를 평가한다.

블록체인의 아이디어는 모든 노드가 단일 버전의 트랜잭션 이력을 선택하
자는 것이다. 지금까지 살펴본 블록체인은 집단적 의사결정 상황의 처음
네 가지 조건을 충족한다.

1. 모든 노드는 네트워크, 블록체인-데이터-구조의 개별 복사본을 유
   지하는 노드들, 노드들의 행동을 통제하는 블록체인-알고리즘으로
   구성된 동일한 환경에서 작동한다.
2. 집단적 의사결정 문제는 단일 트랜잭션 이력을 선택하는 것이다.
3. 모든 노드는 수입을 최대화하기 위해 블록체인-데이터-구조에 유
   효한 새 블록을 추가하고 보상을 받으려 노력한다.

4. 모든 노드는 목표 달성을 위해 자신이 생성한 새 블록을 피어들에게
보내 검사받고 인정받으려 한다. 그 결과 각 노드는 집단적으로 유지
되는 블록체인-데이터-구조 환경에 개별적인 흔적을 남기게 된다.

그러나 '환경 변화에 기반한 동일한 기준을 사용해 의사결정 문제를 평가한다'는 다섯 번째 조건은 빠져 있다. 여기서 말한 '기준'을 살펴보기 위해 트랜잭션 데이터 이력을 선택하는 과정을 다시 짚어보자. 작업 증명으로 인해 새 블록을 추가하는 것은 계산 비용이 많이 들고, 트랜잭션 이력을 조작하려는 시도는 그보다 훨씬 더 많은 계산량이 필요하다. 따라서 둘 이상의 상충된 트랜잭션 버전이 있을 때 조작된 데이터를 분별하려면 각 트랜잭션 이력을 생성하기 위해 사용한 계산 노력의 누적 총합을 기준으로 삼아 고르면 된다. 이렇게 트랜잭션 이력을 선택할 때 동일한 기준을 적용하면 시스템의 모든 노드는 궁극적으로 동일한 버전의 이력을 가질 것이다. 집단적으로 선택된 트랜잭션 이력의 버전은 대개 권위 체인 authoritative chain 또는 권위 이력authoritative history이라 불린다.

작동 원리

계산 노력을 판단하는 기준은 다음 두 가지로 요약된다.[*]

---

1 | 가장-긴-체인-기준

2 | 가장-무거운-체인-기준

1 | 가장-긴-체인-기준

가장-긴-체인-기준$^{\text{The longest-chain-criterion}}$의 기본 아이디어는 가장 많은 블록을 가진 블록체인-데이터-구조에서 가장 많은 계산 노력이 소모되었을 것이라는 가정에 기초한다. 이 기준을 알아보기 위해 분산 시스템의 모든 노드가 그림 19-1의 블록체인-데이터-구조를 유지하고 있는 초기 상태를 가정해 보자. 설명의 편의상 그림 19-1에서는 블록체인-데이터-구조의 여러 세부 사항은 생략했다. 블록을 나타내는 각 상자는 축약된 해시값으로 식별할 수 있다. 초기 상황에서 모든 노드는 하나의 트랜잭션 데이터 이력에 동의했으며, A397을 가리킬 새 블록을 만들어 기존 체인을 확장하려고 노력 중이다.

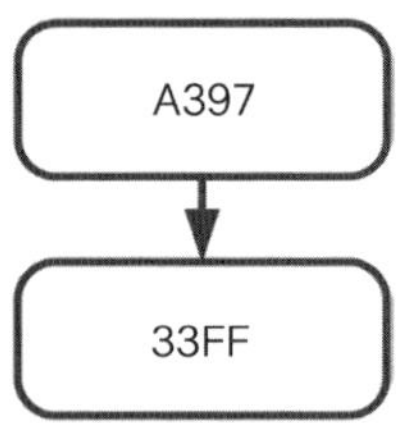

그림 19-1 분산 시스템에서 초기 블록체인-데이터-구조

준을 비롯한 다른 모든 경우를 포함하는 것으로 정리할 수 있다. 정작 사토시 나카모토의 원래 논문에는 가장-긴-체인-기준이라는 용어만 사용했다.

어떤 노드가 해시 퍼즐을 해결하고 새 블록을 피어들에게 전송하면 블록
체인-데이터-구조는 그림 19-2와 같은 상태가 된다.

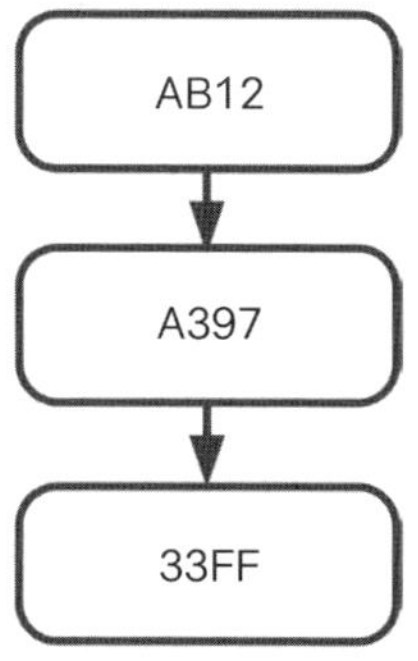

그림 19-2 기존 블록체인-데이터-구조에 새 블록을 추가한 결과

이후 노드들은 AB12를 이전 노드로 만드는 또 다른 새 블록을 만들기 위
해 노력할 것이다. 대다수의 관점에서 이 상태를 보면, 세 개의 블록으로
구성된 오직 한 가지 버전의 블록체인-데이터-구조만 존재한다. 그러나
네트워크를 통해 새 블록을 전송하다 보니 메시지 전달의 지연으로 인해
소수의 노드는 아직 AB12를 전달받지 못했을 수 있다. 아직 새 노드를
전달받지 못한 소수 중 하나가 새 블록의 해시 퍼즐을 성공적으로 해결
하고 해시값 DD01을 피어들에게 전송한다면 어떻게 될까? 궁극적으로
대다수의 노드는 AB12와 DD01 블록 두 개를 모두 수신하게 된다. 그 결
과 대다수 노드는 그림 19-3처럼 같은 몸통 상단에 두 개의 가지가 뻗어
있는 블록체인-데이터-구조를 유지하게 된다. 이런 경우 가장-긴-체
인-기준으로는 명확한 결과를 만들지 못한다. 양쪽 체인(AB12 → A397 →

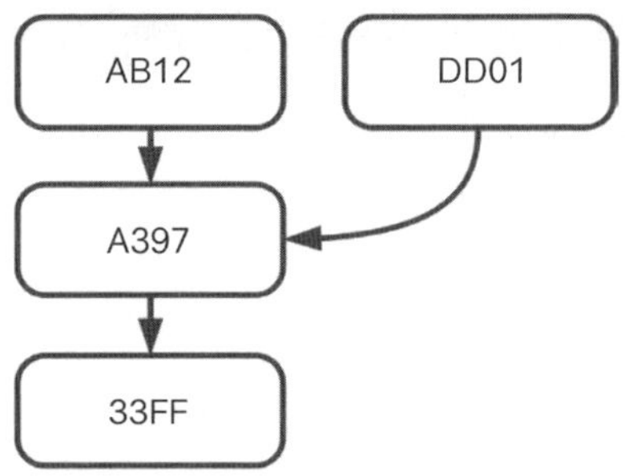

그림 19-3 지연된 블록이 도착한 뒤 블록체인-데이터-구조

33FF와 DD01→ A397 → 33FF)의 길이가 같기 때문이다.

그림 19-3과 같이 체인의 길이가 같은 경우 각 노드는 어느 쪽 가지를 확장할지 임의로 정한다.

어떤 노드는 AB12를 이전 블록으로 만드는 새 블록을 찾기 위해 애쓰고, 어떤 노드는 DD01을 가리키는 새 블록을 찾기 위해 노력한다. 그러는 중 두 노드가 거의 동시에 작업 증명을 마쳤다고 가정하자. 그러면 대다수의 노드가 두 개의 새 블록을 수신하는데, 두 블록 모두 AB12를 이전 블록으로 가리키고 있다(그림 19-4 참조). 이 두 블록이 블록체인-데이터-구조에 포함되면 그림 19-4와 같이 세 갈래의 체인으로 구성된 데이터 구조가 된다. 셋 중 하나의 체인은 3개의 블록으로 이루어지고, 나머지 두 개는 4개의 블록으로 이루어져 있다.

가장-긴-체인-기준으로 보면 명확하게 가장 짧은 체인인 DD01 → A397 → 33FF는 제외된다. 그러나 길이가 같은 체인이 두 개 있어서 여전히 명확한 단일 결과를 만들어내지 못한다. 결과적으로 어떤 노드는

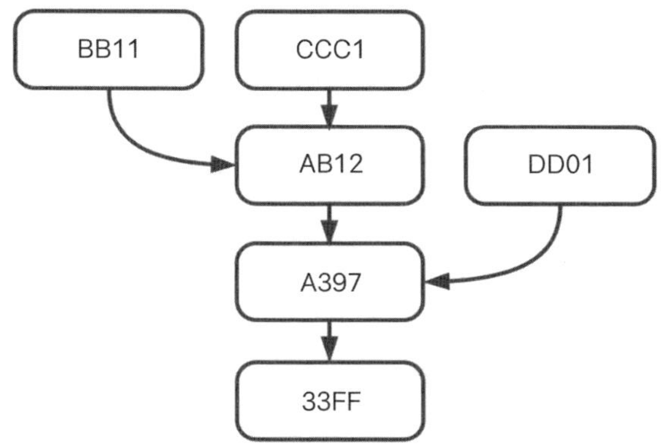

그림 19-4 두 노드가 거의 동시에 작업 증명을 마친 경우의 블록체인-데이터-구조

BB11을 이전 블록으로 하는 새 블록을 생성하려고 노력할 것이고, 또 다른 노드는 CCC1을 이전 블록으로 하는 새 블록을 생성하려고 고군분투할 것이다. 그 와중에 그림 19-5처럼 BB11을 이전 블록으로 가리키는 새 블록이 도착하면, 명확하게 0101 → BB11 → AB12 → A397 → 33FF

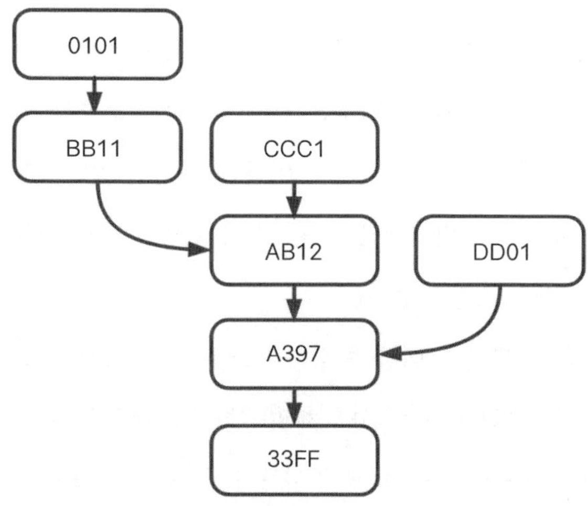

그림 19-5 새 블록이 도착한 후 가장 긴 체인을 가지게 된 블록체인-데이터-구조

블록으로 구성된 체인을 단일 결과로 선택할 수 있다. 결국 가장-긴-체인-기준을 적용하면 대다수의 노드 그리고 궁극적으로 시스템의 모든 노드가 소유권의 명확화와 관련된 요청에 대해서 이 체인을 사용하게 된다. 여기서 알 수 있는 중요한 점 한 가지는 블록체인-데이터-구조는 실제로는 일직선으로 이어진 체인이 아니라 트리나 원주형 선인장처럼 생겼다는 것이다. 말하자면 블록 선인장인 셈이다. 트리의 가지는 충돌하는 버전의 트랜잭션 이력을 나타낸다.

한줄정리 모양 때문에 블록체인-데이터-구조는 종종 트리-데이터-구조라 불린다. 블록체인-데이터-구조의 최초 블록, 그러니까 제일 오래된 블록은 자신이 가리키는 이전 블록이 없으므로 종종 트리-모양 구조의 루트라고 불린다. 자신을 가리키고 있는 블록이 없는 블록은 잎이라고 부르고, 루트 블록부터 잎 블록까지 순서대로 연결된 고리는 경로(path)라고 부른다.

2 | 가장-무거운-체인-기준

16단계에 따르면, 해시 퍼즐의 난이도는 동적으로 결정되므로 블록체인-데이터-구조에 새 블록을 추가하기 위한 계산 노력은 블록마다 달라지게 된다. 앞서 살펴본 가장-긴-체인-기준은 가장 많은 블록을 가지고 있는 경로가 가장 많은 계산 노력을 소모한 것이라는 가정에 기반하고 있다. 하지만 난이도가 블록마다 다를 때는 가장 긴 경로가 반드시 가장 많은 계산 노력을 소모했다는 보장이 없다.

각 경로별로 실제로 사용된 계산 노력을 측정하려면 각 블록 헤더의 난이도를 모두 더하면 된다. 그림 19-6의 블록체인-데이터-구조는 그림 19-5와 동일하되 각 블록의 난이도를 함께 표시했다. 블록 헤더에 난이

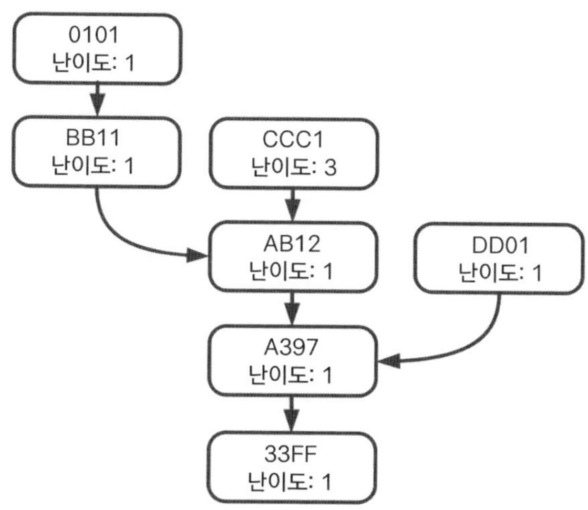

그림 19-6 난이도를 표시한 블록체인-데이터-구조

도 값이 존재하므로 누적 난이도를 구하는 건 어렵지 않다. 경로의 누적 난이도를 보통 가중치라고 부른다. 가장 긴 체인(루트 33FF에서 잎 0101로 가는 경로)의 가중치는 5이고, 두 번째로 긴 체인(루트 33FF에서 잎 CCC1로 가는 경로)의 가중치는 6이다. 따라서 그림 19-6은 가장-긴-체인-기준으로 선정된 체인이 사실은 가장 많은 계산 노력을 소모한 체인이 아니라는 것을 보여준다.

이 때문에 동적으로 난이도를 결정하는 블록체인은 가장-긴-체인-기준을 사용하지 않는다. 대신 가장-무거운-체인-기준The heaviest-chain-criterion을 활용해 가장 무거운 체인을 가진 트랜잭션 데이터 이력을 선택한다. 물론, 모든 블록의 난이도가 동일한 상황에서는 가장-긴-체인-기준과 가장-무거운-체인-기준의 결과도 동일하다.

선택받지 못한 체인은 어떻게 될까?

특정 체인을 선택하면 다음과 같은 결과가 나온다.

1 | 고아 블록

2 | 보상 회수

3 | 소유권 명확화

4 | 트랜잭션 재처리

5 | 공통 몸통의 성장

6 | 궁극적 일관성

7 | 조작에 대한 견고성

1 | 고아 블록

권위 체인이 선정되면, 트리-모양 데이터 구조 내 권위 체인 경로에 속하지 않은 블록은 모두 버려지게 되는데, 이를 고아 블록 orphan block 이라 부른다. 예를 들어 가장-긴-체인-기준을 그림 19-4의 상황에 적용하면 블록 DD01이 고아 블록이 되고, 그림 19-5의 상황에서는 블록 DD01과 CCC1이 가장-긴-체인의 일부가 아니므로 버려진다. 가장-무거운-체인-기준을 그림 19-6 상황에 적용하면 블록 0101, BB11, DD01이 모두 권위 체인의 일부가 아니므로 버려진다.

2 | 보상 회수

고아 블록은 권위 체인에 기여하지 않으므로 소유권 명확화에 아무런 쓸
모가 없다. 따라서 고아 블록을 생성하고 제출해서 보상을 받았던 노드
들로부터 보상을 회수해야 한다. 이는 18단계에서 설명한 블록체인-알
고리즘 규칙 11과 13에 따른 것이다. 규칙에 따르면 블록체인-데이
터-구조에 추가된 블록이 나중에 유효하지 않거나 쓸모없는 것으로 판
명되면 그 블록은 물론 후속 블록들 모두 블록체인-데이터-구조로부터
논리적으로 제거되고, 그 블록을 추가하면서 보상을 받은 노드에게서 보
상을 회수한다.

3 | 소유권 명확화

권위 체인에 속한 트랜잭션들만 실제로 발생한 것으로 인정받아 소유권
명확화에 사용된다. 고아 블록은 마치 발생한 적이 없었던 것처럼 간주
되고 소유권 명확화와 관련된 요청을 할 때 존재하지 않는 것처럼 취급
된다.

4 | 트랜잭션 재처리

불행하게도 고아 블록에 소속돼 버려진 트랜잭션 데이터는 다시 노드의
수신함에 넣어져 재처리된 후 블록체인-데이터-구조에 다시 추가되어
'선택된 트랜잭션 이력'의 일부가 될 기회를 한 번 더 부여받는다. 이는
18단계에서 설명한 블록체인-알고리즘 규칙 11에 따른 것이다. 그 결과

한때 체인의 일부였던 트랜잭션은 자신이 속해 있던 블록이 버림받는 바람에 잠시 사라지게 되지만 재처리가 되자마자 다시 나타난다.

5 | 공통 몸통의 성장

선택 기준을 적용한다고 해서 항상 명확한 결과를 얻을 수 있는 것은 아니다. 예를 들어 그림 19-3과 19-4 같은 경우 가장 긴 체인이 두 개 존재한다. 다시 말해 블록체인-데이터-구조는 공통 몸통에서 자라난 길이가 같은 두 가지 경로를 가지게 된다. 그림 19-3에서 공통 몸통은 짧은 체인 A397 → 33FF로 형성된 단 두 개의 블록으로 구성된다. 그림 19-4의 공통 몸통은 이전 상황의 공통 몸통을 포함하는 체인 AB12 → A397 → 33FF이며 세 개의 블록으로 구성된다. 이런 식으로 트랜잭션 이력의 상충되는 버전은 덜 모호한 공통 몸통으로부터 뻗어나온 것이기 때문에 깊이 들여다볼수록 해당 블록이 가장 긴 체인의 일부인지 아닌지가 더 명확해진다.

6 | 궁극적 일관성

그림 19-4처럼 가장-긴-체인-기준이 모호할 경우, 추가될 다음 블록에 의해 블록 BB11과 CCC1 중 어느 것이 가장 긴 체인의 일부가 될지 결정된다. 그렇다면 블록체인-데이터-구조에 추가될 다음 블록이 어디에 붙을지를 누가 결정할까? 놀랍기도 하고 실망스러울 수도 있겠지만 어느 가지를 확장할 것인지는 순전히 노드가 알아서 결정한다. 어떤 노드는

BB11을 이전 블록으로 하는 새 블록을 생성하기 위해 노력하고, 또 다른 노드는 CCC1을 이전 블록으로 하는 새 블록을 생성하려고 노력한다. 그중 누가 먼저 새 블록을 완성할 것인지는 해시 퍼즐의 정답에 달려 있고, 해시 퍼즐을 해결하는 데 유한하지만 긴 시간이 소요된다. 그래서 트리-모양 블록체인-데이터-구조는 해시 퍼즐의 속도 경쟁과 네트워크를 통한 메시지 전달의 임의 변동성에 영향을 받으며 무작위로 성장한다. 앞에서 설명한 것처럼 트리-모양 블록체인-데이터-구조에서 선택된 가지들은 몸통에 그대로 붙어 있게 된다. 따라서 권위 체인의 정상이나 그 근처 블록들은 새 블록이 랜덤으로 도착하는 성질에 영향을 많이 받지만 블록체인-데이터-구조 깊숙한 곳에 존재하는 블록들은 영향을 덜 받게 된다. 따라서 블록이 권위 체인에 깊이 들어가 있을수록 다음과 같은 사실이 성립된다.

- 더 오래 전에 추가되었다.
- 블록체인-데이터-구조에 포함된 후 더 많은 시간이 흘렀다.
- 후속 블록 추가에 더 많은 공통된 노력이 소모되었다.
- 가장 긴 체인에 속한 블록들의 변화에 덜 영향받는다.
- 버려질 가능성이 낮다.
- 시스템의 다른 노드에 의해 더 많이 인정되었다.
- 노드의 공통 이력에 남을 가능성이 더 높다.

시간이 지나 더 많은 블록이 추가될수록 권위 체인에 포함될 가능성이 더 높아지는 현상을 '궁극적 일관성^{eventually consistency}'이라 부른다.

7 | 조작에 대한 견고성

트리-모양의 블록체인-데이터-구조 중 계산 노력이 가장 많이 들어간 경로가 바로 트랜잭션 이력의 권위 있는 버전이다. 블록체인-데이터-구조 내부의 특정 블록에서 시작하는 새로운 권위 경로를 만들려면 대다수가 유지하고 있는 경로를 따라잡고 앞질러야 한다. 이 점이 바로 블록체인이 가진 견고성의 기초가 된다.

시스템의 대다수 계산 자원을 정직한 노드들이 차지하고 있는 한 그 노드들이 유지하고 있는 경로는 가장 빨리 성장하고 다른 모든 경쟁 경로를 앞지르게 될 것이다. 공격자가 내부 블록을 조작하려면 작업 증명을 다시 해야 하고, 모든 후속 블록의 해시 퍼즐을 다시 풀어서 정직한 노드들이 유지하고 있던 경로를 따라잡아야 한다. 그러니 대다수의 계산 자원을 모두 합친 것보다 월등한 계산 자원을 가지고 있지 않는 한 공격자가 대다수 노드들이 유지하고 있는 경로를 따라잡고 앞지르는 것은 불가능하다. 기만적 트랜잭션을 담고 있는 새로운 권위 경로를 구축하려는 어떠한 시도도 정직한 대다수가 유지하는 경로에 의해 추월되고 버려지게 될 것이기 때문이다. 결론적으로 시스템이 유지하는 트랜잭션 이력은 조작으로부터 견고하다.

어떤 조작의 위험이 있나?

보통 집단적 의사결정 결과에 영향을 미쳐서 얻을 게 있다고 생각되면 조작의 표적이 된다. 블록체인과 블록체인의 분산 합의 알고리즘도 예외는 아니다. 조작의 목적은 오로지 한 가지다. 권위 체인의 블록 일부를 고아 블록으로 만들고, 트랜잭션 데이터의 새로운 권위 체인을 만들어 공격자에게 혜택이 돌아가도록 조작된 소유권 정보를 배부하는 것이다. 이러한 조작은 다양한 관점에서 논할 수 있다. 경제적으로는 트랜잭션 데이터 이력을 변경하여 소유권을 바꾸려 할 것이고, 집단적 의사결정과 관련해서는 원하는 결과를 달성하기 위해 대다수의 표를 얻으려 노력할 것이다. 또 기술적인 측면으로 보면 시스템의 무결성을 약화시키려는 목적일 수 있다. 이런 조작들은 숨겨진 중앙 통제 요소를 일정 시간 이상 생성해서 시스템 상태를 변경하려 노력한다. 이런 공격을 흔히 51% 공격51% Attack이라고 부른다.

> **한줄정리** 51% 공격은 집단적 의사결정 프로세스에서 대다수의 표를 얻거나 통제하려고 시도하는 것을 말한다.

■ **옮긴이주** 집단적 의사결정 프로세스에서 모든 노드가 동일한 기준을 활용해 궁극적으로 합의에 이르게 된다는 표현은 오해의 소지가 있다. 블록체인-데이터-구조에서 궁극적 합의는 다수결에 의해 이루어지는 것이 아니라, 가장 강력한 해시 파워를 가진 단 하나의 노드에 의해 결정된다. 51% 공격도 51%의 투표를 받았다는 것이 아니라 특정 노드가 51%의 힘을 가졌다는 의미이다.

해시 퍼즐이 계산 비용을 증가시켜 조작을 방지한다

16단계에서 블록체인-데이터-구조를 변하지 않게 만드는 방법을 배웠다. 기술적 관점에서 보면 해시 퍼즐은 블록체인-데이터-구조를 불변성으로 만들기 위한 수단에 불과하다. 그러나 블록체인-데이터-구조의 다양한 용도를 고려하면 해시 퍼즐의 다른 측면을 볼 수 있다. 트랜잭션 이력의 집단적 동의에 이르는 과정에서 블록체인-데이터-구조를 구성하는 개별 블록을 투표용지라 치면, 해시 퍼즐은 투표지 제출에 드는 비용을 증가시키는 요소가 된다. 결과적으로 해시 퍼즐이 비용을 증가시켜 부정직한 사람들이 투표에 참여하는 것을 억제하는 역할을 하게 된다.

> ### 핵심 정리하기
>
> 이 단계에서는 순수 분산 P2P 시스템의 각 노드가 집단적으로 트랜잭션 데이터 이력을 유지하는 것과 관련해 동의에 이르는 방법을 집중적으로 알아보았다. 또한 집단적 합의와 무결성을 유지하는 데 있어 해시 퍼즐이 하는 중요한 역할에 대해서도 조명해 보았다. 다음 단계에서는 보상의 중요성과 함께 시스템 무결성에 기여한 피어들의 보상을 위해 사용되는 결제 수단에 대해 알아본다.
>
> - 새 블록을 네트워크에 전송하는 데 걸린 시간의 지연으로 인해, 또는 거의 동시에 새 블록을 생성한 노드들로 인해 블록체인-데이터-구조는 트리나 선인장처럼 자란다. 공통 몸통으로부터 뻗어나간 줄기들은 트랜잭션 이력의 버전이 서로 충돌하는 것을 나타낸다.
> - 동일한 버전의 트랜잭션 이력을 선택하는 것은 집단적 의사결정 문제이다.

- 분산 합의는 순수 P2P 시스템에서 집단적 의사결정 문제에 대한 구성원들의 동의이다.

- 블록체인의 집단적 의사결정 문제는 다음과 같은 성질로 특징지어진다.
    - 모든 노드는 네트워크, 블록체인-데이터-구조의 개별적 복사본을 유지하는 노드, 노드의 행동을 통제하는 블록체인-알고리즘으로 구성된 동일한 환경에서 작동한다.
    - 의사결정 문제는 모든 노드가 동일한 트랜잭션 이력을 선택하는 것이다.
    - 모든 노드는 블록체인-데이터-구조에 유효한 새 블록을 추가함으로써 보상을 얻어 개인적 수입을 최대화하려 노력한다.
    - 목표 달성을 위해 각 노드는 새 블록을 피어들에게 전달해 검사받고 인정받으려 한다. 그 결과 각 노드는 환경에 개별적 흔적을 남기게 되고 이것이 모여 블록체인-데이터-구조를 유지한다.

- 모든 노드는 트랜잭션 데이터 이력 선정을 위해 동일한 기준을 사용한다.

- 가장-긴-체인-기준은 각 노드가 트리-모양 블록체인-데이터-구조 중 가장 많은 블록을 가진 경로를 개별적으로 선택하는 것이다.

- 가장-무거운-체인-기준은 각 노드가 트리-모양 블록체인-데이터-구조 중 난이도 합산이 가장 큰 경로를 개별적으로 선택하는 것이다.

- 트리-모양 블록체인-데이터-구조의 특정 경로를 선정하면 다음과 같은 결과가 만들어진다.
    - 고아 블록
    - 보상 회수
    - 소유권 명확화
    - 트랜잭션 재처리
    - 공통 몸통의 성장
    - 궁극적 일관성
    - 조작에 대한 견고성

- 블록이 권위 체인에 깊숙이 들어가 있을수록 다음과 같은 사실이 성립된다.
    - 더 오래 전에 추가되었다.
    - 블록체인-데이터-구조에 포함된 후 더 많은 시간이 흘렀다.
    - 후속 블록 추가에 더 많은 공통된 노력이 소모되었다.
    - 가장 긴 체인에 속한 블록들의 변화에 덜 영향받는다.
    - 버려질 가능성이 낮다.

- 시스템의 다른 노드에 의해 더 많이 인정되었다.
  - 노드의 공통 이력에 남을 가능성이 더 높다.

- 시간이 지나 더 많은 블록이 추가될수록 권위 체인에 포함될 가능성이 더 높아지는 현상을 '궁극적 일관성'이라 부른다.

- 51% 공격은 대다수의 동의를 얻거나 통제하려는 시도를 통해 권위 체인의 블록 일부를 고아 블록으로 만들고, 트랜잭션 데이터의 새로운 권위 체인을 만들어 공격자에게 혜택이 돌아가도록 조작된 소유권 정보를 배부하려고 하는 것을 의미한다.

- 51% 공격은 다음과 같은 특징을 가지고 있다.
  - 경제적 측면: 집단적 트랜잭션 이력을 변경하여 소유권 할당을 바꿈
  - 의사결정 측면: 원하는 결과를 얻기 위해 대다수의 표를 모음
  - 기술적 측면: 시스템 무결성을 약화시킴
  - 구조적 측면: 숨겨진 중앙 통제 요소를 일정 시간 이상 생성시켜 시스템의 상태를 변경

참 잘했어요. 보상은 비트코인입니다

보상으로 지불할 결제 수단의 조건

블록체인이 새로운 트랜잭션 데이터를 처리하는 방법과 시스템의 각 노드가 진실한 트랜잭션 이력에 동의하는 방법을 알아보며 해시 퍼즐의 중요성을 깨닫게 되었다. 해시 퍼즐은 시스템의 무결성을 확보하고 유지하는데 중요한 역할을 한다. 그러나 해시 퍼즐을 해결하는 것은 계산 자원을 소모하기 때문에 돈이 든다. 따라서 노드들이 시스템의 무결성에 기여하도록 동기를 부여하려면 보상을 지급할 필요가 있다. 이 단계에서는 특별히 시스템 무결성에 기여한 노드가 어떻게 보상받는지 알아보겠다.

당신이 빵집 주인이라고 가정해 보자. 당장 현금은 별로 없는데 매일 빵은 새로 만들어야 하고 영업을 마칠 때쯤이면 늘 엄청난 양의 빵이 남아돈다. 이 문제를 해결할 방안을 고민하던 중 묘안이 떠올랐다. 종업원들 임금을 돈 대신 빵으로 주면 어떨까? 이렇게 하면 돈도 절약되고, 남는 빵도 처리할 수 있다. 종업원들은 싫어했지만 곧 다른 가게도 이 시스템을 따라하게 되었고, 결국 모든 회사가 이 임금체계를 도입하기에 이르렀다. 자동차회사는 임금 대신 차를 지급하고, 건설회사는 집을 지급하기 시작했다. 어느 날 친구들이 만나 이런 비실용적인 임금체계에 대해 불만을 터트리는데 한 친구만 불만을 말하지 않았다. 여전히 현금으로 임금을 지급받고 있었기 때문이다. 그 친구는 어느 회사 혹은 기관에서 일하고 있을까? 그렇다. 현금을 찍어내는 중앙은행에서 일하는 친구였다.

이 예는 노동으로 생산하는 물건과 노동의 대가로 받는 보상 사이의 의존성을 이야기하고 있다. 이 단계에서는 이 의존성을 블록체인의 관점에서 알아본다. 경우에 따라 블록체인은 자신이 찍어내는 지폐로 직원들에게 급여를 지급하는 중앙은행처럼 되는 게 바람직할 수도 있다. 그러나 이런 특수한 경우를 논하기 전에 우선 블록체인 내에서 수수료가 수행하는 역할과 보상의 중요성에 대해 좀 더 자세히 알아보자.

블록체인 내 수수료, 어떤 결제 수단을 사용해야 할까?

18단계에서 시스템을 구성하는 피어들을 당근과 채찍 방식으로 통제하는 것에 대해 알아보았다. 이 방식의 중요한 양대 축인 보상과 처벌은 트랜잭션 수수료와 작업 증명에 기반을 두고 구현된다. 보상과 처벌 방식은 모든 블록체인 응용에 공통적으로 적용할 수 있다. 그러나 피어에게 보상하는 구체적인 결제 방식은 응용분야에 따라 다르다. 보상을 구현할 결제 수단을 정의하고 실제로 사용하는 것은 블록체인 응용을 구축하는 데 있어 가장 중요한 해결 과제 중 하나다. 특정 결제 수단을 선택할 때는 다음을 고려해야 한다.

1 | 시스템 무결성에 대한 영향
2 | 시스템 개방성에 대한 영향
3 | 시스템의 분산 속성에 대한 영향
4 | 시스템 철학에 대한 영향

1 | 시스템 무결성에 대한 영향

시스템의 피어들이 시스템의 무결성을 유지하는 이유는 그에 대한 값비싼 보상을 얻을 수 있기 때문이다. 그러나 피어들이 진짜로 값비싼 보상을 받았는지 어떻게 알 수 있을까? 이것이 바로 핵심 요지다. 어떤 결제 수단을 사용해야 값비싸고 가치 있는 대가로 여겨질까? 그 결제 수단이 가치를 상실하거나 신뢰할 수 없게 되면 어떻게 되는가? 쓸모없는 결제 수단으로 보상받더라도 피어들이 여전히 작업을 계속할까? 당연히 그럴 리는 없다. 피어에게 지급한 결제 수단이 신뢰를 잃으면 전체 시스템이 오염된다. 바꿔 말하면 보상으로 사용되는 결제 수단은 블록체인 자체의 가치에 직접적으로 영향을 끼친다.

2 | 시스템 개방성에 대한 영향

블록체인은 개방형 P2P 시스템이다. 누구나 자신의 컴퓨터로 시스템에 연결할 수 있고, 시스템의 무결성 유지에 기여하면 보상을 받을 수 있다. 그런데 보상으로 지급된 결제 수단이 블록체인만큼 개방적이지 않다면 어떻게 될까? 예를 들어 보상으로 지급된 결제 수단이 특정 국가에서만 인정되거나 이동에 제한이 있는 자본이라면 어떻게 될까? 이런 경우 그 결제 수단은 경제적 제약으로 인해 시스템의 기술적 개방성에 반하게 될 것이다.

3 | 시스템의 개방적 속성에 대한 영향

블록체인은 중앙 통제나 조정 요소가 전혀 없는 순수 분산 P2P 시스템이다. 그런데 피어에게 보상하기 위해 사용한 지불 수단이 단일 중앙기관에 의해 통제되고 제어된다면 어떻게 될까? 그야말로 뒷문을 통해 시스템의 중앙 통제를 허용한 셈이 된다. 즉, 시스템의 분산 속성에 정면으로 반하게 된다.

4 | 시스템 철학에 대한 영향

앞서 살펴본 바에 따르면 보상으로 지급한 결제 수단이 어떠한 성질을 지니는가에 따라 블록체인의 주요 가치에 반할 가능성이 있다. 이 점은 근본적인 문제를 한 가지 제기한다. '중앙 통제 요소가 없게끔 설계된 순수 분산 P2P 시스템에서 피어에게 보상으로 주어진 결제 수단이 시스템의 주요 가치에 반할 경우 그 신뢰성을 어떻게 담보할 것인가?' 완전 개방과 순수 분산을 표방하는 모든 블록체인은 이 질문에 대한 만족할 만한 답을 찾아야 한다.

블록체인의 철학에 부합하는 바람직한 결제 수단의 조건

피어에게 보상하는 결제 수단이 블록체인의 목표와 가치를 훼손하지 않으려면 다음의 성질을 가져야 한다.

- 디지털 형태로 제공되어야 한다. 그렇지 않으면 블록체인에 포함될 수가 없다.
- 실생활에서 결제 수단으로 인정받아야 한다. 그렇지 않다면 피어들은 시스템을 지지한 대가로 얻은 수입을 실생활에서 사용할 수 없다(예를 들어 요금고지서 납부 등).
- 모든 국가에서 결제 수단으로 인정받아야 한다. 그렇지 않다면 결제 수단으로 인정하지 않는 국가에 사는 사람에게는 시스템을 지원하는 것이 매력적이지 않게 된다.
- 이동에 제한이 있는 자본이어서는 안 된다. 그렇지 않다면 다른 피어에게로 이전이 불가능해진다.

- 안정적 가치를 가져야 한다. 그렇지 않다면 피어는 구매력 상실이라는 경제적 위험성을 안게 된다.
- 신뢰할 수 있어야 한다. 그렇지 않다면 신뢰를 생성하는 블록체인의 능력을 약화시킨다.
- 단일 중앙기관이나 국가에 의해 통제받아서는 안 된다. 그렇지 않다면 블록체인의 분산 속성에 심각하게 상충된다.

위에서 열거한 성질들은 완벽한 국제통화가 갖춰야 할 바람직한 조건에 해당한다. 하나씩 따져보면 기존 통화가 이 모든 조건을 충족시키지 못한다는 사실을 쉽게 눈치챌 것이다.

비트코인이 보상으로 등장한 배경

이제까지 블록체인에서 피어에게 보상하는 결제 수단이 가져야 할 바람직한 성질을 열거해 보았다. 기존 통화 중 어느 것도 앞절에서 열거한 모든 성질을 만족하지 못한다는 것은 다소 심각한 사실이다. 그러나 반대로 생각해 보자. 이러한 성질을 모두 만족하는 통화나 결제 수단을 만들어낸다면 분산 시스템의 피어에게 보상하는 것 이외에도 여러 경우에 유용하게 사용할 수 있다.

블록체인의 최초 응용이자 가장 유명한 응용사례인 비트코인은 이 문제를 해결하기 위해 만들어졌다. 비트코인은 새로운 종류의 디지털 화폐의 소유권을 관리하는 순수 분산 P2P 시스템이면서, 블록체인-데이터-구조에 새 블록을 추가하고 검증하는 일을 하는 피어를 보상하는 데 사용된다. 이 특별한 새 화폐는 새로운 화폐의 소유권 관리라는 응용 목표와 시스템 기여자들에게 신뢰할 수 있는 결제 수단으로 보상해야 한다는 필요성을 모두 충족한다.

블록체인이 암호화 기법에 기반하고 있으므로 이 새로운 종류의 화폐도 암호화 화폐 또는 줄여서 암호화폐라 부른다.[*] 거칠게 비유하자면 비트코인을 포함한 다른 많은 암호화폐는 종업원들에게 임금으로 빵을 지급하는 빵집과 비슷하다고 할 수 있다. 차이점은 만들어내는 빵이 새로운 디지털 화폐라는 것이다.

■ **옮긴이주** 블록체인이 암호화 기법에 기반하고 있는 것이 아니라, 블록체인의 응용인 비트코인 같은 암호화폐가 암호화 기법을 기반으로 하고 있다. 또 암호화폐는 이미 1983년에 나온 개념으로 비트코인이 최초의 암호화폐인 것도 아니다.

20단계에서는 블록체인의 피어들에게 보상하는 결제 수단을 조명해 보았다. 이 단계는 블록체인의 기본 원리에 초점을 맞춘 일련의 단계 중 마지막 단계였다. 21단계에서는 그간 설명한 것들을 한데 모아 지금까지 배운 내용을 종합한다.

- 블록체인은 시스템 무결성에 기여한 피어들에게 보상으로 수수료를 지급한다.

- 블록체인의 피어에게 지급하는 결제 수단을 선택할 때는 다음과 같은 측면을 고려해야 한다.
    - 시스템 무결성에 대한 영향
    - 시스템 개방성에 대한 영향
    - 시스템의 분산 속성에 대한 영향
    - 시스템 철학에 대한 영향

- 피어에게 보상하는 결제 수단이 갖춰야 할 바람직한 성질은 다음과 같다.
    - 디지털 형태로 제공되어야 한다.
    - 실생활에서 결제 수단으로 인정받아야 한다.
    - 모든 국가에서 결제 수단으로 인정받아야 한다.
    - 자본 이동에 제한이 있어서는 안 된다.
    - 신뢰할 수 있어야 한다.
    - 단일 중앙기관이나 국가의 통제를 받아서는 안 된다.

- 암호화폐는 블록체인에 의해 소유권이 관리되는 독립적인 디지털 화폐로서 시스템 무결성 유지에 기여한 피어에게 보상하는 결제 수단으로 사용된다.

블록체인이라는 퍼즐 완성하기

앞단계에서 배운 내용 총정리

21단계는 블록체인으로 향하는 이 책의 정점이다. 이 단계에서는 9단계부터 20단계까지 탐색해 온, 블록체인을 구성하는 개념들을 한데 모아 모든 조각들을 묶는다. 결과적으로 블록체인에 대한 전반적인 이해는 물론이고 서로 다른 개념들이 어떻게 함께 작동하는지 알게 될 것이다. 우선 블록체인의 주요 개념과 기술을 검토하는 것으로부터 시작해 이전 단계에서 배운 기술적 지식 중 블록체인이 기반을 두고 있는 것에 대해 설명한다. 마지막으로 블록체인의 응용분야를 폭넓게 열어 보여주는 블록체인-기술-모음을 정의해 본다.

블록체인의 주요 개념과 기술 다시 보기

8단계에서 블록체인 이해를 위한 지적 여행을 시작하면서 소유권을 관리하는 순수 분산 P2P 시스템의 밑그림을 그렸다. 표 21-1에서 이 계획에 따른 해결 과제와 목표, 해당하는 이 책의 단계, 블록체인의 해당 개념을 다시 짚어본다.

표 21-1 소유권을 관리하는 분산 P2P 시스템을 설계하는 과제에 대한 복습

과제 번호	목표	단계 번호	주요 개념
1	소유권 기술	9	트랜잭션 데이터 이력
2	소유권 보호	10~13	디지털 서명
3	트랜잭션 데이터 저장	10,11,14,15	블록체인-데이터-구조
4	원장을 배분하기 위한 준비	16	불변성
5	원장 배포	17	네트워크에서 정보 전달
6	새로운 트랜잭션 추가	18	블록체인-알고리즘
7	진실을 담은 원장 찾기	19	분산 합의

블록체인을 구성하는 주요 개념들은 또 다른 개념과 기술에 의존한다. 그래서 표 21-2에서 블록체인을 구성하는 기술을 좀더 세분해서 정리했다. 이 단계에서는 이 두 표에 정리된 개념들을 자세히 알아본다.

표 21-2 블록체인의 기술적 개념, 목적, 비유

개념	목적	사용된 비유
트랜잭션 데이터	소유권 이전을 기술	은행 이체 양식
트랜잭션 이력	소유권의 현 상태를 증명	이어달리기
암호화 해시값	모든 데이터 종류 고유하게 식별	사람의 지문
비대칭 암호화 기법	데이터 암호화 및 복호화	자물쇠가 달린 공개 우편함
디지털 서명	트랜잭션 데이터의 내용에 동의한 것을 표명	자필 서명
해시 참조	가리키는 데이터가 변경되면 무효가 되는 참조	옷걸이 식별에 해시값을 사용하는 외투보관소 티켓
변경-감지 데이터 구조	어떠한 조작도 즉시 발견되는 형태로 데이터 저장	외투보관소 티켓을 주머니에 넣어둔 외투
해시 퍼즐	비싼 계산량이 소요되는 과제를 부여	시행착오로 번호키 열기
블록체인-데이터-구조	트랜잭션 데이터를 변경-감지 방식으로 저장하고 그 순서를 유지	도서일람표를 사용하는 도서관
불변성	트랜잭션 데이터 이력 변경을 불가능하게 만드는 것	가짜 족보를 만들기 위한 시도
분산 P2P 네트워크	트랜잭션 이력을 네트워크의 모든 노드에 공유	서로 독립적인 목격자 집단
메시지 전달	모든 노드가 궁극적으로 모든 정보를 수신하는 것을 보장	사람들 사이의 소문
블록체인-알고리즘	오직 유효한 트랜잭션 데이터만 블록체인-데이터-구조에 추가될 수 있도록 보장	계약직원을 다루기 위한 당근과 채찍 접근방식
분산 합의	시스템의 모든 노드가 동일한 트랜잭션 이력을 사용한다는 것을 보장	관광객들이 자꾸 다녀 만들어낸 길
보상	무결성을 유지하는 데 기여한 노드에게 보상 지급	임금을 돈 대신 빵으로 지급하는 빵집

블록체인의 계층과 측면 다시 보기

블록체인을 구성하는 개별 개념에 대한 개요를 파악했으니, 다음으로 이 개념들이 어떻게 맞물려 작동하는지 이해해 보자. 1단계에서 배운 응용계층과 구현계층의 기능적 측면과 비기능적 측면으로 분리해서 분석하는 방식을 활용하면 도움이 된다. 표 21-3은 블록체인의 계층과 측면에 대한 개요를 보여준다. 아래 표를 이용하면 전체 개념을 한눈에 살펴보는 데 도움이 된다.

표 21-3 블록체인의 계층과 측면

	기능적 측면	비기능적 측면
응용계층	소유권 명확화 소유권 이전	높은 가용성 신뢰성 개방성 유사 익명성
구현계층	소유권 논리 트랜잭션 보안 트랜잭션 처리 논리 저장 논리 순수 분산 P2P 아키텍처 합의 논리	안전하다 탄력적이다 궁극적 일관성 무결성 유지

블록체인의 목적: 응용계층의 기능적 측면

블록체인은 다음 두 가지 목적을 가지고 있다.

1 | 소유권 명확화

2 | 소유권 이전

1 | 소유권 명확화

소유권 명확화는 다음 질문에 대한 답을 의미한다. '특정 시각에 누가 어느 목적물을 얼마만큼 소유하고 있는가?'

2 | 소유권 이전

블록체인은 소유자가 타인에게 자산을 이전할 수 있도록 해준다. 이렇게 현 소유권의 상태를 변경하는 것을 소유권 이전이라 한다. 따라서 이는 또 다른 질문에 대한 답을 의미한다. '특정 시각에 누가 누구에게 어떤 목적물의 소유권을 얼마만큼 이전했는가?'

블록체인의 성질: 비기능적 측면

블록체인이 목적을 잘 수행하고 있는지 평가할 수 있는 품질 척도는 다음과 같은 비기능적 측면으로 알 수 있다.

1 | 높은 가용성

2 | 신뢰성

3 | 개방성

4 | 유사 익명성

5 | 안전하다

6| 탄력적이다

7 | 궁극적 일관성

1 | 높은 가용성

블록체인에게 멈춰 있는 시간은 없다. 블록체인은 365일 24시간 내내 작동한다. 종료 버튼 자체가 존재하지 않는다.

2 | 신뢰성

블록체인은 일관되게 좋은 품질을 유지하며 목적을 달성한다. 따라서 모든 사람이 블록체인의 소유권 명확화와 소유권 이전에 대해 신뢰할 수 있다.

3 | 개방성

블록체인은 누구에게나 개방되어 있다. 서비스 사용에 있어 어떠한 사용자나 컴퓨터도 제외하지 않는다.

4 | 유사 익명성

블록체인은 소유자를 고유하게 식별한다. 그러나 실생활의 신분은 절대로 드러내지도 보관하지도 않는다.

5 | 안전하다

블록체인은 두 가지 측면에서 안전하다. 첫째, 개별 트랜잭션 수준에서 안전하다. 개별 수준에서 블록체인은 오직 법적 소유자만 소유권 처분을 할 수 있도록 보장하기 때문이다. 둘째, 전체 시스템 수준에서 안전하다. 전체 시스템 수준에서 블록체인은 모든 사용자의 소유권을 이중사용이나 소유권 조작, 위조, 서명 위조, 무허가 접근으로부터 보호하기 때문이다.

6 | 탄력적이다

블록체인은 어려운 조건 속에서도 소유권을 명확화하고 이전할 수 있다. 블록체인은 위조, 이중사용, 서명 위조, 명의 도용 등의 광범위한 공격을 방어할 수 있다.

7 | 궁극적 일관성

블록체인이 매 순간 일관성을 유지하는 것은 아니다. 하지만 시간이 흐를수록 일관된 결과를 산출할 확률이 증가하고 궁극적으로는 전체 시스템에 걸쳐 일관성을 달성하게 된다.

8 | 무결성 유지

블록체인은 논리적인 오류가 없는 행동을 통해 무결성을 유지한다. 다시 말해 블록체인은 개별 트랜잭션 수준과 전체 트랜잭션 이력에 대해 데이터의 일관성과 보안을 제공한다.

내부 기능: 구현계층의 기능적 측면

블록체인의 내부 기능은 다음의 주요 요소에 기인한다.

1 | 소유권 논리

2 | 트랜잭션 보안

3 | 트랜잭션 처리 논리

4 | 저장 논리

5 | 순수 분산 P2P 아키텍처

6 | 합의 논리

1 | 소유권 논리

블록체인은 개별적 트랜잭션 데이터를 활용해 소유권 이전을 기술하고, 소유권 명확화와 관련된 전체 트랜잭션 데이터를 유지한다. 그림 21-1은

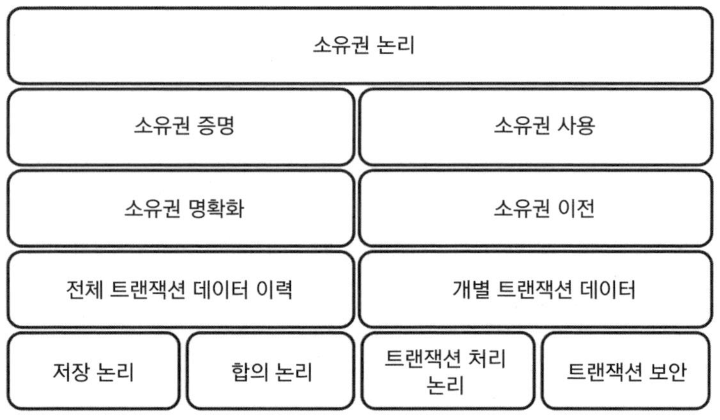

그림 21-1 소유권 논리와 그 기초 개념

소유권 논리의 기초 개념을 도식화한 것이다. 상단 상자의 개념은 그 하부 상자에 종속되어 있다. 제일 밑바닥에 위치한 상자들은 소유권 논리의 바탕이 되는 개념들이다.

블록체인이 활용하는 소유권 논리는 전체 트랜잭션 데이터 이력을 유지하는 저장 논리와 일관성을 보장하는 합의 논리에 기초하고 있다. 또한 유효한 트랜잭션 데이터만 데이터 저장소에 추가되도록 보장하는 트랜잭션 처리 논리와 합법적인 소유자만이 다른 계정에 자산을 이전할 수 있도록 보장하는 트랜잭션 보안에 의존한다. 이 네 가지 고려사항에 대해서는 이어서 자세히 설명한다.

2 | 트랜잭션 보안

트랜잭션 보안은 합법적인 소유자만이 소유권에 접근하고 이전할 수 있도록 보장한다. 그림 21-2는 트랜잭션 보안을 구현하기 위해 필요한 개념들을 도식화해 보여준다. 그림을 보면 암호화 해시값과 비대칭 암호화 기법 같은 개념들이 제일 바닥에 있다. 이 개념들이 상위에 있는 다른 모든 개념의 기초 역할을 하기 때문이다. 예를 들어 디지털 서명은 트랜잭션을 승인하는 척도이므로 승인의 하위 상자에 위치하지만, 암호화 해시값과 개인 키보다는 상위에 있다. 이 두 개념을 활용하기 때문이다. 이와 마찬가지로, 인증 및 식별과 그 하위에 있는 암호화 기법과의 관계를 보다 명확하게 알 수 있다.

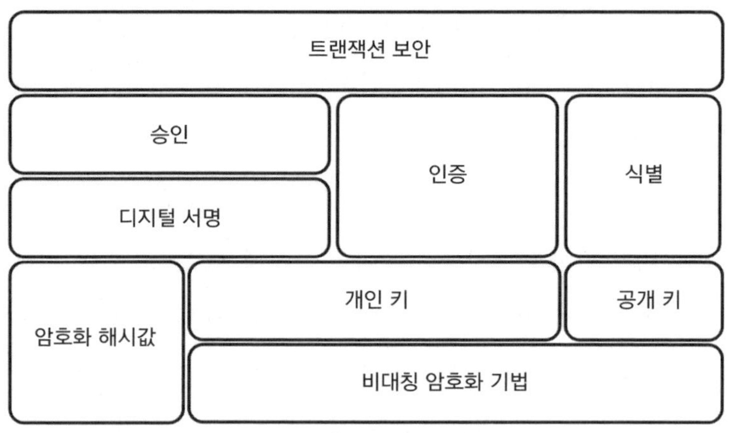

그림 21-2 트랜잭션 보안과 그 기초 개념

3 | 트랜잭션 처리 논리

트랜잭션 처리 논리는 유효한 트랜잭션 데이터만 트랜잭션 데이터 이력에 추가되도록 보장한다. 모든 단일 노드는 저마다 트랜잭션 데이터의 검증을 수행한다. 그러나 단일 노드는 트랜잭션 데이터 검증에 오류를 범할 수도 있고, 고의로 유효하지 않은 트랜잭션 데이터를 인정할 수도 있다. 두 경우 모두 전체 시스템의 무결성에 위협이 된다. 이런 이유로 트랜잭션 처리에는 새 블록과 그 헤드를 검증할 수 있는 방법을 포함한 P2P 아키텍처 및 피어 통제와 경쟁 같은 정교한 기술이 필요한데, 이는 보상과 처벌이라는 양대 힘에 의존한다. 그림 21-3은 이들 개념의 의존관계를 잘 보여주고 있다.

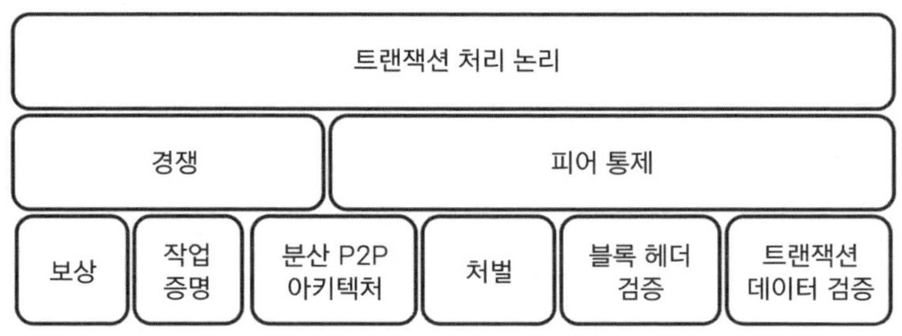

그림 21-3 트랜잭션 처리 논리와 그 기초 개념

4 | 저장 논리

저장 논리는 전체 트랜잭션 데이터 이력을 유지하는 비용과 데이터 변경 비용을 감당할 수 없을 정도로 비싸게 만들어 위조와 서명 조작으로부터 보호하는 것과 관련된다. 그림 21-4에서 보듯이 저장 논리는 작업 증명과 블록체인-데이터-구조에 기반한 불변성 추가 전용 데이터 저장소를

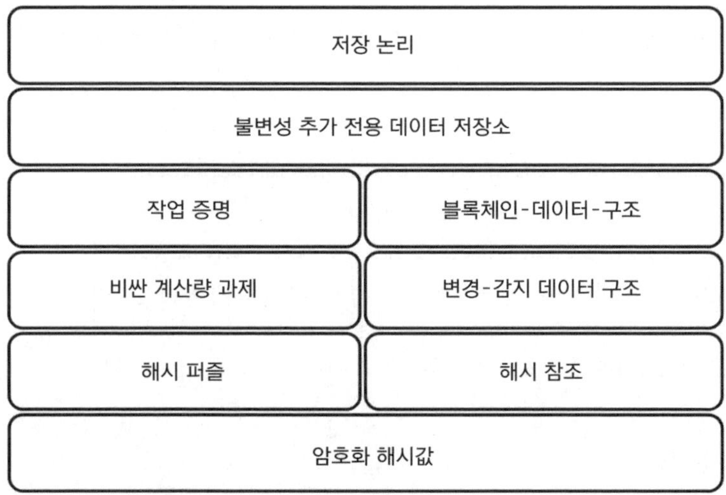

그림 21-4 저장 논리와 그 기초 개념

사용해 목적을 달성한다. 저장소 기능은 해시 퍼즐, 해시 참조, 변경-감지 데이터 구조로부터 기인하고, 궁극적으로 암호화 해시값의 기초 개념에서부터 거슬러 올라간다. 그림 21-4는 기초 개념 상자를 아래쪽에 배치하고 이로부터 도출된 개념은 위층에 도식화해서 나타냈다.

5 | 순수 분산 P2P 아키텍처

아키텍처는 시스템의 노드 또는 구성요소가 서로 어떻게 연결되고 관련되는지 결정한다. 그림 21-5에 도식화한 것처럼 블록체인은 노드라고 부르는 독립적인 피어로 구성된 순수 분산 P2P 시스템을 활용한다. 각 노드는 통신 매개체인 네트워크로 서로 연결된다. 이들 피어는 전체 트랜잭션 데이터 이력을 포함하는 블록체인-데이터-구조 복사본을 각자 유지한다. 피어들은 소문-형식$^{gossip-style}$ 메시지 전달 프로토콜로 통신하는데, 이는 궁극적으로 모든 피어가 전체 정보를 수신하는 것을 보장해 준다.

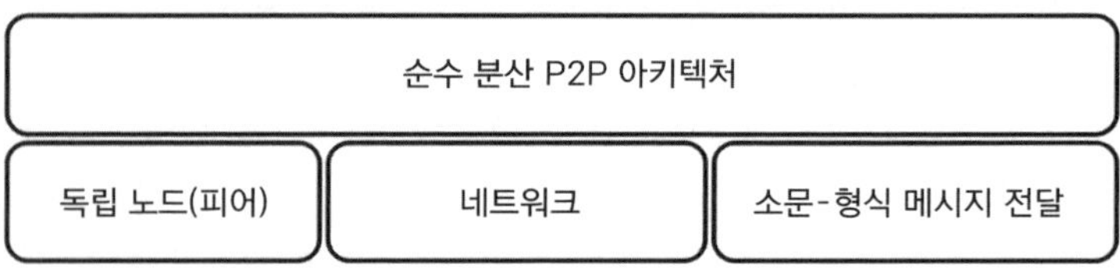

그림 21-5 아키텍처와 그 기초 개념

6 | 합의 논리

분산 시스템의 모든 노드는 자신의 트랜잭션 데이터 이력을 독립적으로 유지하기 때문에 네트워크를 통한 메시지 전달의 지연이나 다른 난관들로 인해 각자 보유한 내용이 서로 다를 수 있다. 이로 인해 일직선으로 연결된 데이터 구조가 아닌 트리 모양의 데이터 구조가 형성되고. 각 가지들은 상충되는 버전의 트랜잭션 이력을 나타낸다. 그림 21-6의 합의 논리는 시스템의 모든 노드가 가장 많은 집단적 노력이 투여된 트랜잭션 이력을 선택하게끔 해주어 궁극적으로 일관성을 가지게 한다.

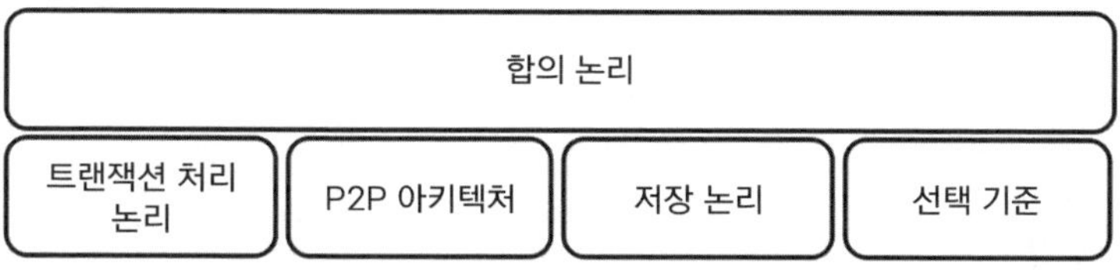

그림 21-6 합의 논리와 그 기초 개념

🎲 **핵심 정리하기**

이 단계에서는 블록체인에 대한 전반적인 개요를 살펴보기 위해 이전 단계에서 학습한 모든 개념 조각들을 모았다. 블록체인은 개방성과 함께 어떤 형태의 중앙 통제나 조정 요소가 없는 시스템이고, 노드들은 소유권 명확화와 관련해서 독립적인 목격자 역할을 한다. 그러나 이런 특성은 원치 않는 결과를 초래할 수도 있다. 원치 않는 결과에 대해서는 다음 단계에서 알아본다.

- 블록체인은 소유권 관리의 다음 측면을 다루는 순수 분산 P2P 시스템이다.
  - 소유권 기술: 트랜잭션 데이터의 이력
  - 소유권 보호: 디지털 서명
  - 트랜잭션 데이터 저장: 블록체인-데이터-구조

- 배포할 원장의 준비: 불변성
  - 원장 배포: 네트워크를 통한 소문 형식의 정보 전달
  - 새로운 트랜잭션 처리: 블록체인-알고리즘
  - 진실을 담고 있는 원장 찾기: 분산 합의

- 블록체인 분석은 다음 측면을 포함한다.
  - 응용 목표
  - 성질
  - 내부 기능

- 블록체인은 두 가지 응용 목표를 가지고 있다.
  - 소유권 명확화
  - 소유권 이전

- 블록체인은 다음 품질을 유지하며 응용 목표를 준수한다.
  - 높은 가용성
  - 신뢰성
  - 개방성
  - 유사 익명성
  - 안전하다
  - 탄력적이다
  - 궁극적 일관성
  - 무결성 유지

- 블록체인은 다음과 같은 요소로 기능을 구현한다.
  - 소유권 논리
  - 트랜잭션 보안
  - 트랜잭션 처리 논리
  - 저장 논리
  - P2P 아키텍처
  - 합의 논리

블록체인의 한계는 무엇이고
어떻게 극복할 것인가?

넷째마당은 블록체인의 주된 제약사항과 제약이 생기는 이유 그리고 그것을 극복하는 방법을 알아본다. 이 과정이 끝날 때쯤에는 앞단계들에서 설명한 블록체인의 원래 아이디어가 대규모 상업 응용에는 맞지 않을 수 있다는 것과 이를 극복하기 위해 그간 어떤 변화가 제안되어 왔고 그 결과는 무엇인지를 이해하게 될 것이다.

냉정하게 한계점 바라보기

블록체인의 기술적, 비기술적 제약사항

블록체인은 그야말로 독창적이고 기발한 발상이 담긴 걸작이라 해도 과언이 아니다. 그렇다고 해서 완벽하거나 제약사항이 전혀 없는 것은 아니다. 이 단계에서는 블록체인의 주요 제약사항을 조명하고, 그것이 왜 상업적 사용에 중대한 걸림돌이 되는지 알아본다. 그리고 블록체인의 제약사항을 극복하기 위해 시도된 방법에 대해서 개략적으로 살펴본다.

블록체인은 순수 분산 P2P 시스템으로 누구나 트랜잭션 이력을 읽고 집단적으로 유지 중인 데이터 저장소에 자료를 추가할 수 있는 개방된 시스템이다. 그러나 개방성과 중앙 통제 장치의 부재는 시스템의 사용성을 제한하는 부작용을 초래할 수도 있다. 따라서 예견되는 각종 문제를 정확히 파악하고 극복할 수 있는 전략이 필요하다.

기술적 문제 7가지

블록체인이 안고 있는 두드러진 기술적 제약사항은 다음과 같다.

1 | 개인정보 보호의 부재

2 | 보안 모델

3 | 제한적 확장성

4 | 고비용

5 | 숨겨진 중앙 통제

6 | 유연성의 부재

7 | 임계 크기

1 | 개인정보 보호의 부재

블록체인의 모든 트랜잭션에는 이전하는 목적물과 그 총량에 대한 정보

■ **옮긴이주** 사실 여기 기술된 내용은 블록체인의 일반론이 아니라 비트코인에 국한된다. 최근에 나온 많은 암호화폐는 이런 문제점이 많이 개선되었다.

가 자세히 기술되어 있고, 연계된 계좌와 이체 시각 등을 누구나 읽을 수 있다. 따라서 개인정보 보호의 부재는 블록체인을 구성하는 기본 요소이기도 하다. 이런 투명성 없이는 블록체인이 그 역할을 수행할 수 없다. 그러나 개인정보 보호를 특히 중시하는 응용분야에서는 이런 투명성이 제약 요인으로 여겨진다.

2 | 보안 모델

블록체인은 식별, 사용자 인증, 트랜잭션 승인을 위해 비대칭 암호화 기법을 사용한다. 사실 블록체인의 계정 번호는 공개 암호화 키다. 해당 개인 키를 소유한 사람만이 그 계정에 연계된 자산에 접근할 수 있는 것이다. 또한 해당 개인 키로 생성된 전자서명을 가진 트랜잭션 데이터만 유효하며, 그 계정의 자산을 다른 계정으로 이전할 수 있다. 따라서 개인 키는 법적 사용자를 인증하는 유일한 보안 도구다.

블록체인에 사용되는 비대칭 암호화 기법은 쓸 수 있는 모든 암호화 기법 중 최고이자 가장 강력한 기법이기 때문에 블록체인 자체의 보안 개념은 흠잡을 데가 없다. 그러나 블록체인 사용자가 개인 키를 분실하거나 본의 아니게 타인 손에 넘어갔을 때 계정 주인을 보호할 수 있는 추가적인 안전장치가 없다. 현실에서 집이나 차 열쇠 혹은 신용카드나 직불

■ **옮긴이주** 블록체인에서 정보는 보호되지 않지만 개인정보는 철저히 보호된다. 정보가 있어도 누구의 것인지 특정되지 않으면 개인정보 보호의 문제는 없다. 따라서 '개인정보 보호의 부재'라고 말할 순 없다.

카드의 비밀번호가 타인에게 주어졌다고 상상해 보라. 일단 이유와 상관없이 열쇠가 타인에게 주어진 순간 보안은 무너진다. 열쇠나 비밀번호를 가진 누구나 신용카드에서 현금을 인출할 수 있고, 차를 몰고 가버릴 수 있다. 블록체인의 개인 키도 이와 다르지 않다.

어찌 보면 이 문제는 블록체인만이 아닌 모든 분야에 공통되는 문제일 수 있다. 그러나 블록체인에 추가적인 안전장치가 없는 것을 블록체인 사용에 걸림이 되는 제약사항으로 보는 시각이 있다.

3 | 제한적 확장성

블록체인은 크게 보면 두 가지 목적을 달성하기 위한 P2P 시스템이다. 한편으로는 누구나 새로운 트랜잭션 데이터를 추가할 수 있도록 개방하고, 다른 한편으로는 트랜잭션 데이터가 조작되거나 위조되지 않도록 보장해야 한다. 블록체인은 새로운 블록이 추가될 때마다 해시 퍼즐을 해결하도록 함으로써 데이터 구조가 불변성 추가 전용 성질을 갖도록 하여 두 과제의 균형을 맞추고 있다. 해시 퍼즐은 의도적으로 많은 계산량이 소모되도록 설계되어 있다. 이는 트랜잭션 이력의 조작을 막는 데는 옳은 방법이었다. 그러나 불행히도 이런 보안 방법은 처리 속도를 저하

■ **옮긴이주** 비트코인은 개인 키의 해킹 등에 대비하는 몇 가지 안전장치를 제시하고 있다. 개인 키를 계층화하여 부모 개인 키와 자식 개인 키로 분리하는 방법과 지갑(wallet)을 분리해 개인 키로 서명할 때는 인터넷 접속을 끊는 방법 등이 그 예이다. 실제로 구현된 지갑도 있어 옵션 선택을 통한 몇 가지 안전장치를 제공한다.

시켜 확장성을 제약한다. 블록체인의 이런 특성은 빠른 처리속도와 높은 확장성 그리고 대용량 처리가 필요한 응용분야에서는 심각한 걸림돌로 여겨진다.

4 | 고비용

고비용 문제는 제한된 확장성과 관련이 있다. 블록체인은 해시 퍼즐을 풀고 작업 증명을 하는 데 많은 계산량이 필요하도록 설계되었다. 계산 비용은 필요 계산 사이클, 물리적 시간, 소모 전력량, 돈 등의 척도로 측정할 수 있다. 그러나 어떤 척도를 사용하든 결과는 같다. 결과적으로 블록체인은 비용을 유발한다. 그리고 전체 비용은 해시 퍼즐의 난이도에 달려 있다.

5 | 숨겨진 중앙 통제

블록체인-데이터-구조에 새 블록을 추가하기 위해 해시 퍼즐을 해결해야 하는 조건과 시스템 무결성에 기여한 피어에게 보상을 주는 규칙은 피어들 사이에 무기 싸움을 촉발한다. 경제적으로 여유 있는 사람들은 해시 퍼즐 해결에 특화된 하드웨어에 투자하여 시스템 기여에 드는 비용보다 더 많은 보상을 받음으로써 이윤을 창출한다.

반면 특화된 하드웨어를 갖추지 못한 사람들은 상대적으로 밀릴 수밖에 없어 시스템을 떠나버리게 된다. 그 결과 다양한 피어 그룹이 집단적으로 시스템의 무결성을 유지하도록 한 설계 의도와 달리 특화된 하드웨어로 강력한 계산 능력을 갖춘 소수의 개체만 남아 시스템을 장악하는 상황이 초래될 수 있다. 이렇게 되면 소수 과점을 형성한 그들끼리 시스템의 무결성을 유지하는 책임을 나눠가지게 된다. 다른 산업의 과점업체들과 비슷하게 이 소수집단은 그들의 힘을 남용할 수 있다(특정 트랜잭션을 누락하거나 특정 사용자를 차별하는 등). 이러한 영향은 보이지 않는 중앙 통제 집단을 형성하여 분산 시스템의 근본을 해칠 수 있다. 기술적으로는 여전히 분산 시스템이지만, 시스템의 무결성은 소수의 개체에 의해서만 유지되는 상황이 되어버리는 것이다.

6 | 유연성의 부재

블록체인은 다양한 기술 요소와 프로토콜들로 이루어진 복잡한 기술적 구조물이다. 이렇게 정밀히 조율된 생태계를 변경시키는 것은 쉽지 않다. 실제로 블록체인을 일단 가동하고 나면 변경이나 업그레이드와 관련된 체계적 절차가 따로 없다. 이는 블록체인을 구성하는 기술 요소를 오랜 기간 사용해야 한다는 것을 의미한다. 예를 들어 블록체인에 사용되는 암호화 절차는 블록체인이 운영되는 동안 계속 유효해야 하며, 그 기간이 수백 년이 될 수도 있다. 이 점은 충돌을 해결하는 블록체인-알고리즘도 마찬가지다. 이런 불변성은 블록체인 개발자에게도 문제다. 블록체인 프로토콜의 버그를 고치거나 수정하는 것이 무척 힘들기 때문이다. 이러한 성질은 전체 블록체인-기술-모음을 유연성이 떨어지게 만든다.

7 | 임계 크기

트랜잭션 데이터를 조작으로부터 보호하여 신뢰성을 확보하는 장치는 대다수의 시스템 계산 자원이 정직한 노드에 의해 통제된다는 가정에 기반한다. 그러나 제한된 계산 능력을 가진 소규모 P2P 시스템에서는 대다수라고 해봐야 여전히 소수여서 51% 공격을 쉽게 시도할 수 있다. 이 문제는 특히 시가총액이 얼마 안 되고 사용자 수도 많지 않은 암호화폐 시스템에서 큰 문제가 된다. 그래서 모든 블록체인은 엄청난 계산력을 갖춘 공격자로부터 시스템을 보호하기 위해 최소한의 정직한 노드가 필요하다. 이 최소한의 규모를 넘어서는 것이 모든 블록체인이 무방비로 노출되어 있는 51% 공격을 막아낼 수 있는 방법이다.

비기술적 문제 2가지

블록체인이 풀어야 할 가장 중요한 비기술적 제약사항은 다음과 같다.

1 | 법적 수용성 부재
2 | 사용자 수용성 부재

1 | 법적 수용성 부재

블록체인으로 분산 합의를 통해 소유권 이전 및 관리를 하는 것은 법적 효력에 대한 해석 문제를 야기한다. 여기서 말한 법적인 효력 및 인정은 기술적인 안정성, 보안, 정교성과는 다른 제도적 문제다. 지금은 법적 제도장치가 없지만 소유권을 유지하는 새로운 방법으로 받아들여서 법이라는 힘을 실어줄 수도 있다. 인터넷 등장 초기를 경험한 사람들 눈에는 1990년대 당시의 인터넷 상거래에 대한 법적 제도장치 결여와 지금의 블록체인 상황이 유사해 보일 것이다.

2 | 사용자 수용성 부재

사용자 수용성의 부재 또한 간과해서는 안 될 제약사항이다. 법적으로 확정되지 않은 블록체인의 상태는 사용자들의 불확실성을 키우고, 사용 결정에 필요한 관심마저 감소시키게 만든다. 사용자 수용성 부재를 낳는 또 다른 측면은 지식과 교육의 부재이다. 블록체인의 기본 작동 원리를 모르는 사용자들이 블록체인을 신뢰하기를 기대하는 것은 비현실적이다.

어떻게 극복할 것인가?

실제로 다양한 응용분야에 블록체인을 적용할 때 기술적인 제약사항과 비기술적인 제약사항 모두 큰 걸림돌로 작용하고 있다. 이들 제약사항을 극복하는 방법은 현재 활발히 연구되고 있고 앞으로도 더 많은 발전이 필요한 분야다. 이에 대한 자세한 논의는 이 책의 범위를 벗어나지만, 다음 절에서 개략적으로 그려보겠다.

기술적 문제

블록체인의 기술적 제약사항을 극복하기 위해서는 모든 구성요소와 기술 수준을 조정해야 할 수도 있다. 블록체인의 기술적 제약사항을 극복하는 데 있어 주요 걸림돌은 기술을 개선하는 것과 기본 기술을 변경하는 것에 대한 구분이다. 다음 단계에서 이 주제에 대해 자세히 알아보겠다.

비기술적 문제

블록체인의 비기술적 제약사항은 새로운 기술을 받아들이는 사회적, 경제적, 법적, 심리적 측면으로 구분해 생각해 볼 수 있다. 이런 비기술적 문제를 극복하는 방법은 교육과 법제도 개선이 적절한 수단이 될 수 있다. 인터넷과 전자상거래의 태동과 확산, 발전 과정을 되짚어보면 새로운 기술에 대한 법적 제도를 마련하는 것과 사용자들이 새 기술을 신뢰하고 사용하게 되기까지 많은 시간이 걸린다는 것을 알 수 있다. 인터넷과 전자상거래의 예에서 새로운 기술에 대한 사용자 수용성을 높여주는 교육과 법적 제도 마련에 대한 시사점을 찾을 수 있다.

이 단계는 블록체인을 채택하는 데 있어 걸림돌이 되고 있는 기술적·비기술적 주요 제약사항에 대해 조명해 보았다. 교육과 법제도 개선을 통한 문제해결 계획은 블록체인의 비기술적 제약을 뛰어넘는 방법일 수 있다. 다음 단계에서 기술적 문제를 극복하는 몇 가지 방법에 대해 집중적으로 알아본다.

- 개방성과 어떠한 중앙 통제 장치도 없는 것은 블록체인을 형성하는 근간이 된다. 그러나 그것이 또한 블록체인의 채택에 제약을 초래한다.

- 블록체인의 주요 기술적 제약사항은 다음과 같다.
  - 개인정보 보호의 부재
  - 보안 모델
  - 제한적 확장성
  - 고비용
  - 숨겨진 중앙 통제
  - 유연성의 부재
  - 임계 크기

- 블록체인이 풀어가야 할 주요 비기술적 제약사항은 다음과 같다.
  - 법적 수용성 부재
  - 사용자 수용성 부재

- 블록체인의 기술적 제약사항은 기존 기술을 개선하거나 개념적 변화를 수용함으로써 극복할 수 있다.

- 블록체인의 비기술적 제약사항은 교육과 법제도 개선을 통해 극복할 수 있다.

다시 태어난 블록체인

한계 극복을 위한 네 가지 변형 등장

22단계에서는 블록체인의 주요 제약사항을 조명하고 이를 극복하기 위한 방법에 대해 스케치해 보았다. 23단계에서는 블록체인의 두 가지 기술적 제약사항을 좀 더 깊이 알아본다. 먼저 기술적 제약의 원인을 설명하고, 그 제약을 어떤 식으로 극복해 왔는지 살펴본다. 그런 다음 블록체인의 네 가지 변형 버전이 등장하게 된 배경과 그 차이점을 설명하고, 이들 버전이 등장함으로써 블록체인에 어떤 결과를 가져왔는지 설명한다.

종종 우리는 양립할 수 없는 두 가지 목표를 동시에 성취하려고 노력한다. 과속을 하면서 안전하게 운전하려 하는 것 같은 일이다. 둘 이상의 의견이나 목표가 상반될 경우 우리는 이를 갈등이라고 부른다. 이런 갈등상황에서는 절충을 하거나 한 가지 의견을 버리는 방법을 통해 갈등을 해결할 수 있다. 이 단계에서는 블록체인의 기술적 제약사항으로 설명한 두 가지 주요 갈등상황을 기술하고, 이 문제를 극복하기 위해 등장한 네 가지 버전의 블록체인을 소개한다.

블록체인의 서로 상충되는 목표

블록체인은 두 가지 갈등상황에 직면하고 있다.

1 | 투명성 vs. 개인정보 보호
2 | 보안 vs. 속도

1 | 투명성 vs. 개인정보 보호

블록체인이 소유권을 검증하는 핵심 개념은 개방성과 투명성이다. 개방성은 모든 사람이 서로의 트랜잭션을 검사하여 이중사용 문제를 해결하는 근간이 된다.

그러나 투명성과 개방성은 개인정보 보호와 정면으로 대치된다. 이때 개인정보 보호란 트랜잭션에 연계된 계좌번호나 이체금액 등의 세부 사항이 공개되지 않도록 하는 것을 의미한다. 따라서 소유권을 명확화하기 위해 필요한 투명성과 사용자의 개인정보 보호에 대한 요구가 서로 충돌한다.

2 | 보안 vs. 속도

블록체인은 트랜잭션 데이터 이력을 변조나 위조로부터 보호하기 위해 해시 퍼즐을 통해 감당할 수 없을 정도의 계산량을 요구한다. 이로 인해 새로운 트랜잭션이 블록체인-데이터-구조에 추가되는 속도가 떨어진다. 이러한 성질은 상업적 응용프로그램이 갖추어야 할 속도와 확장성에 정면으로 반한다. 따라서 많은 시간이 소요되는 작업 증명을 통해 트랜잭션 데이터 이력을 보호하는 한편, 사용자의 속도와 확장성을 높이는 두 가지 요구가 서로 상충하게 된다.

갈등의 근본 원인은 읽기와 쓰기 권한에 있다

두 가지 갈등의 근본 원인은 블록체인이 데이터를 읽고 쓰는 기본 작동 원리에서 비롯된다. 개방성과 개인정보 보호의 갈등은 블록체인-데이터-구조를 읽는 방식에서 비롯되고, 보안과 속도의 갈등은 블록체인-데이터-구조에 데이터를 쓰는 방식에서 비롯된다. 표 23-1은 두 가지 주요 기술적 제약사항과 갈등 요소, 그리고 해당되는 기본 기능을 정리하고 있다.

표 23-1 블록체인의 기술적 제약사항과 그 원인

기술적 제약사항	갈등 요소	기본 기능
개인정보 보호 부재	투명성 vs. 개인정보 보호	트랜잭션 데이터 이력 읽기
확장성 부재	보안 vs. 속도	트랜잭션 데이터 쓰기

갈등 해결, 4가지 버전의 블록체인을 등장시키다

갈등은 절충점을 찾거나 한쪽의 희생을 감수하고 다른 한쪽을 선택하면 강제하면 해결된다. 지금까지 설명한 블록체인은 개인정보 보호와 속도를 희생하고, 투명성과 보안을 선택했다. 그러나 이 방법 외에 다른 대안도 가능하다.

투명성과 개인정보 중 선택

투명성 대 개인정보 보호의 갈등은 데이터를 읽을 권한을 누구에게 줄 것인가를 정하는 문제와 동일하다. 갈등의 양극단에는 모두에게 읽기 권한을 주거나 오직 제한된 사용자와 노드 그룹에게만 읽기 권한을 부여하는 두 가지 방식이 있다. 이 방식에 따라 다음과 같은 두 가지 블록체인 형태가 가능하다.

- 공개 블록체인은 모든 사용자와 노드에게 트랜잭션 데이터를 읽을 수 있는 권한을 부여한다.
- 비밀 블록체인은 사전에 선택된 사용자와 노드에게만 트랜잭션 데이터를 읽을 수 있는 권한을 부여한다.

보안과 속도 중 선택

보안 대 속도의 갈등은 데이터를 쓸 권한을 누구에게 줄 것인가를 정하는 문제와 동일하다. 갈등의 양극단을 살펴보면, 모두에게 쓰기 권한을 부여하는 동시에 모두에게 계산량이 엄청난 작업 증명을 요구하는 방식과, 사전에 선택된 사용자와 노드에게만 쓰기 권한을 부여하면서 한층 완화된 작업 증명을 요구하는 두 가지 방식이 가능하다. 쓰기 권한과 관련해서 다음과 같은 두 가지 블록체인 형태가 가능하다.

- **무승인형**permissionless **블록체인**은 모두에게 쓰기 권한을 부여한다. 누구나 블록체인-데이터-구조의 트랜잭션을 검증하고 새로운 블록을 생성 추가할 수 있다.
- **승인형**permissioned **블록체인**은 온-보딩 프로세스를 거쳐 신뢰성이 확인된 소수의 노드나 사용자 그룹에게만 쓰기 권한을 허용한다. 그 결과 쓰기 권한을 부여받은 소수의 노드 그룹만 트랜잭션을 검증하고 분산 동의에 참가할 수 있다.

블록체인의 네 가지 버전, 어떤 점이 다를까?

쓰기와 읽기 권한은 서로 독립적으로 결정할 수 있다. 표 23-2는 쓰기와 읽기 권한의 양극단 조합에 따른 네 가지 서로 다른 버전을 나타낸다.

표 23-2 쓰기와 읽기 권한의 조합에 따른 네 가지 블록체인 버전

| | | 읽기와 트랜잭션 생성 권한 | |
		모두 허용	허가된 사용자만 허용
쓰기 권한	모두 허용	공개 & 무승인	비밀 & 무승인
	허가된 사용자만 허용	공개 & 승인	비밀 & 승인

이렇게 조합한 버전들은 블록체인의 다음 세 가지 측면에 영향을 미친다.

1 | P2P 아키텍처

2 | 분산 속성

3 | 목적

1 | P2P 아키텍처

3단계에서 배운 P2P 시스템의 중요한 특징 중 하나는 시스템에 참여한 모든 컴퓨터에게 동등한 권리와 역할을 부여하는 것이다. 그러나 위에서 소개한 네 가지 버전 중 일부는 시스템을 구성하는 노드별로 읽기와 쓰기 권한에 차별을 둔다. 트랜잭션 데이터를 읽고 쓸 수 있는 권한이 노드마다 다르다면 이는 더 이상 동등한 시스템이 아니다. 그러므로 읽기와 쓰기 권한을 제한하는 순간 P2P 시스템의 중요한 특성에 위배된다.

2 | 분산 속성

2단계에서 배운 분산 시스템의 중요한 특징 중 하나는 중앙 통제나 조정

장치가 없다는 것이다. 그러나 위에서 소개한 네 가지 버전 중 일부는 트랜잭션 이력에 대한 읽기와 쓰기 권한을 사전에 승인한 노드나 사용자 그룹만으로 제한하고 있다. 그렇다면 시스템의 읽기 쓰기 권한에 대한 승인과 거부는 누가 결정할 것인가? 읽기 쓰기에 대한 승인과 권한에 관한 규칙은 누가 만들 것인가? 읽기와 쓰기 관련 규칙이 순수 분산 시스템에 의해 유지되고 관리되지 않는다면 시스템에 중앙 통제 요소가 있다는 뜻이 되고, 결국 블록체인의 분산 속성에 반하는 모순을 야기한다.

읽기 및 쓰기 권한 규칙을 통제하는 중앙 통제 요소를 가진 분산 시스템은 그림 2-2에서 본 것과 유사하다. 다시 말해 숨은 중앙 통제 요소가 있거나, 아니면 내부적으로는 분산 시스템을 활용하지만 모든 노드에게는 접근제한이 있는 중앙 통제 시스템으로 볼 수 있다. 두 경우 모두 분산과 중앙 통제 요소로 구성된 혼합시스템에 가깝다.

3 | 목적

4단계에서 배운 블록체인이 해결해야 할 과제 중 하나는 안정성과 신뢰성을 알 수 없는 피어들로 구성된 순수 분산 P2P 시스템에서 무결성을 확보하고 유지하는 것이다. 읽기와 쓰기 권한에 제한을 두는 것은 분산 P2P 시스템의 기본 성질을 변형시키는 데 그치지 않고 노드의 신뢰성도 변화시킨다. 블록체인-데이터-구조의 쓰기 권한을 얻기 위해 사용자나 노드가 온-보딩 프로세스를 통해 신뢰성을 평가받아야 하는 환경은 더 이상 '신뢰성을 알 수 없는' 노드로 구성된 환경이라 할 수 없기 때문이다. 그러므로 이러한 환경에서는 신뢰할 수 없는 환경에서 신뢰를 만들어내는 블록체인이 더 이상 쓸모없다고 결론내릴 수도 있다.

하지만 안정성과 신뢰성을 알 수 있는 특정된 개수의 노드로 구성된 환경에서도 다음과 같은 이유로 블록체인의 역할이 존재한다. 첫째, 이런 시스템에서도 기술적 결함이나 컴퓨터 고장으로 인해 작동하는 노드의 개수가 변동될 수 있다. 둘째, 모든 분산 시스템은 네트워크 장애로 인해 개별 메시지 단위의 통신이 안정적이지 못한 문제가 상존한다. 마지막으로 온-보딩 프로세스를 거치더라도 노드의 신뢰성을 100% 수준으로 보장할 수는 없다. 또한 신뢰할 수 있는 노드라도 기술적 결함으로 인해 잘못된 결과를 만들 수 있다.

블록체인의 목적 다시 정의하기

노드별로 읽기와 쓰기 권한에 제약을 두면 블록체인의 주요 측면과 상충해 블록체인의 존재 이유가 흔들릴 수 있다. 그러나 제약이 가장 많은 비밀-승인형private permissioned 블록체인에서조차 블록체인은 여전히 무결성 유지에 아주 유용하다. 그러므로 블록체인이 여전히 가치를 발휘한다는 가정하에 제약사항들을 완화할 수 있다. 즉, 블록체인의 목적을 순수 분산 P2P 시스템의 무결성을 유지하는 것으로 못박지 않고, 일반적인 분산 시스템의 무결성을 확보하고 유지하는 것으로 완화할 수 있다.

이 책의 나머지 부분에서도 블록체인은 공개-무승인 블록체인을 지칭한다

이 책의 나머지 부분에서도 블록체인이란 용어는 여전히 공개–무승인public and permissionless 시스템의 관점에서 사용한다. 그렇지 않은 경우에는 어떤 제약을 가진 블록체인을 이야기하는지 명시적으로 밝힌다.

> **핵심 정리하기**
>
> 23단계에서는 블록체인의 주요 기술적 제약 두 가지를 극복하기 위해 읽기 및 쓰기 권한을 제한하는 네 가지 형태의 블록체인 등장에 대해 알아보았다. 다음 단계에서는 실생활에서 블록체인을 사용할 때 포괄적인 경우와 특수한 경우의 용도에 대해 모두 알아보겠다.
>
> - 블록체인은 기본적으로 다음의 갈등 요소를 내포하고 있다.
>   - 투명성 vs. 개인정보 보호: 소유권 명확화와 이중사용을 방지하기 위해 투명성이 필요하지만, 다른 한편으로는 사용자들을 위한 개인정보 보호도 필요하다.
>   - 보안 vs. 속도: 트랜잭션 데이터의 위변조 방지를 위해 작업 증명에 계산량이 많이 투여되도록 해야 하지만, 상업적 용도로 쓰기 위해서는 속도와 확장성이 필요하다.
> - 투명성과 개인정보 보호의 상충은 블록체인-데이터-구조의 읽기 권한 제한에 그 근본 원인이 있다.
> - 보안과 처리속도의 상충은 블록체인-데이터-구조의 쓰기 권한 제한에 그 근본 원인이 있다.
> - 투명성과 개인정보 보호의 상충을 해결하기 위해 다음과 같은 블록체인 변형 버전이 탄생했다.
>   - 공개 블록체인은 모든 사용자와 노드에게 트랜잭션 데이터를 읽을 수 있는 권한을 부여한다.

- 비밀 블록체인은 사전에 선택된 사용자와 노드에게만 트랜잭션 데이터를 읽을 수 있는 권한을 부여한다.

• 보안과 처리속도의 상충을 해결하기 위해 다음과 같은 블록체인 변형 버전이 만들어졌다.
  - 무승인형 블록체인은 모두에게 쓰기 권한을 부여한다. 누구나 블록체인-데이터-구조의 트랜잭션을 검증하고 새로운 블록을 생성 및 추가할 수 있다.
  - 승인형 블록체인은 온-보딩 프로세스를 거쳐 사전에 신뢰성이 확인된 소수의 노드나 사용자 그룹에게만 쓰기 권한을 허용한다.

• 제약조건들의 조합으로 네 가지 버전의 블록체인이 등장했다.

• 읽기 및 쓰기 권한을 제한하면 블록체인의 다음 성질에 영향을 끼치게 된다.
  - P2P 아키텍처
  - 분산 속성
  - 목적

• 읽기 및 쓰기에 제약조건이 있는 환경에서도 블록체인-기술-모음은 다음과 같은 이유로 인해 그 가치가 있다.
  - 기술적 결함이나 컴퓨터 고장으로 인해 작동하는 노드의 개수가 변동될 수 있다.
  - 모든 분산 시스템은 네트워크 장애로 인해 개별 메시지 단위의 통신이 안정적이지 못한 문제가 늘 존재한다.
  - 온-보딩 프로세스를 거치더라도 노드의 신뢰성을 100% 수준으로 보장할 수는 없다.
  - 신뢰할 수 있는 노드라도 기술적 결함으로 인해 잘못된 결과를 만들 수 있다.

오늘, 그리고 앞으로의
블록체인

다섯째마당은 블록체인으로 향하는 지적 여행에 대한 결론을 내린다. 블록체인을 실생활에서 활용하는 방법과 사용되고 있는 사례들, 그리고 기존 블록체인 응용을 분석하는 방법을 알아본다. 또한 활발한 연구가 이루어지고 있는 분야와 향후 개발과제에 대해서도 알아본다. 이 마당을 마칠 때쯤이면 블록체인의 주요 응용에 대한 충분한 이해와 가장 유망한 발전분야, 장기적 관점에서의 성과와 단점을 이해하게 될 것이다.

우리도 블록체인을 써볼까?

유망한 응용분야 알아보고, 타당성 확인하기

블록체인은 결국 실생활에서 사용하기 위해 발명된 것이다. 24단계에서는 블록체인의 포괄적인 응용 패턴과 블록체인의 속성이 어떠한 연관성을 가지는지 설명한다. 추가적으로 블록체인의 특수 응용분야를 스케치하고, 특정 블록체인 응용을 분석하기 위해서 어떤 측면을 고려해야 하는지 자세히 설명한다.

우리가 선반이나 서랍, 상자를 이용하는 이유는 무엇인가? 아마도 물건을 가지런하게 보관하기 위해 사용할 것이다. 그 안에 무엇을 담을지는 자유다. 문서나 기계 부품, 사무용품, 사진, 돈, DVD, 옷, 와인병 등 자유롭게 담을 수 있다. 서랍 혹은 선반의 용도는 그 속에 저장되는 물품에 의해서만 정해질 뿐이다. 이번 단계에서는 블록체인 속에 담을 수 있는 다양한 물건들과 용도를 알아봄으로써 블록체인 응용을 설명하고자 한다. 그 전에 먼저 디지털 아이템을 담는 특별한 상자로서의 블록체인이 가진 성질을 알아보자.

블록체인은 어떤 데이터든 저장하고, 영향받지 않는다

블록체인은 순수 분산 P2P 데이터 저장소로서 다음의 성질을 가지고 있다.

- 불변성
- 추가 전용
- 정렬되어 있음
- 타임 스탬프가 있음
- 개방되고 투명함
- 안전함(식별, 인증, 승인)
- 궁극적으로 일관됨

블록체인의 이런 성질은 그 안에 담긴 데이터의 종류와 관계없이 독립적이다. 따라서 블록체인은 디지털 아이템을 저장하는 특별한 상자로 간단히 생각할 수 있다. 이런 특징은 블록체인의 방대한 응용을 창출한다.

블록체인 응용의 포괄적 패턴 7가지

블록체인은 모든 종류의 데이터를 저장하는 저장소라는 특성에 기초하여 다음과 같이 포괄적인 용도로 사용 가능하다.

1 | 존재 증명
2 | 비존재 증명
3 | 시간 증명
4 | 순서 증명
5 | 신원 증명
6 | 저작권 증명
7 | 소유권 증명

1 | 존재 증명

존재 증명은 순전히 데이터가 존재하는지 여부를 확인하는 차원에 국한된다. 따라서 존재 증명 용도로 사용되는 블록체인에는 순서나 시간 스탬프의 기능이 필요 없다. 구체적인 응용 예로는 고유하게 저장되어야 하는 아이템들, 예를 들어 브랜드명, 특허, 면허번호, 인터넷 주소, e-메일 주소 등이 있을 수 있다.

2 | 비존재 증명

비존재 증명 용도의 블록체인은 존재 증명의 반대 역할을 한다. 즉, 특정
개체가 블록체인에 존재한 적이 없었다는 것을 검증한다. 구체적인 예로
는 고객 불만, 벌금, 전과 기록 등이 있다.

3 | 시간 증명

시간 증명 용도의 블록체인에서는 특정 개체가 블록체인에 존재했다는
사실뿐 아니라 언제 추가되었는지도 중요하다. 블록체인-데이터-구조
는 아이템을 추가하는 프로세스가 시작된 시각을 기록하므로 이런 용도
에 적합하다. 블록체인의 타임 스탬프 기능을 활용할 수 있는 응용은 사
건의 발생 시각을 추적해야 하는 것들, 예를 들면 배달이나 알림 추적, 지
불 추적, 공개입찰 절차의 순서, 예측 관리 등이 있다.

4 | 순서 증명

이 응용 패턴은 블록체인의 정렬 기능을 활용한다. 응용분야로는 이벤
트가 발생한 절대적인 시각과 상관없이 이벤트 간의 상대적인 순서가 더
중요한 경우로, 예를 들면 응용 프로세스의 추적, 공개입찰 절차 감사, 에
스크로 서비스 등이 있다. 가장 처음 이벤트와 가장 마지막 이벤트에 대
한 증명은 순서 증명의 특수한 예로 볼 수 있다. 이런 종류의 증명은 시간

순서대로 자원을 할당하는 경우에 아주 중요하며 불만 접수, 대학 입학 원서 접수, 특허 신청, 지적재산권 청구 등의 예가 있다.

5 | 신원 증명

신원 증명은 특정 개체가 이미 존재하고 있다는 것을 증명하는 것이므로 존재 증명의 특수한 경우로 볼 수 있다. 블록체인은 식별과 승인에 관련된 기본적인 보안 개념을 제공하므로 이런 용도에 적합하다. 구체적인 응용 예로는 디지털 신원 증명이나 디지털 동물확인서 그리고 물건확인서가 있다. 정부는 신원 관련 서류나 운전면허증 혹은 여권 등을 관리하는 전자정부[*] 전략의 일환으로 블록체인을 활용할 수 있다.

6 | 저작권 증명

이 사용 패턴은 블록체인에 데이터를 추가한 특정인이나 특정 기관을 증명하는 데 초점이 맞추어져 있다. 블록체인은 단순히 암호화된 전자 지문으로 식별 가능한 데이터를 저장만 하는 것이 아니라 식별, 인증, 승인에 관련된 기본적인 보안 개념을 제공하므로 이런 용도에 적합하다. 저작권자를 식별하고 신원을 확인하려면 식별과 인증이 필요하다. 또 권한 없는 사람이 블록체인에 데이터를 추가하는 것을 방지하기 위해 승인도

■ **편집자주** 전자정부란 기존의 정부 업무를 정보통신 기술을 활용하여 사이버 공간을 통해 제공하는 형태의 정부다.

필요하다. 이런 패턴을 사용하는 예로는 전자출판, 문서의 변경 추적, 콘텐츠 전송, 공동 집필, 저작권 보호 등이 있다.

7 | 소유권 증명

이 사용 패턴은 소유권의 관리와 명확화에 초점을 둔다. 소유권 증명 용도로 사용하기 위해서는 존재 증명, 순서 증명, 신원 증명과 함께 기본 보안 개념 세 가지(식별, 인증, 승인)를 갖춘 저작권 증명까지 모두 필요하다. 이런 패턴을 사용하는 응용 예는 부동산, 차량, 회사 주식이나 채권, 디지털 화폐 또는 암호화폐의 소유권을 관리하는 시스템이 있다.

곧 떠오를 유망한 응용분야

블록체인은 그 안에 저장하는 데이터와 관계없이 독립적이다. 따라서 블록체인에 저장할 수 있는 데이터나 응용분야의 범위는 무궁무진하다. 블록체인 응용 모두를 나열하는 것은 불가능하니, 이미 사용되고 있거나 곧 사용될 예정인 구체적인 블록체인 응용분야 몇 가지를 선정해 소개한다.

- **결제**: 디지털 명목화폐[*]의 소유권 관리와 이전
- **암호화폐**: 정부나 중앙은행 또는 어떠한 중앙 통제 기관과도 독립되

---

[*] **편집자주** 명목화폐란 그 자체가 가치를 가져서 화폐가 된 것이 아니라 국가법률의 권위를 배경으로 또는 역사적인 관습이 신임을 받게 되어 교환의 도구로 통용된 것을 말한다.

어 있는 디지털 결제 수단의 소유권 관리와 생성

- **소액결제:** 전통적인 이체 수단으로는 금액 대비 비용이 너무 커지는 소액의 이체
- **디지털 자산:** 그 자체로 가치를 가지거나 실생활의 귀중품을 나타내는 디지털 아이템의 생성, 소유권, 이체의 관리
- **디지털 신원:** 고유한 디지털 아이템에 기반한 신원과 인증의 증명
- **공증 서비스:** 문서, 계약서 등의 디지털화, 저장, 검증 또는 소유권 증명과 이전
- **준법 감시와 감사:** 감사 추적이 필요한 규제산업에서 사람이나 조직의 비즈니스 활동 감사
- **세금:** 트랜잭션 기반 또는 소유권 기반의 세금 계산 및 징수, 또는 조세회피나 이중과세 감소[1]
- **투표:** 디지털 투표지의 생성, 배분, 집계
- **기록 관리:** 의료기록의 생성과 저장

블록체인을 응용하기 전에 던져봐야 할 질문 6가지

블록체인 응용에 대한 타당성 분석은 여러 가지 경우에 필요하다. 블록체인을 사용하는 회사의 고객이 되거나, 블록체인 스타트업에 투자하거나, 회사에서 블록체인을 운영하는 등의 다양한 경우가 있을 수 있다. 이

---

1 반면에 순수 암호화폐의 경우 오히려 세금회피가 쉬워진다.

모든 경우에 특정 블록체인 응용프로그램이 과연 유용한지, 확실한 가치를 창출하는지 판단할 필요가 있다.

블록체인은 복잡한 기술의 구조물이어서 소프트웨어 시스템의 정확한 기능을 파악하고 구매나 투자, 또는 사용 여부 결정을 내리기가 쉽지 않다. 따라서 다음과 같은 질문의 전부나 일부를 던져보는 것이 아주 유용하다.

1 | 블록체인을 사용하기 위한 조건이 갖추어져 있는가?

2 | 어떤 종류의 블록체인을 사용할 것인가?

3 | 분산 P2P 시스템을 사용할 때의 부가가치는 무엇인가?

4 | 응용 아이디어는 무엇인가?

5 | 비즈니스 사례는 무엇인가?

6 | 피어들이 시스템에 기여할 때 어떻게 보상받는가?

1 | 블록체인을 사용하기 위한 조건이 갖추어져 있는가?

블록체인은 안정성과 신뢰성을 알 수 없는 미지의 개수로 구성된 순수 분산 P2P 시스템이다. 따라서 구체적인 블록체인 응용을 분석할 때 가장 먼저 고려할 부분은 아키텍처와 함께 그 아키텍처가 블록체인-기술-모음을 적용하기에 합당한 조건을 갖추고 있는가 여부이다. 다음 질문에 모두 만족할 만한 답을 가지고 있어야 한다.

- 시스템의 아키텍처는 어떻게 되는가?

- 시스템 구성요소는 무엇이며 서로 어떻게 연계되어 있는가?

- 순수 분산 시스템인가, 아니면 한 순간에 전체 시스템이 다운될 수 있는 중앙 통제 시스템이 존재하는가?

- 새로운 노드는 시스템에 어떻게 참여하는가?

- 누구나 시스템에 참여하여 계산 자원에 기여할 수 있는가?

- 중앙 통제 요소를 필요로 하는 온–보딩 프로세스나 실사 과정 또는 신규 노드에 대한 사전 보안 검사 등이 존재하는가?

- 시스템의 모든 노드가 동등한 역할과 권리를 가지는가? 아니면 쓰기와 읽기 권한이 노드별로 다른가?

이러한 질문에 답하다 보면 블록체인–기술–모음이 정말 필요한지에 대한 기본적인 판단 근거를 얻을 수 있다. 검토 결과 블록체인이 아닌 중앙 통제 시스템이 필요할 수도 있다.

2 | 어떤 종류의 블록체인을 사용할 것인가?

모든 분산 시스템이 모든 사람에게 개방되고 모든 노드에게 읽기와 쓰기 권한을 부여하는 것은 아니다. 각각의 노드에 읽기와 쓰기 권한을 부여하는 방식에 따라 서로 다른 블록체인 버전이 있다. 이러한 차이는 아키텍처와 시스템의 분산 속성 그리고 시스템 내 블록체인의 목적에 영향을 끼친다. 따라서 다음의 질문에 만족할 만한 답을 찾는 것이 중요하다.

- 어떤 종류의 블록체인을 사용할 것인가?(공개 vs. 비밀, 승인 vs. 비승인)

  - 어떤 권리에 제약을 둘 것인가?

  - 어떤 노드 그룹이 어떤 권리를 가지는가?

  - 특정 블록체인 형태를 선택하는 이유는 무엇인가?

  - 어떤 그룹에 어떤 권리를 부여할 것인지 누가 결정하는가?

  - 시스템의 읽기와 쓰기 관련 규칙을 누가 만들고 집행하는가?

  - 온-보딩 절차는 누가 수행하는가?

  - 어떤 권리에 제약을 두는 것을 정당화할 만큼 특정 해법에 개인정보 보호 문제나 확장성 문제가 존재하는가?

3 | 분산 P2P 시스템을 사용할 때의 부가가치는 무엇인가?

순수 분산 P2P 시스템과 중앙 통제 시스템은 각각 장단점이 있다. 중앙 통제 시스템이 모든 경우에 나쁜 것은 아니며, 특성에 따라 분산 P2P 방식보다 더 적합할 때도 있다. 순수 분산 P2P 시스템으로 무결성을 유지하기가 상당히 힘들거나 추가적인 비용이 많이 소모되는 경우 특히 더 그렇다. 따라서 중앙 통제 시스템 대신 분산 P2P 시스템을 선택할 때는 확실한 이유가 있어야 한다. 구체적인 블록체인 응용을 분석할 때 다음 질문에 만족할 만한 답을 찾는 것이 중요하다.

- 왜 순수 분산 P2P 시스템으로 구현하려 했는가?
- 대안은 무엇인가?

- 다른 대안 시스템 대신 순수 분산 시스템을 사용할 때의 장점은 무엇이고 단점은 무엇인가?
- 분산 P2P 아키텍처를 사용할 때의 부가가치는 무엇인가?
- P2P 아키텍처를 사용할 때의 장점이 단점보다 더 큰가?

이 질문들에 성실히 답하다 보면 분산 P2P 아키텍처가 진정으로 필요해서 블록체인을 선택한 것인지, 단지 블록체인을 사용하기 위해 선택한 것인지 확실히 알게 될 것이다.

4 | 응용 아이디어는 무엇인가?

시스템의 아키텍처를 분석하는 것은 중요하다. 그러나 아무리 정교한 시스템이라도 응용 아이디어가 약하고 형편없으면 무용지물이다. 블록체인-기술-모음 자체에 대한 환상이 자칫 약하고 형편없는 응용을 간과하게 만들 수도 있다. 따라서 블록체인 응용을 분석할 때 다음 질문에 확실한 답을 찾는 것이 중요하다.

- 처음에 생각한 응용 목적은 무엇인가?
- 시스템의 주요 문제 영역은 무엇인가?
- 시스템이 특정 산업과 연계되어 있는가? 만약 그렇다면 그것은 무엇인가?
- 시스템이 사용자에게 제공해야 할 서비스는 어떤 것들이 있는가?

- 시스템을 사용함으로써 창출되는 부가가치는 무엇인가?

- 시스템이 사용하는 블록체인의 포괄적인 용도는 무엇인가?

- 특정 응용분야에 블록체인을 사용할 때 법적인 문제는 없는가?

- 블록체인에 저장하는 데이터는 어떤 종류인가?

- 어떤 종류의 연산이나 트랜잭션이 가능한가?

- 어떤 종류의 보안 특징이 활용되는가?

- 이러한 측면이 시스템의 응용 아이디어와 어떻게 연계되어 있는가?

5 | 비즈니스 사례는 무엇인가?

블록체인 응용을 분석할 때 고려해야 할 또 다른 측면은 소프트웨어 시스템 자체의 상업적 개념이다. 모든 소프트웨어는 생성과 운영에 자원이 소모되고 따라서 비용이 든다. 그런 만큼 신중하게 접근할 필요가 있다. 블록체인의 상업적 조건을 분석하는 것은 특히 중요하다. 제품이나 기술적 혁신이 상업적 개념에 맞지 않는 결함을 가져서 결국 채택되지 않는 경우가 많기 때문이다. 따라서 다음 질문에 대한 확실한 답을 찾는 것이 필요하다.

- 소프트웨어를 구매하고 이용하는 데 드는 비용은 얼마인가?

- 소프트웨어를 운영하는 데 소요되는 고정비와 변동비는 어떻게 되는가?

- 누가 어떤 비용을 지불하는가?

- 어떤 라이선스 모델을 사용하는가?
- 이익과 손실은 각각 누구에게 귀결되는가?

6 | 피어들이 시스템에 기여할 때 어떻게 보상받는가?

블록체인은 작업 증명으로 수입을 얻는 보상과 처벌의 균형을 통해 무결성을 확보한다. 따라서 무결성을 유지하기 위해 피어가 어떻게 보상받는지 알고 이해하는 것은 블록체인 응용에 있어 절대적이다. 다음 질문에 대한 만족할 만한 답을 찾는 것이 필요하다.

- 피어에게 보상하는 규칙은 무엇인가?
- 블록체인의 보상 규칙과 게임이론이 시스템에 정직하게 기여한 사람에게 보상이 주어지도록 보장하고 있는가?
- 행위나 트랜잭션이 시스템에서 검증되고 실행되었을 경우 수수료는 어떻게 되는가?
- 트랜잭션 수수료를 지불하는 결제 수단은 무엇인가?
- 블록체인에서 데이터를 검증하고 작성한 피어에게 지급되는 결제 수단은 무엇인가?

어떤 블록체인 응용은 피어에게 비트코인 같은 암호화폐로 보상이나 수수료를 지불한다. 하지만 비트코인이나 다른 블록체인 응용에 대한 지나친 의존성은 어떤 경우든 바람직하지 않다는 점을 잊지 말자.

24단계에서는 실생활에서의 블록체인 응용을 알아보았다. 그러나 아직 블록체인에 대해 논의할 부분이 더 남아 있다. 25단계에서 그동안 학습한 내용을 요약하고 향후 개발과제에 대해 알아본다.

- 블록체인은 순수 분산 데이터 저장소에 다음과 같은 성질을 추가적으로 부여한 것으로 볼 수 있다. '데이터는 불변성이고 추가 전용이며 시간 스탬프가 있어 정렬되어 있고 궁극적으로 일관되어 있다.'

- 데이터 저장소가 포괄적이라는 의미는 블록체인에 넓은 범위의 데이터를 담을 수 있다는 뜻이고 따라서 여러 분야에 폭넓게 응용할 수 있다.

- 블록체인의 특성에 기반하는, 다음과 같은 포괄적 사용 패턴을 찾을 수 있다.
    - 존재 증명
    - 비존재 증명
    - 시간 증명
    - 순서 증명
    - 신원 증명
    - 저작권 증명
    - 소유권 증명

- 이미 주목받고 있거나 가까운 시기에 주목을 끌 블록체인 응용분야는 다음과 같다.
    - 결제
    - 암호화폐
    - 소액결제
    - 디지털 자산
    - 디지털 식별
    - 공증 서비스
    - 준법 감시와 감사
    - 세금
    - 투표
    - 기록 관리

- 특정 블록체인 응용이나 서비스의 타당성을 분석할 때 다음과 같은 질문을 던

져보는 것이 필요하다.
- 블록체인을 사용하기 위한 조건이 갖추어져 있는가?
- 어떤 종류의 블록체인을 사용할 것인가?
- 분산 P2P 시스템을 사용할 때의 부가가치는 무엇인가?
- 응용 아이디어는 무엇인가?
- 비즈니스 사례는 무엇인가?
- 피어들이 시스템에 기여할 때 어떻게 보상받는가?

블록체인의 미래 그려보기

블록체인의 변화 과정, 성과, 잠재적 약점

이 단계는 블록체인 세계로의 지적 여행을 끝내는 단계다. 향후 개발과제와 연구분야를 조명한 뒤 우리 사회에서 블록체인이 잠재적으로 성취할 수 있는 것들이 무엇인지 알아본다. 미래에 가능한 블록체인 사용 경향에 관한 약간의 코멘트와 함께 예측 가능한 단점에 대해서도 논의한다.

1994년 컴퓨터 과학자이자 발명가인 한 사람이 자신이 개발하려는 소프트웨어 시스템에 대해 다음과 같이 묘사하였다.

- **탈중앙화**^{Decentralization}: 중앙 통제 기관이나 시스템을 한꺼번에 다운시킬 수 있는 요소의 부재
- **차별금지**^{Nondiscrimination}: 누구나 시스템에 본인이 원하는 방식으로 자유롭게 접속
- **개방**^{Openness}: 시스템은 적극적 참여와 실험 장려를 통해 모든 사람의 관점에서 개발
- **보편성**^{Universality}: 모든 컴퓨터는 하드웨어나 장소를 불문하고 서로 통신에 참여
- **합의**^{Consensus}: 시스템과 사용자는 합의에 의한 투명한 참여적 프로세스를 통해 생성된 표준을 준수해야 함

열거된 성질에 비추어볼 때 마치 블록체인을 간략히 기술한 것처럼 보이지 않는가. 그러나 1994년에는 블록체인이 존재하지도 않았다. 위에 묘사된 시스템은 바로 인터넷이다. 적어도 팀 버너^{Tim Berners-Lees}가 꿈꾸었던 인터넷은 그랬다.

기술의 발달과 전자상거래의 등장 그리고 인터넷 거대기업의 등장으로 인해 지금의 인터넷은 팀 버너가 1994년에 꿈꾸었던 것과는 상당한 거리가 있는 듯하다. 이 사실은 블록체인의 미래를 고려할 때 염두에 두어

야 하는 대목이다. 결국 인터넷의 진화는 블록체인의 미래를 예견해 볼 수 있는 청사진이라 할 수 있다.

블록체인은 지금도 진화하고 있다

블록체인은 정적인 구조물이 아니다. 이 책에서 소개하고 설명한 블록체인은 단지 기초적인 내용일 뿐, 이 시각에도 블록체인은 진화 발전하고 있고 연구와 추가적인 개발이 이루어지고 있다. 그중 일부는 사소한 기술 개선으로 볼 수 있지만, 개념의 변화를 이끌거나 지금의 블록체인과 경쟁관계를 형성하는 근본적 발전도 있을 수 있다. 따라서 완성에 대한 어떤 언급을 하기 전에 개선 및 추가 개발해야 할 다음의 사항에 주목해야 한다.

1 I 사소한 기술 개선과 변형
2 I 확장성 개선
3 I 개념적 진화와 대안

1 | 사소한 기술 개선과 변형

블록체인은 해시 함수, 해시 참조, 데이터 구조, 데이터 저장소, 암호화 기법, 네트워크 아키텍처, 컴퓨터 간 통신, 전산 퍼즐 등의 소프트웨어 공학과 컴퓨터 과학 분야의 폭넓은 개념과 원칙을 활용하고 있다. 이들 개념과 기술은 늘 연구의 대상이었고, 지금도 활발히 연구되고 있다. 예를 들어 블록체인에 구현할 수 있는 해시 함수, 데이터 구조, 암호화 절차, 통신 프로토콜, 전산 퍼즐 등은 매우 다양한 변형이 나와 있다. 그 결과 단순히 해시 함수나 키 생성을 위한 암호 기법, 작업 증명을 위한 전산 퍼즐 등을 조금만 다른 것으로 사용해도 다른 버전의 블록체인을 만들 수 있다. 그러나 이러한 변형은 블록체인에 사소한 영향만 끼칠 뿐이다. 이런 변형은 근본 기능을 변형하는 것이 아니라 세부 구현에서 작은 변형만 가져오기 때문이다.

2 | 확장성 개선

블록체인의 확장성 개선과 관련된 주된 연구분야는 네트워크 효율성, 저장 장소, 데이터 사용, 합의 알고리즘에 관한 것이다. 이러한 분야들 중에서 특히 유망한 것은 상업적으로 사용 가능할 정도로 트랜잭션 시간을 빠르게 해주는 라이트닝 채널^{lightning channel}■과 결제 채널^{payment channel}이다.

3 | 개념적 진화

개념적 진화는 블록체인의 작동 방식이나 제공하는 서비스 그리고 사용자와 상호작용하는 방식 등이 진화하는 진정한 발전을 뜻한다. 블록체인의 가장 중요한 개념적 진화 영역은 다음과 같다.

■ **옮긴이주** 라이트닝 채널은 블록체인의 블록 크기가 1메가바이트로 제한되어 있는 문제점을 해결하기 위한 것으로, 비트코인의 확장성과 관련되어 있다. 이더리움에는 플라즈마(plasma)라는 이름으로 구현되어 있다.

1) 접근 권한

2) 개인정보 보호

3) 합의

4) 트랜잭션

5) 목록 데이터

6) 데이터 구조

1) 접근 권한

블록체인-데이터-구조의 읽기와 쓰기 권리의 제한은 서로 다른 버전의 블록체인 개발로 이어졌다. 23단계에서 이미 설명한 것처럼 데이터를 읽는 것에 대한 제약 여부에 따라 공개 블록체인과 비밀 블록체인으로 나누어지고, 데이터를 쓰는 것에 대한 제약 여부에 따라 무승인과 승인 블록체인이 출현했다. 이러한 네 가지 버전의 블록체인의 등장은 블록체인의 목적과 분산 속성 그리고 아키텍처 같은 주요 속성에 영향을 주는 개념적 발전으로 볼 수 있다.

2) 개인정보 보호

공개 블록체인의 개방성은 진작부터 추가 개발이 필요한 사항으로 토의되어 왔다. 응용프로그램이 요구하는 수준의 개인정보 보호와 상충되기 때문이다. 반면, 읽기 권한을 제한하는 비밀 블록체인은 트랜잭션 데이터 이력에 기반한 소유권 명확화를 위해 누구나 읽을 수 있도록 한 방식을 더 이상 사용할 수 없다. 개인정보를 보호하는 또 다른 접근방식은 기존 블록체인에 개인정보 보호를 위한 계층을 하나 더 두거나 개인정보 보호에만 특화된 분산 컴퓨팅 플랫폼을 사용하는 것이다. 또 다른 접근 방식은 제로-지식 증명$^{zero\ knowledge\ proof}$이다. 이 방식은 내역서(예컨 대 디지털 재화의 현 소유자에 대한 내역)를 증명할 때 증빙을 생성한 데이터 정보 중 일부만을 이용한다. 블록체인과 관련하여 이 기술을 활용하면 트랜잭션의 상세 내역을 모두 읽지 않고도 소유권 관련 내역 증명에 모든 사람이 참여할 수 있게 된다.

3) 합의

계산 비용이 소모되는 작업 증명은 트랜잭션 이력을 선택하고, 상충되는 버전을 합의하는 기준이다. 그러나 가장 많은 계산 능력이 투자된 트랜잭션 이력을 선택하는 것에 대해 많은 컴퓨터 과학자들이 우려하고 있다. 거대한 계산력을 갖춘 단일 조직이 시스템을 장악하여 인위적으로 영향을 끼칠 수 있기 때문이다.

이에 따라 분산 시스템의 합의를 찾기 위한 또 다른 척도와 알고리즘이 오래전부터 논의되고 개발되어 왔다. 그중 하나인 지분 증명$^{proof\ of\ stake}$과 지분 증명 속도$^{proof\ of\ stake\ velocity}$는 암호화폐에 적합한 합의 방식일 수 있다. 합의로 관리되고 있는 자산의 규모와 소비량을 투표권의 척도에 연계시켰기 때문이다.

합의를 구하는 완전히 다른 알고리즘은 팍소스^{Paxos}와 래프트^{Raft}가 있다. 이 둘은 블록체인이 등장하기 훨씬 전에 개발되었다. 그러나 팍소스나 래프트를 깊게 설명하는 것은 이 책의 범위를 벗어난다.

합의 방법에 대한 이런 대안들은 대부분 개념적으로 훨씬 복잡하고, 따라서 형식적으로 증명하기가 많이 까다롭다. 만에 하나 게임이론적 결함이라도 존재한다면 그것을 사용하는 블록체인이 변질되어 결국 블록체인 내 신뢰가 무너지게 된다.

4) 트랜잭션

트랜잭션은 한 계정에서 다른 계정으로 소유권을 이전하는 수단이자 소유권을 기술하고 검증하는 방법으로서, 독립적인 작은 계약이라 할 수 있다. 따라서 트랜잭션에는 소유권 이전에 필요한 모든 정보가 다 들어 있다. 이런 통찰을 기반으로 블록체인에 의해 수행되는 스마트 계약*이 개발되었다. 트랜잭션 데이터와 비슷하게 스마트 계약도 관련 당사자 쌍방의 의도를 담은 기계 판독 가능 데이터이다. 그러나 단순한 트랜잭션 데이터와 달리 스마트 계약은 객체나 주체, 행동, 원하는 소유권 이전을 기술하는 조건 등에서 훨씬 더 유연하다. 기술적 관점에서 보면 스마트 계약은 블록체인에 특화된 프로그램 언어로 작성된 독립적인 컴퓨터 프로

■ **옮긴이주** 스마트 계약은 1994년에 닉 사보가 주창한 개념이다. 계약서에서 정의하는 모든 실행을 디지털화하되 공증 등의 제3자가 필요 없게 하자는 내용으로, 블록체인의 기본 개념과 많이 닮았다. 이더리움은 완전한 스마트 계약을 구현한 최초의 블록체인이다. 참고로 스마트 계약은 실행이 주가 되는 개념으로 기록 위주의 리카도 계약(Ricardian contract)과는 구분된다.

그램으로 볼 수 있다. 그에 따라 스마트 계약을 사용하기 위해 블록체인 기술은 프로그램 코드를 실행할 수 있는 기능을 새로 탑재하였다. 이런 확장으로 인해 블록체인은 트랜잭션 데이터를 단순히 저장하는 데 집중하던 분산 시스템에서 스마트 계약을 실행시킬 수 있는 가상 기계virtual machines 분산 시스템으로 탈바꿈했다. 이렇게 프로그램 코드를 실행하는 기능은 블록체인 응용프로그램 개발 가능성을 더 열어주었다.

초기에 스마트 계약은 쌍방의 계약을 암시하는 용어였지만, 지금은 전용 블록체인에서 실행되고 관리되는 코드 부분을 의미한다.

스마트 계약은 유연성이 뛰어나 실생활의 각종 계약에 광범위하게 활용되며(변호사들 사이에서는 리카도 계약의 아이디어에 근거해서 그와 유사한 무엇인가를 개발하려는 움직임도 있다.) 과거 몇 년 사이 이루어진 블록체인 개발 중 가장 중요하고 유망한 분야로 꼽히고 있다. 예를 들어 월세 지불, 대출, 변제, 복잡한 내기의 설정 및 해결, 사고나 복잡한 사건의 보험금 지급 등이 가능하다.

5) 목록 데이터

이전 단계들에서 설명한 최초의 블록체인은 누구나 전체 트랜잭션 데이터 이력을 저장할 수 있도록 불변성 추가 전용 데이터 저장소에서 무결성을 유지하는 역할을 수행했다. 그러나 9단계에서 설명한 것처럼 소유권 관리를 위해서는 트랜잭션 데이터와 목록 데이터 둘 다 사용할 수 있다. 전자는 간단한 데이터 관리에 적합하고, 후자는 전체 시스템이 임의의 정보(예컨대 계좌 조회, 내기, 보험 계약, 평판, 실생활 물건을 나타내는 데이터 등)를 담고 있는 스마트 계약에 더 유용하다는 것이 입증되었다. 그 결과 전체 시스템의 상태는 목록 데이터 형식으로 저장된 후 스마트 계약의 실행에 의해 변환되어 개별적으로 불변성 추가 전용 데이터 저장소에 저장된다.

6) 데이터 구조

블록체인-데이터-구조는 블록이 일직선 구조가 아니라 트리-모양 구조로 되어 있으며, 각각의 가지는 트랜잭션 데이터 이력들의 상충되는 버전을 나타낸다. 블록체인-알고리즘이 해결해야 할 주된 과제는 분산 시스템의 노드가 특정 가지를 일관성 있게 권위 체인으로 선정하도록 만드는 일이다.

트랜잭션 데이터를 저장하는 다른 방식은 트리-모양 데이터 구조 대신 방향성 비순환 그래프^{directed acyclic graph, DAG}를 사용해 블록을 저장하는 것이다. 블록의 방향성 비순환 그래프는 가지들이 나중에 서로 합쳐지는 트리-모양 블록체인-데이터-구조를 상상하면 된다. 트랜잭션 이력을 저장하는 데 비순환 그래프를 사용하는 것은 성능을 비롯해 소유권 명확화 그리고 피어 간 합의 도출에 큰 영향을 미치게 될 것이다.

블록체인의 주요 성과 9가지

대다수 사람들은 기술의 장기적인 영향은 무시한 채 단기적인 효과만을 과대평가하는 경향이 있다. 이와 같은 함정에 빠지지 말고 장기적인 관점에서 생각해 보자. 다음은 블록체인이 장기적으로 성취하게 될 성과의 유망한 후보들이다.

1 | 탈중개화

2 | 자동화

3 | 표준화

4 | 프로세스 합리화

5 | 처리속도 향상

6 | 비용 절감

7 | 프로토콜 및 테크놀로지로의 신뢰 이동

8 | 신뢰를 상품으로 만듦

9 | 기술 인식 향상

1 | 탈중개화

블록체인은 중개자 역할을 없애려는 것이 아니라 그 자신이 규칙을 엄격히 준수하는 디지털 중개자가 되려고 하는 것이다. 기존에 유지되던 고객과의 신뢰관계에 기반한 인적 중개를 프로그램화한 소프트웨어 시스템으로 대체한 것은 대단한 성과이다. 더욱이 겹겹이 존재하는 중개자를 피어 간의 상호작용을 지휘하는 하나의 시스템으로 대체한 것은 실로 대단한 업적이 아닐 수 없다. 그러므로 탈중개화^{disintermediation}는 길이 남을 블록체인의 성과로 볼 수 있다.

2 | 자동화

디지털 중개자로서의 역할을 충실히 수행하기 위해 블록체인은 자동화에 의존한다. 블록체인이 점점 더 많이 이용될수록 중개자가 오랫동안 해왔던 수작업들이 피어 간의 자동화된 상호작용으로 더 많이 대체될 것이다. 따라서 블록체인은 자동화된 생태계를 조성하는 잠재력을 가졌다.

3 | 표준화

자동화된 트랜잭션 처리는 규칙과 표준에 기반한다. 따라서 블록체인이 더 활성화되면 계약 당사자 간의 트랜잭션과 상호작용 모두 더욱더 표준화되어 갈 것이다. 결국 피어 간의 상호작용 표준화를 발전시키는 것은 블록체인의 또 다른 장기 성과가 될 것이다.

4 | 프로세스 합리화

표준화와 자동화의 결과로 비즈니스 프로세스는 더욱 투명해지고 합리적으로 바뀌어간다. 또한 많은 조직들이 블록체인으로 옮겨가는 과정에서 자신들의 비즈니스 프로세스를 검토하게 되는 부수적인 효과가 뒤따른다. 따라서 기존 비즈니스 프로세스를 리뷰하고 재설계해서 합리화 streamlining하는 것은 블록체인이 지속적으로 가질 수 있는 또 다른 성과이다.

5 | 처리속도 향상

탈중개화, 표준화, 프로세스 합리화, 자동화는 프로세스 속도를 크게 향상시킨다. 그러므로 블록체인이 활성화될수록 계약 당사자 간의 트랜잭션과 상호작용이 보다 신속히 실행될 것이다. 한때 시간 소모적인 수작업으로 수행되던 작업의 속도 향상은 블록체인의 또 다른 장기적 기여로 볼 수 있다.

6 | 비용 절감

자동화, 탈중개화, 표준화의 경제적 결과는 대개 비용의 절감이다. 그간의 역사를 보면 자동화를 통한 비용 감소 효과는 많은 산업을 재구성하게 만드는 요인이 되었고, 더 많은 제품을 더 많은 사람들이 구매할 수 있게 만들었다. 이러한 비용 절감 효과는 자동차나 TV, 휴대폰이나 옷 생산에만 국한된 것이 아니다. 중개 비용의 절감이야말로 경제적 관점에서 가장 두드러진 블록체인의 장기적인 기여로 볼 수 있다.

7 | 프로토콜 및 테크놀로지로의 신뢰 이동

블록체인은 사람 혹은 사람 조직의 신뢰를 논리적으로 실수가 없는 컴퓨터 기반의 검증과 합의의 힘으로 대체하고 있다. 이는 개인 수준과 사회 수준의 신뢰와 안정성에 대한 개념을 변화시킬 수 있다. 그러므로 프로토콜 및 테크놀로지의 신뢰 이동과 컴퓨터 계산을 통해 획득한 동의는 사회학 측면에서 블록체인이 성취한 가장 큰 장기 효과로 볼 수 있다.

8 | 신뢰를 상품으로 만듦

자동화와 표준화는 많은 산업분야에서 단지 생산시간을 축소시킨 데 그치지 않고 과거 아주 고가였던 소비재 물건의 가격을 대폭 낮추어 더 많은 사람들이 살 수 있게 해주었다. 예를 들어 30년 전에 전자계산기, PC, 휴대폰 가격이 얼마나 비쌌는지 기억하는가? 요즘은 전자계산기쯤은 푼돈으로 살 수 있을 정도가 되었다. 컴퓨터 칩과 반도체 생산의 자동화와 표준화 덕분이다. 비즈니스 상호작용에 대한 신뢰와 보안의 시작, 실행, 조정과 관련된 작업 또한 블록체인이 제공하는 자동화와 표준화 덕에 전자계산기 정도로 아주 저렴해지고 보편화될 수 있다. 이런 변화는 비즈니스 차원에서 매일같이 상호작용을 시작, 실행, 조정해야 하는 사람들에게 가장 눈에 띄는 장기적 영향으로 볼 수 있다.

9 | 기술 인식 향상

블록체인은 고도로 복잡한 기술적 구성물이지만, 여러 분야에서 주목을 받았고 지금도 관심이 지속되고 있다. 기술에 대한 관심의 증가와 기술의 역할에 대한 인식 증대를 블록체인의 일시적인 부수효과로 폄하할 수도 있지만, 분명히 환영할 만한 성과다. 산업의 성공과 사회의 자본이 기술의 도전 과제를 극복하는 데 달려 있기 때문이다.

블록체인의 잠재적 약점 4가지

블록체인의 긍정적 효과와 성과에도 불구하고 의도치 않은 부작용과 부정적 결과도 존재한다. 가장 중요한 것들은 다음과 같다.

1 | 개인정보 보호의 부재

2 | 개인적 책임감 상실

3 | 실업

4 | 재중개

1 | 개인정보 보호의 부재

공개 블록체인은 어떠한 데이터도 숨기지 않는다. 오히려 누구나 전체 트랜잭션 이력을 읽을 수 있다. 개인정보를 보호하고 싶은 사람들에게 이런 투명성은 경악할 수준이다. 그러나 개인정보 유출에 대한 염려와 비판이 비밀 블록체인이나 보다 진보된 보안 프로토콜의 활용을 오히려 촉진시킬 수 있다. 또한 사람들로 하여금 자신의 개인정보에 대한 접근 및 사용 권한을 판매하게 만들 수도 있다. 그렇게 되면 검색 엔진이나 SNS 플랫폼에서 활동하는 기존 중개자들이 시장점유율을 잃게 될 것이다.˙

2 | 개인적 책임감 상실

개인적 책임감의 상실은 통상 탈중개화의 결과로 여겨진다. 중개자는 거

■ **옮긴이주** 개인정보 보호의 부재와 관련해서는 258페이지의 옮긴이주를 꼭 참고하기 바란다.

래 당사자들에게 계약서를 제공하는 것뿐만 아니라 보증을 제공하는 역할도 했다. 그들은 계약이 원만히 진행되지 않을 경우 중재의 역할을 수행했고, 자신의 행동에 대해 책임도 졌다. 그러나 블록체인에서는 사람 혹은 사람 조직으로부터 프로토콜과 기술(테크놀로지)로 신뢰가 이동함에 따라 계약 행위의 시작, 집행, 조정에 있어서 개인적 서비스나 개인적 책임감이 사라질 수 있다. 이로 인해 블록체인의 법적 수용 문제가 아직 해결되지 않은 마당에 블록체인이 전통적인 중개사들과 동일한 책임을 질 것인지 의구심을 가지는 사람들이 많다. 그러나 이러한 의구심은 오히려 블록체인의 법적 상태와 관련한 법적 해결계획을 촉진시킬 수 있다.

3 | 실업

자동화와 표준화는 제품 생산 프로세스와 비용만 변화시키지 않고 노동시장의 마찰을 초래한다. 은행, 브로커, 관리인, 자금이체 에이전시, 공증인 등 금융기관 종사자들의 경우 중개 역할에 직접적으로 연계되어 있다. 많은 금융기관이 블록체인을 통해 자동화 방식으로 대규모 금융 트랜잭션을 처리하게 되면 금융권에 근무하는 사람들에게는 위협이 될 수 있다.

4 | 재중개

블록체인의 복잡도와 확정되지 않은 법적인 상태로 인해 블록체인을 떠나는 사람이나 조직이 생겨남으로써 탈중개화에 반하는 영향을 끼칠 수 있다. 다시 말해 거래 당사자끼리 블록체인을 통해 직접 상호작용하는 대신 블록체인을 이용해 중개하는 중개인을 활용하게 될 수도 있는 것이다. 이런 상황은 블록체인이 대체할 것처럼 보였던 중개인들이 오히려 전성기를 맞이하는 결과를 가져올 수도 있다. 이런 현상이 나타나면 블록체인의 채택 속도를 심각하게 저해하고 몇몇 주요 성과에 반하는 결과를 초래할 것이다.

블록체인의 미래는 어떤 모습일까?

미래를 예측하는 것은 쉽지 않다. 특히 그 대상이 활발한 연구와 추가 개발이 진행 중인 기술인 경우에는 더욱 그렇다. 그러나 미래의 그럴듯한 시나리오를 짐작케 하는 몇 가지 지표를 발견할 수 있다. 공개-무승인 블록체인은 제한적 확장성과 개인정보 보호의 부재로 인해 상업적 사용에 제약이 많아 보이는 반면에 비밀-승인 블록체인은 비즈니스 측면에서 많은 주목을 끌고 있다. 그 결과 다음과 같은 미래 개발을 예상할 수 있다.

1 | 제한된 열정적 프로젝트
2 | 대규모 상업적 이용
3 | 정부 주도 프로젝트

1 | 제한된 열정적 프로젝트

제한된 열정적 프로젝트는 완전한 개방성과 순수 분산 시스템의 속성에 매료된 블록체인 열성팬이나 순수 블록체인주의자들이 공개-무승인 블록체인을 사용하여 진행할 것이다. 이런 프로젝트의 지지자들에게는 자신이 하는 업무가 정부나 상업적인 조직의 통제나 조정으로부터 자유로워지게 하는 대체 소프트웨어 시스템을 창조하는 데 헌신하는 것이라는 믿음이 있다. 정부의 규제로부터 독립된 대체 화폐로서의 암호화폐나 정부의 식별 문서로부터 독립된 평판 시스템이나 식별 관리 시스템 등이 이런 응용의 예가 될 수 있다.

2 | 대규모 상업적 이용

대규모 상업적 블록체인은 비밀-승인 블록체인을 활용할 것으로 예상된다. 이런 프로젝트들은 대개 특정 산업분야의 선두 회사가 컨소시엄을 형성해 시작할 가능성이 많다. 표준화, 자동화, 프로세스 합리화, 비용 절감 등을 고려할 때 프로젝트를 시작할 주요 동기들은 충분해 보인다. 또한 블록체인으로 인해 설자리를 잃게 될 중개자들이 블록체인을 활용하는 절충점을 찾을 목적으로 시작할 가능성도 있다. 은행, 금융거래소, 보험, 헬스케어, 결제시스템업체, 유통업체 등이 각자의 분야 전반에 활용되는 블록체인 솔루션을 스스로 개발하여 제공할 수 있다.

3 | 정부 주도 프로젝트

정부 주도 프로젝트는 세금으로 진행되므로 민간분야 블록체인 프로젝
트에 영향을 끼치는 대부분의 상업적 제약으로부터 자유롭다. 이러한 프
로젝트는 수작업을 디지털화하고 기존 인프라를 대체하는 전자정부 사
업의 일환으로 추진될 수 있다. 과세, 모니터링, 디지털 신원, 기록 관리,
통화 정책 등에 모두 블록체인의 성질을 최대한 활용할 수 있다. 그러나
기존의 데이터 보호와 개인정보보호법 등의 법적 문제 제기는 공공분야
의 블록체인 사용을 크게 제한할 수 있다.

25단계에서 블록체인을 이해하기 위한 지적 여행을 마무리지었다. 블록체인의 연구분야와 향후 개발과제를 조명하고, 몇몇 대안과 장기적인 관점의 성과, 약점 그리고 미래의 용도에 대해 언급했다. 블록체인의 미래가 어떻게 펼쳐지든 지켜만 보고 있지 말고 인터넷 발명 이후 가장 큰 잠재력을 가졌다고 평가받는 블록체인에 능동적으로 참여해 보기 바란다.

- 블록체인은 변형과 효율 개선, 확장성 향상, 개념의 진화 등 지속적으로 개선 발전되어 왔고 지금도 진행 중이다.
- 스마트 계약, 제로-지식 증명 등 합의를 성취하기 위한 여러 대안들이 블록체인의 개념적 분야의 주요한 발전이다.
- 기술적인 장점 이외에도 장기적 관점에서 블록체인은 다음 분야에서 큰 역할을 할 것으로 보인다.
  - 탈중개화
  - 자동화
  - 표준화
  - 프로세스 합리화
  - 처리속도 향상
  - 비용 절감
  - 프로토콜 및 테크놀로지로의 신뢰 이동
  - 신뢰를 상품으로 만듦
  - 기술 인식 향상
- 블록체인이 가진 잠재적 약점은 다음과 같다.
  - 개인정보 보호의 부재
  - 개인적 책임감 상실
  - 실업
  - 재중개
- 미래의 블록체인의 용도는 다음과 같이 구분할 수 있다.
  - 제한된 열정적 프로젝트
  - 대규모 상업적 프로젝트
  - 정부 주도 프로젝트

한글

가

나

다

라

프로그래머들은 기계를 어떻게 훈련시킬까?

결코 변하지 않을 '인공 지능, 기계 학습의 작동 원리'를 파악하라!

손 게리시 지음 | 448쪽 | 18,000원

자율 주행차, 넷플릭스, 게임 에이전트, IBM 왓슨, 알파고 다섯 가지 대표 사례로 인공 지능과 기계 학습의 원리를 배운다!	**비전공자도 쉽게 이해할 수 있는 언어로 설명했다!** 복잡하고 어려운 개념 용어는 그림과 각주로 친절하게 설명한다!	인공 지능 분야 진출을 꿈꾸는 **프로그래머** 기술 혁신을 알아야 할 **비즈니스 리더** 인공 지능, 기계 학습 관련 뉴스를 읽고 싶은 **독자** 모두에게 추천!

지금 알아야 할 블록체인의 핵심 키워드

해시값 Hash Values
암호화 해시 함수 Cryptographic Hash Functions
해시 퍼즐 Hash Puzzles
비대칭 암호화 기법 Asymmetric Cryptography
공개-개인-키 Public-Private-Key Cryptography
디지털 서명 Digital Signatures
보안 Security
인증 Identification
승인 Authorization
머클 트리 Merkle Trees
블록체인-데이터-구조 Blockchain Data Structure
불변성 Immutability
작업 증명 Proof of Work
소유권 Ownership
소유권 이전 Transfer of Ownership
트랜잭션 데이터 Transaction Data
트랜잭션 보호 Secure Transactions
이중사용 Double Spending
소프트웨어 아키텍처 Software Architecture
분산 시스템 Distributed Systems
P2P 시스템 Peer-to-Peer Systems
네트워크 통신 Network Communication
무결성 Integrity
분산 합의 Distributed Consensus
51% 공격 51% Attack
블록체인-알고리즘 Blockchain Algorithm
블록체인-기술-모음 Blockchain Technology Suite